岩　波　現　代　文　庫

六代目圓生コレクション

寄席切絵図

三遊亭圓生

Ensho Sanyutei

文芸 336

岩波書店

目　次

編集協力＝縣　和彦

挿入地図目録

地図＝喜多川周之

寄席の今昔

ただいまでは、寄席《よせ》というものが、まことに数すくなくなりまして、落語定席《じょうせき》として、毎月上《かみ》、中《なか》、下《しも》と、落語中心の興行をしておりますところは、上野の鈴本《すずもと》演芸場、新宿の末広亭、浅草演芸ホール、池袋演芸場の四軒きりになってしまいました。このうち、上野、新宿、浅草は、落語協会と芸術協会が、十日ずつうゝてちがいに興行をいたしておりますが、池袋だけは、落語協会だけの興行ということでやっております。

このほかに、落語の定打《じょうう》ちをしている東宝演芸場というものがございますが、これは、名人会形式と申しますかね、協会ごとの興行ではなく、個人ごとに指名をして、十日ずつ出演者をきめるという、いわゆる定席《じょうせき》とはまた違った興行法をとっているわけなんで。

さらに、あちこちのホールで、さかんに何々落語会というものをやっております。しかし、これはみんな、月に一回とか、あるいは週に一回とか、ま、臨時にやるものでございまして、あらかじめ演題も決めて、発表をするというかたちのものが多い。これで二十年以上も続いているものに、三越落語会、東横落語会がありますし、そのほかにも、いまは霞が関のイイノホールでやっているＮＨＫの東京落語会とか、新宿紀伊国屋《きのくにや》ホールの紀伊国屋寄席、国立劇場のTBS主催の落語研究会など、まだずいぶんほかにもあります。

ホール落語はさかんでも、噺家の道場ともいうべき、寄席のほうが、広い東京でわずかに四軒……ま、東宝を入れても五軒にすぎないという、これは、あたくしどもにとっては、まことにさびしいことでございます。

そこへいくと、以前は、まァ娯楽がいまほど多くなかったこともありましょうが、寄席というものが、非常にさかんで、ただいまとはくらべものにならないくらい、席の数も多かったもんです。

もっとも、明治・大正時代は、落語の席だけではなく、釈場《しゃくば》と申しました、講釈専門の席、あるいは義太夫席、浪花節席《なにわぶしせき》というようなものもありました。これらに対して、いつも落語をかけている席は、〝色物席《いろものせき》〟と申しまして、落語のほかにも、音曲とか、手品、曲芸といった〝色物〟もとりまぜて、興行をしておりましたわけでございます。

あたくしが豊竹豆仮名太夫《まめかなだいう》で、はじめて寄席の高座へ出ましてから、七十年の余になります、その間に、いろいろの寄席に出演をいたしました。なかには、もう名前を聞いても、思い出せないものもあり、またなつかしい思い出の多い席もある。それをひとつ、お話ししてみたいと存じます。

ただいまでは、東京都と申しますが、以前は東京市で、市の区域もいまよりはずっと小さかったわけで、あたくしども知っては、東京十五区と申しました。区の割りかたも、ただいまとは違っております。まず中心から申しますと、日本橋、京橋、神田、下谷、浅草、芝、これらの区は、中心地でもあり、寄席の数も多く、一流の席がございましたもんで。もっとも、このなかで、京橋区というところは、中心部でありながら、割に席の数はすくなかった。

赤坂、麴町となりますと、昔はどうだったか知りませんが、あたくしどもが知ってからでは、寄席の数もすくなく、お客のあまり来ないところということになっておりました。

本郷、牛込、小石川、四谷、麻布、これは、あたくしども〝山の手〟と申しましたね。ここには、もちろん、本郷の若竹《わかたけ》とか、四谷の喜《き》よしとか、一流の席もありましたが、それは、ごく一部で、〝端席《はせき》〟というような、あまり結構でない席が多い。ですから、昔は、中心地へ出られないで、そういうところばかりをまわっている芸人を〝山の手〟の噺家だとか、〝端席まわり〟とか、あるいは〝土手組《どてぐみ》〟なんといって、一段低くあつかわれたもんで。

あとは、川向こうへ行って、本所、深川、これを入れて全部で十五区になるわけなんで……本所、深川というところは、席の数だけはどっさりあったらしいが、浪花節とかなんとか、ほかのものが多くて、落語の席というものは、あまり多くはありませんでした。

大正のはじめごろで、市内の寄席が何軒ぐらいあったものか、調べてみたんですが、あまり正確なところはわかりません。それよりもすこし後の時期になりますと、あたくしの手もとに、いくらか資料がございます。

大正十年に発行された『寄席』という雑誌に、各席の顔づけが載《の》っている、そのほかに「東京寄席案内」として、市内の寄席の名前だけが列挙してあります。これによりますと、十五区内で、九十あまり、郡部などで約四十軒、あわせて百三十軒ほどがあったわけになります。

また、これは、橘右近さんに見せていただいたものですが、大正十五年十一月現在の「東京演芸場組合員名簿」というものがあって、これには、十五区内で、九十六軒、府下として八十九軒、合計百八十五軒の名前が載っている。

このふたつは、ご参考のために、巻末に再録をいたしておきましたが、ちょうど、震災をはさんで、前と後になるので、東京の寄席というものが、大震災でどういうふうに変わったか、およそのことがわかると思います。

あたくしが、ごく子どものころに出た古い席で、もうこのなかには名前の見えないものもありますし、また、ここに載っていても、あたくしがまったく聞いたことのない席もあります。それは、色物席ではなく、講談や浪花節だけの席もはいっているからですけれども、それにしても、大正の末で、市内だけでも九十軒の席があったというわけですから、いまから思いますと、ずいぶんたくさんあったわけでございます。

こののち、映画というようなものが、だんだん勢いを得てくる、それに昭和のはじめの不景気で、次々に寄席がつぶれました。さらに、戦争ちゅうには、強制疎開なぞでなくなる席もあり、ついには、戦災でやられてまったく見るかげもなくなってしまいました。

戦後は、焼け残ったのは、わずかに人形町の末広と神田の立花くらいのもので、それに、上野の鈴本と新宿の末広が再建をして、この四軒がまず中心でございます。早稲田のゆたか演芸場とか、三河島のまつみ亭とか、麻布の十番倶楽部、まだほかにもできたことはありますが、いずれもあまり永続きはしませんでした。

そのうちに、昭和二十九年の暮かぎりで神田の立花がなくなり、昭和四十五年には、人形町末広もとうとう廃業ということになってしまい、現在の状態になっているというわけでございます。

時代の勢いというもので、いかんともしがたいところはありますが、噺家は、やはりなんといっても、寄席が最後のとりでなんで、これがなくなってしまっては、いくらテレビ・ラジオがあり、ホール落語があるといっても、根なし草のようなものになってしまう。昔のようなさかんなことは、望むべくもないとしても、せめて、いま残っている寄席だけでもいいから、このちすこしでも永く続いてもらいたいものだと思います。

前置きはこのくらいにいたしまして、さっそく、昔の寄席の思い出を申しあげることにいたします。

日本橋

まず、日本橋からお話をいたしますが、申しあげたように、日本橋というところは、なんといっても中心地で、昔からなかなかいい寄席がございました。以前から名のある席と申しますと、木原亭《きわらてい》、伊勢本《いせもと》、両国の立花家《たちばなや》、人形町へまいりまして末広亭《すえひろてい》、それに同じく人形町で鈴本《すずもと》という……ここいらはもう、落語色物席としては、みな一流でございます。

ところが、このなかで、木原、伊勢本、このふたつは、どういうもんですか、あまりお客が来ませんでしたねェ。以前はもちろん、大そうお客さまが来たらしいんですが、あたくしども知ってからは、どうも来なくなった。

木原亭というのは、当時、日本橋の木原店《きわらだな》〝食傷新道《しょくしょうじんみち》〟という……これァもう、いまでは跡形もございません、ただいまの東急デパート・日本橋店、あれがもとは白木屋呉服店ですね、その白木屋の横丁……日本橋の大通りからはいって、東のほうへ抜ける横丁……これを〝食傷新道〟といったもんで。というのが、ここにはその、いろいろな食べもの屋が、ず

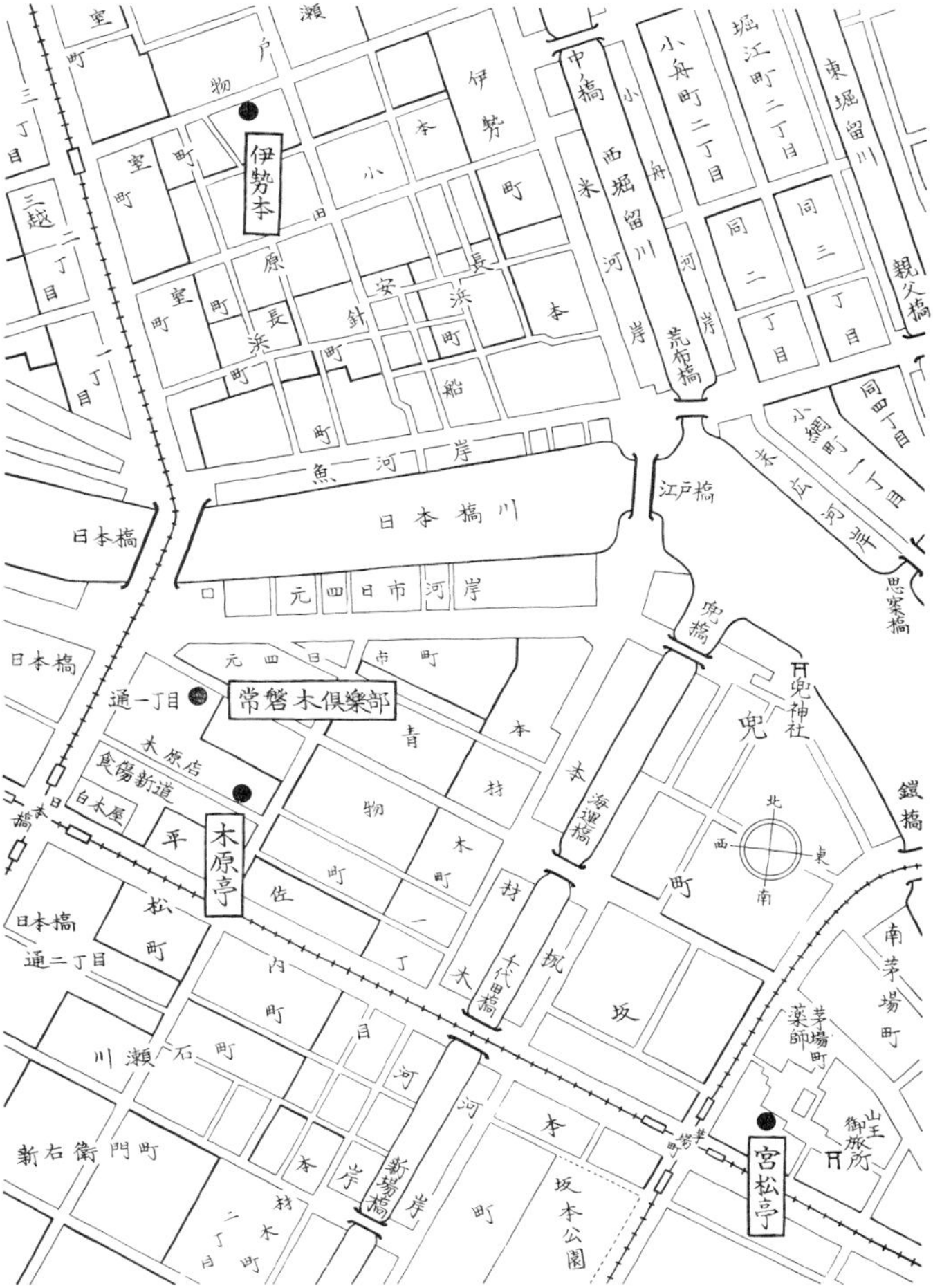
伊勢本
常磐木倶楽部
木原亭
宮松亭
三越
日本橋川
日本橋
江戸橋
中橋
荒布橋
兜橋
海運橋
千代田橋
新場橋
鎧橋
思案橋
親父橋
兜神社
山王御旅所
薬師
茅場町
南茅場町
坂本公園
新右衛門町
川瀬石町
通一丁目
通二丁目
木原店
食傷新道
白木屋
元四日市河岸
魚河岸
西堀留川
東堀留川
米河岸
小舟河岸
小舟町二丁目
堀江町二丁目
小網町一丁目
末広河岸
兜町
北
西
東
南

らっと並んで商売をしておりました。

有名なのが中華亭《ちゅうかてい》という、これァ会席料理でございますが、そういう高級なところは、あたくしどもにはあまり用のないところで……あたくしなどが、よくご厄介になりましたのは、赤行燈《あかあんどん》という、これは、俗に〝縄のれん〟と申しますが、ま、それのすこゥし上等なもんで、たしか主人《あるじ》の名前を石田といったと思います。茶めしにあんかけ豆腐、炒《い》り鶏《とり》、しのだ、そういったようなものが看板で、ここで茶めしにあんかけ豆腐、それにもうひと品ぐらいとって、ご飯をたべて、十銭かそこいら……これは明治末期ごろのねだんでございますが、とにかくこのうちは、安くてうまいというので、たいへんに繁昌をしたもんで……。

まァそのほかにも、おでん屋だとか、鳥屋《とりや》だとか、食いもの店《みせ》ばかりがどっさり並んでいるので、〝食傷新道〟という、あだ名があったわけなんで……木原亭は、この横丁をはいって行って、日本橋の通りとは反対の向こうがわの通りに出る、ちょっと手前の左ッ側《かわ》にありました。

この席は、われわれのほうで大師匠《おお》と申します、三遊亭圓朝師のさかんなころには、大変にお客も来たという、昔から有名な席なんですが、あたくしどもが知ってからは、実にどうも、客の来ないことで有名なもんで……平屋《ひらや》の席で、そうですねェ、三百人ぐらいは楽にはいる広さなんですけれども、あたくしどもが出た明治末から大正はじめのころは、お客の数が、せいぜい二十人、三十人なんてえことが、あまりめずらしくありませんでしたね。

席亭……と申しますと、寄席の主人《あるじ》のことをば、席亭というんですが、この木原の席亭は、名前を忘れましたけれども、どういうわけですか、家内じゅうがそろって無愛想でしてね、にこりともしないで木戸口へすわっている。あたくしたちは、楽屋へはいるときに、その木戸の前を通りますから、

「こんばんは……」

ってんで、あいさつをするてえと、たいていの席なら、こっちで声をかけりゃァ、

「あァご苦労さま……」

とかなんとかいうもんだが、ここの人は、なんともいわないんですね。ごォくきげんのいい時で、ちょいッと、あごを、こう、うんというような調子で、下のほうへさげるぐらいなもので……。

したがって、お客さまにも無愛想だったんでしょう。とにかく客の来ない席でした。

木原亭がいつごろまであったかは、はっきりおぼえはありませんが、せいぜい関東大震災までででしたでしょうねェ。大正六年に演芸会社ができてからは、木原も会社側ではあったらしいんですが、どういうものか、あたくしは、あんまりこの席には出ませんでした。

ただ、はっきりおぼえておりますのは、浮世節の西川たつ……昭和三十四年に、あたくしの独演会で出演ちゅうに倒れて亡くなりましたが、あの人と、はじめて逢ったのが、この木原亭でした。そのころ、岸沢式多津《しきたつ》といって、姉さんの文吉《ふみきち》という人と二人で三味線を弾き、常磐津を語って、あとで踊りを踊っておりました。もともと柳派の人ですから、柳・三遊のころには、まったく別々で、名前は聞いていても、楽屋で逢うなんてえことはありません。

それが演芸会社でいっしょになったんで、この木原の楽屋ではじめて顔を合わしたわけです。あたくしが、まだ小圓蔵で十八ぐらい、むこうのほうは、たしか五つぐらい上ですから、二十二、三でしょう、きれいな人だなァと思ったことをおぼえております。これが、大正六、七年、演芸会社ができて間もなくのころだろうと思います。

それから、伊勢本《いせもと》という席は、いまの日本橋三越の本店の向こうがわに横丁があります。左がわに〝にんべん〟という鰹節屋《かつぶしや》さんがありまして、右がわには日本橋倶楽部がある、あの通り、あれをはいりまして、すこし行ったところの右手にありました寄席で、大きさは、このあいだなくなった人形町の末広ぐらいで、そんなに大きいほうではないが、木戸口が広くてりっぱな寄席でした。

これも、昔はなかなか有名な席で、あたくしの師匠である四代目橘家圓蔵が、看板を、あげたのは、この伊勢本だったということを聞いております。その当時、ここで看板をあげるということは、これァ大へんなことで、よほど将来性のある者でなければ、看板をあげさせてはくれなかったんだそうですが……。

また、あたくしども、名人と申しております四代目の橘家圓喬、この人が圓喬の名前を襲《つ》ぎましたときに、四代目の圓生が、この伊勢本の初席《はつせき》のトリを譲ったという話を、『明治の寄席芸人』のなかでもいたしましたが、当時は、なかなかの席だったものとみえます。

あたくしも、この席へ出たことはありますけれども、もうその時分には、あまりお客も来なくて、そうよくはなかったわけです。それでもまァ、木原亭《きわら》よりはお客が来ましたが、あたくしどものころは、落語ばかりでなく、義太夫だとか、なにかほかのものも打ったらしいんですが、あまりくわしくは存じません。大正の初期までで、なくなったんではないかと思います。

これに並んで、昔から有名だったのは、両国の立花家《たちばなや》という席でございます。この席は、大震災でなくなってしまったんですが、それまではずっと、一流ちゅうの一流の席であり、また客の入りもいい……それも、東京じゅうの選《すぐ》ったお客さまが集まったという……あたくしも子どものときからずっと出ましたが、まことにいい席でございました。

あたくしは、大正九年に、圓好で真打になりましたときに、この両国の立花家で、披露をさしてもらいました。また、その以前に、あたくしの先代《おやじ》の五代目圓生も、やはり立花家で看板をあげた……親子二代が、この席で看板をあげてもらったわけで。当時、両国の立花家で看板をあげられるということは、まことに名誉なこととしてあったもんでございます。

この立花家のあった場所ですが、そのころは両国の米沢町《よねざわちょう》と申しました。いまでは、その町名もなくなり、様子がすっかり変わってしまいましたんで、ちょっと説明がしにくいんですが、浅草橋のほうから両国橋へ向かってくると、橋の手前の右がわ一帯が米沢町、反対の左がわが神田川で、これへ柳橋《やなぎばし》がかかっているわけですね。その柳橋のほうからきて大通りへ出る、と、いまはありませんが、ちょうど大通りの向こうッかわに、南へはいる横丁があ

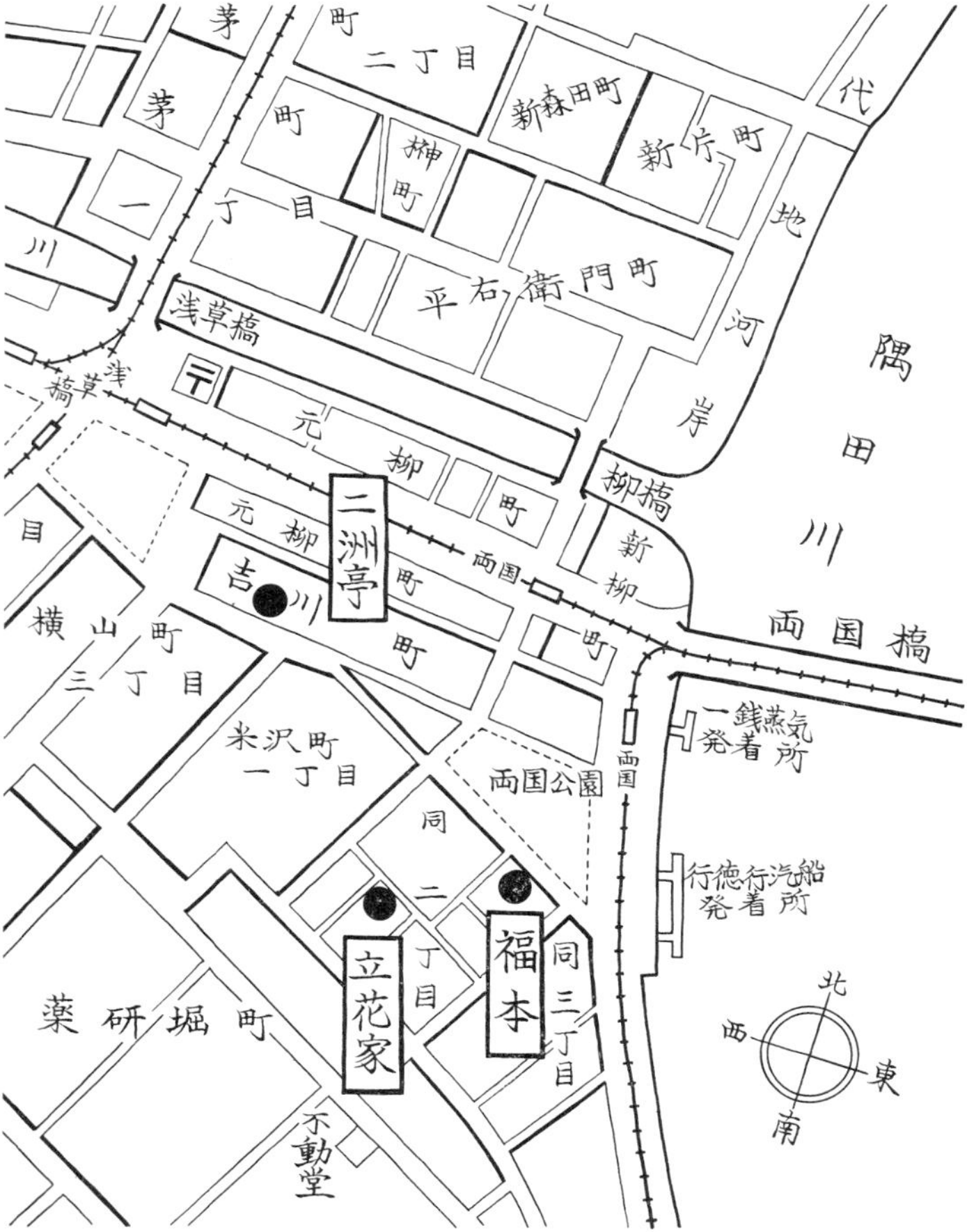
茅町二丁目
茅町一丁目
新森田町
新片町
榊町
代地河岸
平右衛門町
浅草橋
元柳町
隅田川
柳橋
新柳町
二洲亭
吉川町
両国
両国橋
横山町三丁目
米沢町一丁目
両国公園
同二丁目
同三丁目
一銭蒸気発着所
行徳行汽船発着所
立花家
福本
薬研堀町
不動堂
北
西
東
南

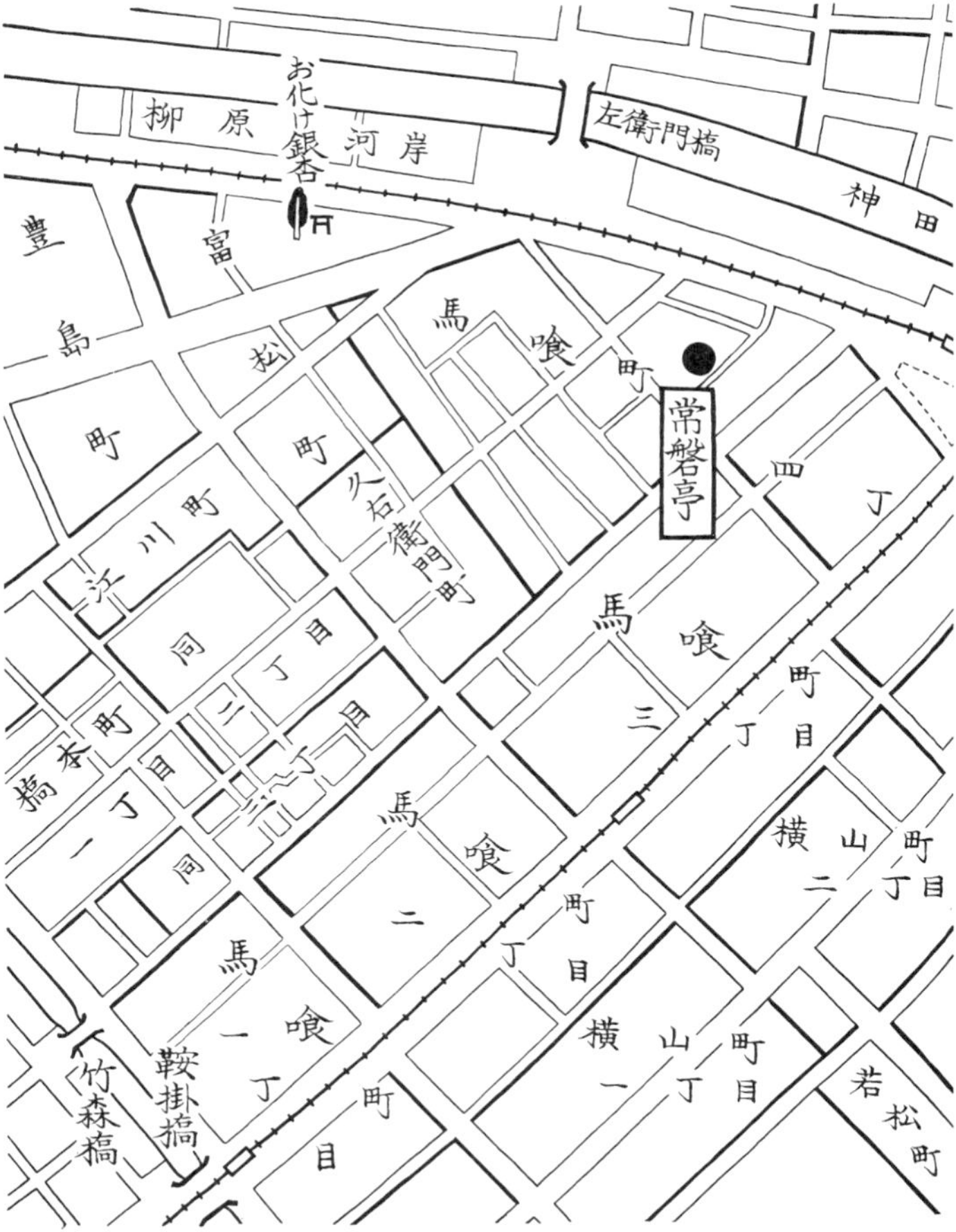
お化け銀杏
柳原河岸
左衛門橋
神田
豊島町
富松町
江川町
久右衛門町
橋本町
常磐亭
馬喰町
竹森橋
鞍掛橋
横山町二丁目
横山町一丁目
若松町

った。これをはいってずっと行きますと、薬研堀《やげんぼり》の通りというのとぶつかって、撞木《しゅもく》のように突きあたりになっている、この突きあたりにあったのが『お藤松五郎』という噺にも出てまいります草加屋《そうかや》という料理屋で……その突きあたる手前で左へはいる路地がありまして、こいつをはいってちょいと行くと、路地が交叉をしている、その右の向こう角が立花家なんで。

木戸をはいると、すぐ左がわに、茶番《ちゃばん》と申しまして、お茶やお菓子を売るところがあります。右手のほうに梯子段があって、これをあがると、正面の二階桟敷《さじき》があるというわけで……桟敷は正面だけで、左右にはありませんでしたね。

定員は、そんなに多くはなかったでしょう……そうですねェ、ごく詰めたところで四百人……五百までは、はいったかどうかですか。それで、あの高座の両脇ですね、ここに、ふだんはずうっと戸が立ってるんですが、お客がうんとはいったときは、この戸が高座のうしろいっぱいまでさがるようにできておりまして、それだけ楽屋がせまくなるわけで……そうやって、お客さまを高座の両脇へ入れる、それでまァ五十……人くらいは違ったんでしょうか、とにかく、この高座の両脇の戸をとッぱらうようになれば、たいへんな大入りというわけでございます。

この立花家のお席亭というのは、合資でやっていたのかなにか、ふたァりでやっていたらしいんですね。ひとりは〝冨士家《ふじや》さん〟といってましたが、冨士家という芸者家のあるじで、苗字をたしか村田さんという人。それからもうひとりは女で、おすまさんという……なかなかいい女でしたねェ。もうご亭主はなく、後家さんだったんでしょうが、頭は丸まげかなんかに結《い》っておりまして、眉《まみえ》を落として、お歯黒をつけて、それで衿《えり》つきの着物に白《しろ》ちりめんの腰巻きなぞをしましてね、茶番のところでもって、立て膝をして、この、長ぎせるでたばこをのもうというような……なんとなくあの、玄冶店《げんやだな》の芝居に出てくるお富さんを想像させるような、ちょいと粋《いき》な人でしたよ。

村田さんのほうは、あたくしども知ってからは、あの、鼻の障子がありませんでね、『鼻ほしい』という噺でやるような、ふがふがでしたけれども、なかなかしゃれッ気《け》のある、おもしろい人でございました。のちに大震災で立花家も焼失いたしまして、再建しようにも、もう今度は消防法の関係やなにかで、そんな路地の奥には、大ぜい人の集まる寄席なんぞを建ててはいけないことになった。それでとうとうなくなってしまいましたんで、この村田さんも、ひとしきり神田の立花亭の木戸へ坐っていたことがあります。これは経営者というんではなく、つまり、番頭といったような格でやっていたもんで。それから、浅草に金車亭《きんしゃてい》という講釈の席がありましたが、これがのちに落語をかけるようになった、そこで、この冨士家さんがやはり木戸へ坐って、会計なぞをやっておりました。おすまさんのほうは、どうなりましたかねェ、あとのことはよく存じません。

次に、人形町の末広亭。これは、昭和四十五年までありましたから、ご存じのかたも多いと思います。

人形町の交叉点から堀留のほうへ向かって行って、右ッかわへはいる路地があります。ここが『お富与三郎』の芝居で有名な玄治店で、その玄治店へはいる、向かって左ッかどが末広亭のあったところでございます。いまでは次田株式会社という会社のビルが建っておりまして、その前の道ッぱたに「寄席・人形町末広跡」という石の記念碑があります。

路地の入り口の右ッかわは、伊勢龍《いせりゅう》という瀬戸物屋さんで、いまでもありますが、東京でも指折りのお店でしょう。それから、末広亭の左どなりは、うぶげやという……あの、打物《うちもの》といいまして、庖丁だとか、鋏だとか、毛抜き、そういったものを売る、ご商売でございます。このうぶげやさんも、いまでも残っております。けれども昔はあんな小さなもんじゃァない、間口が広くッて、奥行きがずうッとありまして、あたくしァ子どものころにおぼえがありますが、大きなお店《みせ》だなァと思いました。お客がどんどん、もう、絶え間がないというほど繁昌をしておりまして、そうして、上物《じょうもの》しきゃ売りません。あの毛抜きなんてえものは、安いのを買うてえと、「くわない」といいましてねェ、毛をうまくはさめない。そこィ行くと、うぶげやの毛抜きは、小さくてもなんでも相当高いねだんですが、そのかわり「くわない」なんてえことはないわけなんで……そういうふうに、鋏でも庖丁でも、上等なものを売った、これも有名なお店でございます。

で、この末広亭も、もとはなかなかお客の来た席で、とりわけこの、雨が降ると、必ずいっぱいになる……これがほかの席ですとねェ、雨が降り出したりすれば、

「あァいけねェなァ、悪い時に降り出した……今夜はもう客ァ来ねえや」

といったもんで、つまり客足がとまるわけなんですが、人形町ばかりは、雨降りには、かえって客がいっぱいになるという、ふしぎな現象で……。

どういうわけかてえと、あの近所には問屋町《とんやまち》があります。で、いまと違って、店員が遠くからかようなんてんではなく、大店《おおだな》ですから、みんなそこに、奉公人がいる。それに、あすこには魚河岸《うおがし》というものがある……いまのかたは、魚河岸てえと築地だと思うでしょうが、以前は日本橋にあったわけで、あのゥ銀座のほうから行って、日本橋を渡った右ッかわの河岸《かし》ッぷち、あれが江戸以来の魚河岸でございます。ここにも、仲買いの大きな店が何軒もあり、それにはやはり若い者が大勢います。それからもうひとつは合百《ごうひゃく》といいまして、まァ相《そう》場師《ばし》ですねェ、しかし、本当に金があってやるんじゃァない、空《くう》でやる相場で、いえばばくちのようなもんですが、兜町《かぶとちょう》が近いから、そういう連中もたくさんいた。

と、雨が降ったりなにかすると、たいくつだから寄席へでも行こうか、というようなわけで、こういう人たちがみんなお客になる。ですから、楽屋では、雨が降ると「〝末広日和《すえひろびより》〟だねェ」とか、〝人形町日和〟という、そういう言葉がありましたくらいで……。

それから、これは、おもちゃやの馬生さん(五代目・宮島市太郎)に聞きましたが、以前、この末広では、毎年夏になると、八月いっぱいは、なんでも商売を休む。で、そのあいだどうするのかってえと、冬になってから使う炭を切るんだそうで……昔は寒くなると、寄席でもって火鉢を売りました。といっても、本当に売るわけじゃァない、つまり、お客さまからお銭《あし》を頂いて、手あぶりの小さな火鉢を貸すわけなんですが、この手あぶりへ入れる炭ですね。

そのころは炭を俵で買って、そのままでは長くて使えませんから、中売りとか下足《げそく》番の者が、炭切りのこぎりでもって、これを手ごろの大きさに切るわけで……毎日毎日切って、ちょうど一カ月いっぱいかかるというくらい、ずいぶん炭を切ったもんです。炭の産地によほど懇意なところがあったんですかなんですか、寄席としては、いい炭を使い、楽屋のほうへも、たきものは惜しまずにくれましたもので。

　これは、あたくしも知っておりますが、末広の楽屋には、大きな銅《かね》の八角の火鉢が出ておりまして、これに佐倉炭《さくらずみ》のよくおこったやつを三重くらいに、ぎっちりと中ィいけこんで、上からすっかり灰がかけてある。で、こいつを掘るてえと、寄亭におどかされましてね、

「うちの火鉢はそんなことをしなくってもあったかいんだから、火を掘っちゃいけないッ」

てんで、なるほど、宵から火鉢がはいって、その時分ですから、ハネ(閉場)といえばもう十時半ごろになりますが、そのころになっても、ちゃんと、手をつけなくともあったかい。そのくらいだから、そいつを掘っちまうてえと、まわりは銅《かね》ですから、灼《や》けてしまって、手がつけられないほど熱くなるわけなんですね。ですから、前座なんぞこいつをいじくるてえと、よくおこられました。

　この席は、もともと鳶頭《かしら》がやっていたんだそうですが、あたくしは、それは知らないんで、あたくしども知っては、末広のおばあさんという、これがその鳶頭のおかみさんだったんでしょう、つまり先《せん》だって亡くなりました石原幸吉さんのおっ母《か》さんにあたる人、この人があるじでございます。そのころ寄席の三婆《さんば》ァさんといわれた、そのうちのひとりで……三婆《さんばばあ》と

いいまして、人形町の末広、神田の白梅亭《はくばいてい》、本所《ほんじょ》ゥの広瀬、この三軒には、小言をいううるさいおばあさんがいて、もう、芸人なんぞァ頭からおどかされたりなんかする。

末広のおばあさんも、まァ真打には、相当の敬意を払っておりましたが、二つ目なんぞで気に入らない芸人が高座へあがるてえと、すぐに楽屋ィ来ましてね、手を帯のところへ……あの、女だから広い帯を締めてるでしょ、その帯の前のところィ、両手の、指先だけをちょいとこう突っこんで、それで立ってものをいうんで、

「こんな者をあげちゃァしょうがないじゃないか、ちッ……おろしておしまいッ」

なんてんで、小言をいう。それに、どんな人でも、ちゃんと面と向かって、やかましいことをいう。ですから、人形町の末広のばあさんは、なかなかどうも、うるさいってんで、もう有名なもんでした。

ところが、このやかましいおばあさんが、あべこべにけんつくをくったという話を、その石原幸吉さんから聞いたことがあります。

講談のほうで伊藤痴遊という、これは、本名を伊藤仁太郎《にたろう》といいまして、はじめっから講釈師になろうってんではなく、政治家なんですね。ところがその当時は、演説会やなんかを開くてえと、ちゃんと警官が来ていて、なにか政府に不都合なことをいったりすると、

「中止ッ」

てんで、ただちに止められてしまう。それをなおしゃべれば、すぐに検束されるといったようなわけで、なかなか思うような演説ができない。演説ではいけないが、なんとかして、

自分の主張を世間へ披露をしたい。そこで、しゃべる商売、まァ講談がよかろうというんで、講釈師の仲間へはいった。しかし、寄席へ出たらば、演説をするわけにはいかない、やはり講談を、それもうまくなくちゃァお客は聞いちゃァくれませんから、それで勉強をした……ま、あたくしも、この痴遊先生は、ずいぶん聞きましたが、さすがにどうも、うまかったもんです。

そういう次第だから、いまでいえば政治講談とか時事講談というようなものをやるわけですけれども、どんなえらい政治家でもなんでも、みんな呼びすてで、

「その時、原敬《はらけい》は……」

とか、

「若槻礼次郎、かれが……」

というようなことをいう。まだまだあたくしの子どものころは、政治家だとか、大臣だとかいえば、たいへんにえらい人だと思って、「なになに閣下」なんといったくらい……それをみんな、ぽかぽか呼びつけで話をするんで、はじめて聞いた人は、なんだろうてんで、びっくりする。

もともと政治家として立ちたいというんで、講談はほんのつけたりなんですが、そのつけたりのほうが本職になってしまった。もっとも、政治のほうでも、浅草区から東京市会議員に出ました。いまでいう都会議員、これには当選をする。けれども、衆議院へ出ようとすると、きっと落選をした。浅草では頼母木《たのもぎ》さんという、このかたがずっと出ていましたし、と

にかくえらい競争者が大勢いたんで、なかなか出られない……それでもたった一ぺんだけは当選して、衆議院議員になったことがあったと思いますが……なにしろ、この先生の演説てえと、聴衆はいつもいっぱい、そうでしょう、とにかく話術としては、人一倍すぐれているし、金を取って聞かせる商売人、それが演説会だてえと、ただで聞ける、いうことはおもしろい……だから、演説会はいっぱいの人気で、今度はかならず当選するだろうと思うと、落選してしまう。いわゆる院外団というやつで、政治家としては、さのみ活躍はできなかったわけなんです。

しかし、ふだんでも何処《どッ》かほかの芸人とは違いまして、威張《えば》ってもいましたし、鷹揚《おうよう》なところがありました。

この人が、やはり困ることがあって、末広のおばあさんに、

「すまんが、いくらいくらの金を貸してくれないか」

といって頼んだことがあるそうで。まァ、自分の席へも出てもらうえらい先生だからというんで、

「はいはい」

ってんで、おばあさんが、そのお金を貸した。ところが、いつまでたっても、だまってて金を返そうとしない。それから、あるとき、痴遊先生が末広へ出たときに、おばあさんが楽屋へ来て、

「先生、あの、お貸ししたお金をいまだに返していただけないが、一体いつ返してくださ

るんです」

ってんで、催促をしたところが、痴遊先生、ぴたッと居直って、

「あんたねェ、そういうが、わしァ困るから借りたんだ。返せるものを返さないわけではない。返せないものはしかたがないじゃァないか。大体、金のある者が、ない者に金を貸して、それを催促をして取ろうというのがまちがっている。困るから借りてるんだ。それを催促するとは一体どういう了見だ」

ってんで……さすがのおばあさんもおどろいて、

「もう二度とあんな人に金を貸すもんじゃァない」

といっていたそうです。

とにかくこのおばあさんという人は、昔者《むかしもの》ですから義理固いところもあり、こうといったらなかなか動かないという、ふつうの人とは違うところがありましたが、お金もずいぶん持っていたらしいんですね。

大正十二年の大震災の時には、人形町の末広も焼けました。その時に、荷物を背負って逃げたわけで……その荷物というのは、行李《こうり》がひとつ、これを背負って、四谷へ逃げて、喜よしという席がありました、そこへ行って、とにかく焼け出されちまったんで、何処《しょ》かへ置いてくれと頼んだそうです。

「じゃァうちを借りてあげましょう」

といったら、

「いえ、物置きでもなんでもかまいませんから……」

というんで、喜よしのあるじというのは、あのへんの火消しの鳶頭《かしら》ですから、火の番小屋みたいなものがある、そこがあいているが、といったら、

「えゝえゝ、結構ですとも」

ってんで、背負ってきた柳行李《やなぎごうり》を大事そうに置いて、これはだれにも渡さない。

「一体あのばあさん、なにを持って来たんだろう」

ってんで、あるとき、おばあさんが行李のふたをあけている時に、そうッと隙見《すきみ》をしたら、中にいっぱい、紙幣《さつ》がはいっていたってんですね。なるほど、これァ他人《ひと》に渡さないはずですよ。紙幣ばかりで行李にいっぱい……ですから、相当な金を持っていたわけで。

先だって亡くなった石原幸吉さんは、このおばあさんの実子じゃァなくて、養子だったんじゃァないでしょうか。あんまり詳しいことは存じませんが、どういうわけですか、若いころは、金《きん》ちゃん金ちゃんといってましたねェ。それで兄さんがあったんです。由《よし》さんといって……これァ本当の兄弟なんだろうと思います。

あたくしどもの子どものころは、そのおばあさんがご主人で、由《よし》さんてえのが木戸へすわってました。そのころは、幸吉さんのほうは、どこかへ奉公に出てたのかなにか、とにかくまるきり見ませんでしたね。だから、木戸にいた由《よし》さんてえ人が、行く行くは、ここのあるじになる人だなァと、あたくしどもは思ってたわけなんです。そうしたら、おばあさんが亡くなってから、あの人があるじになったんで、

「由さんの弟なんだよ」

「へェえ」

なんて、楽屋でもふしぎがってましたよ。

幸吉さんは、あたくしより年はだいぶ上でしたがね、おとっつァんが鳶頭だったせいか、歩きっぷりでもなんでも、外輪《そとわ》にして、ちょっと、そういったところがありました。

「人形町は、あの歩きッぷりが直らなきゃァ客ァ来ねえ」

なんてね、楽屋でそんな悪口のタネにしたくらいで……それで、やっぱり楽屋へ来ちゃァ文句をいうんです。

「こんなところへあがられちゃァ困る」

とかなんとか、苦情が多いんですよ。だから、

「うるさいね、ここのうちは……」

って、よくいってたもんで……まァ、昔はああいうお席亭が多かったんでしょう。今はもう、うるさいにもなんにも、なんともいってきませんよ。うるさくいうだけ知りもしないというわけなんでしょうけどね。

震災後、建て直した建物が、このあいだなくなるまであったわけなんです。入口はもちろん、表通り……もとの電車通りに面しまして、玄冶店の路地のほうに楽屋口がありました。それで、表通りから向かって右側のほう、路地の角のところ、道路側を細く床見世《とこみせ》みたいにして、貸したりなんかしてましたが、あれははじめっからではなく、のちのことでござ

います。

入口の左手にテケツ(入場券売場)があって、はいると土間になっていて、右手のほうが下足をあずかるところになっている。正面は式台のようになっていて、下足をぬいでここへあがると、突き当たりは板戸で、これが客席のいちばんうしろの板戸なんです。その右手のほうに戸口があって、そこから客席へはいる。なくなるまでずっと、客席は畳のままでした。

それで、左右の両側に、二階桟敷というんではなく、二尺ほど高くなった桟敷があって、そのうしろ側は戸があって、更にその外が両側とも廊下になっていました。高座へ向かって左側の廊下のもうひとつ外側に、入口のほうからいうと、茶番があって、それから、喫煙室というか、ソファなんぞの置いてある休憩室があって、その先に手洗所がある。この廊下の突き当たりが楽屋への通路になっていました。

高座はそんなに大きくはありません。間口が三間ありましたかねェ、それで、震災前の末広の高座てえものは、タッパが低い……タッパてえと、天井までの高さですけども、あの高座の前のところは鴨居《かもい》がありまして、あたくしなんぞは、割に背が高いから、立ちあがるてえと、目がかくれてしまうくらい……だから、あすこのうちで、立って踊りをおどるってえと骨が折れたもんです。震災後の建物では、そんなこともありませんでしたが……。定員は、二百か二百五十……大入りでいっぱいに詰めても、五百ははいらない。まァそんなに大きな席ではない。ひとしきりは大変お客が来たんですが、一時は全く来なくなった。それからまた来るようになったり……有為転変はずいぶんありました。ひところ全く来なくなったというのは、やはり、申しあげた "合百" なんてえものが、できないようになって、いなくなり、それから、魚河岸が築地のほうへ引移《ひけ》てしまったことが大きいでしょうねェ。

あたくしが真打になった時なんぞは、やはりずっと魚河岸のほうへも顔出しをしました。朝の商売で、あの河岸のとおりは魚市場を開くために、午前中は交通どめになる。ですから、商売がらあんまり夜ふかししちゃいけないんでしょうが、若い人はそうもいかないから、寄席でもあれば、遊びに行こうということになる。それがみんないなくなっちゃったんですからねェ。そのほかの問屋さんでも、住みこみの奉公人が大勢いたものが、みんな会社組織になっちゃって、遠方から店員さんがかようようになる……そういったことがいくつも重なったために、自然にあすこいらに人がいなくなったんだろうと思います。

それでも、地下鉄がひけたりして、大分お客が来るようにはなっていたんですが、あすこの地所が借地で、それをほかへ売られてしまったがために、とうとうよすことになって、昭和四十五年正月限りで、古くから続いた末広もなくなってしまいました。

石原さんのところには、子ども衆も大勢あったんですけども、跡をとって寄席をやろうという、なにはなかったでしょう。ですから、石原さんが亡くなって、せがれさんの代になったらば、いずれはおやめになった……まァ、これァどうにもしょうがありません。早晩、なくなる運命だったんでしょうねェ。


人形町にはもうひとつ、鈴本という席がありました。これは、もと大森舘といいまして、映画館だったんですね。場所を申しますと、あの、人形町の大通り……小伝馬町《こでんまちょう》のほうから水天宮へ向かってくると、人形町の交叉点を越して、ちょっと行くと、左ッかわに甘酒屋《あまざけや》横丁というのがあります。この横丁をはいってまッ直《つ》ぐに行くと、明治座の斜め前ンとこへ出るわけで……この甘酒屋横丁の向かいッかわの、やゝ水天宮寄りで、大通りに面してありましたのが大森舘……これが、明治末に寄席になって、鈴本という名称でやっておりました。

席亭は、たしか笠原という苗字でしたね。この人は、以前、やはり人形町の大《おお》ろじという寄席をやっていたんです。大ろじというのは、人形町末広のまン向こう……いま洋品店かなんかになっていて、細い路地になってる、あれがもっと広かったと思いますねェ、大路地というくらいですから……その路地へはいって、ちょいと右へ曲がったところだったと思います。あたくしがまだ義太夫をやってるころに勤めて知っていますが、二階寄席《せき》……つまり、階下は住居になっていて、二階が寄席になっている……なにか陰気な、古い席でしたがねェ、ここも昔は有名な指折りのいい席だったんだそうです。

圓朝師が晩年、もうこれッきりというので、『牡丹燈籠』を毎夜続きで演《や》ったんだそうです。そうすると、もう、お客がいっぱいはいって、しまいにゃアはいり切れない客が、隣りの家の屋根へあがったという……申しあげたように、二階寄席《せき》でしたから、隣りの屋根へあがれば見《め》えるってえわけで……。

そうしたら、近所の家から、

「どうも、人がぞろぞろ屋根へあがって、あんなにあがられた日にゃア、押しつぶされで

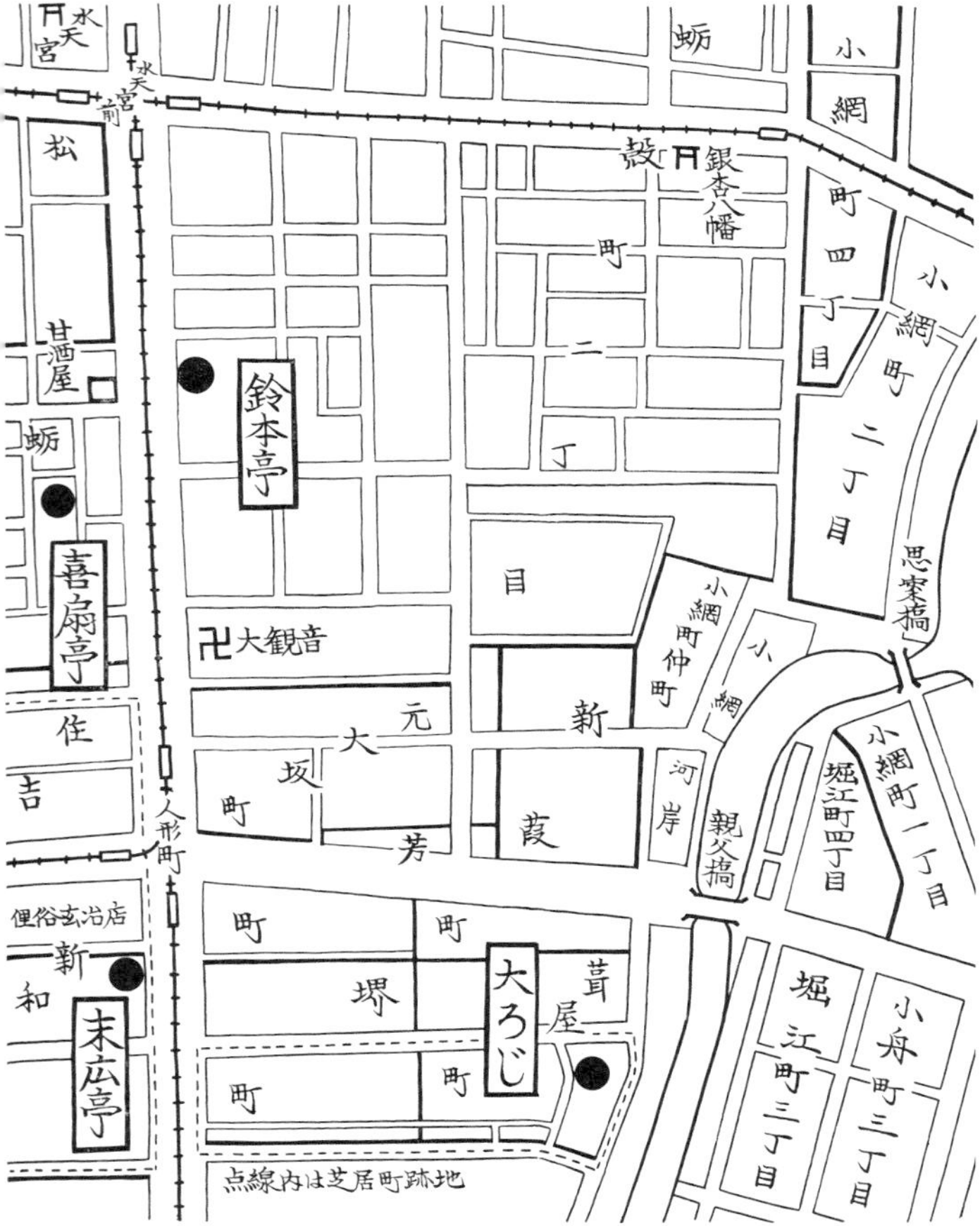
水天宮
水天宮前
松
甘酒屋
蛎
喜扇亭
住吉
人形町
鈴本亭
卍大観音
元大坂町
芳
蛎殻町二丁目
銀杏八幡
小網町四丁目
小網町二丁目
思案橋
小網町仲町
小網
新葭
河岸
親父橋
小網町一丁目
堀江町四丁目
俚俗玄冶店
新和
末広亭
町
堺
町
葺屋
大ろじ
町
町
堀江町三丁目
小舟町三丁目
点線内は芝居町跡地

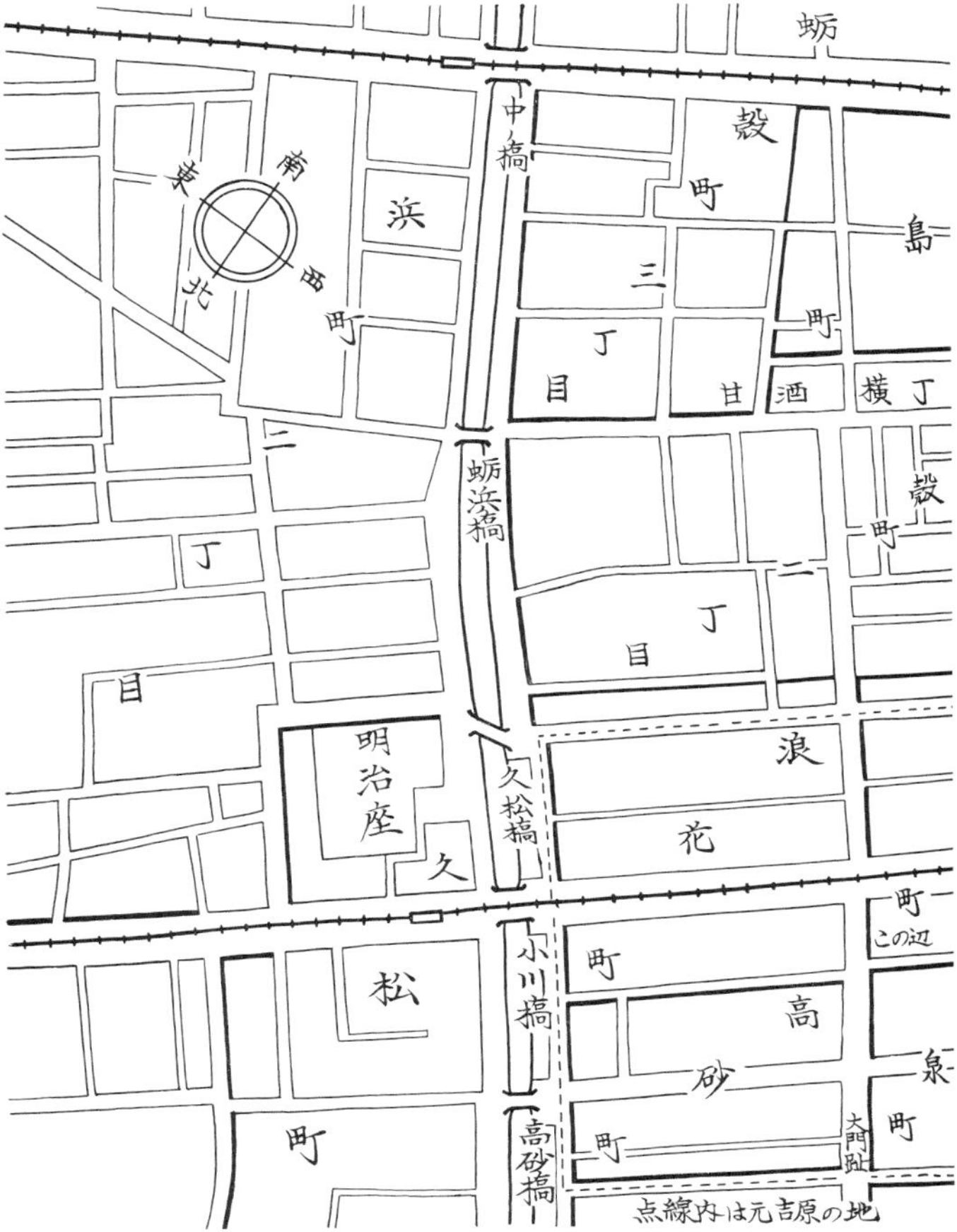
蛎
殻
町
島
町
中
橋
浜
町
南
東
西
北
二
丁
目
三
丁
目
甘
酒
横
丁
蛎
浜
橋
殻
町
二
丁
目
明
治
座
久
松
橋
久
浪
花
町
この辺
小
川
橋
松
町
町
高
砂
町
泉
町
大門趾
高
砂
橋
点線内は元吉原の地

もしたら、えらいことになる」

　ってんで、苦情が出たってえます。

　そういう話が残っているくらい、有名な席だったんですが、あたくしが噺家になった時分には、もありませんでしたから、そのころになくなったんだろうと思います。建物も老朽化してきたし、それに区劃整理みたいなこともあったんでしょうか、いろいろのなにで、そこに居られなくなったんで、人形町の表通りへ出て、その映画館だったやつを、寄席に改造したわけなんでしょう。

　で、なぜ鈴本亭という名前にしたかというと、それには、上野の鈴本から金を借りたんじゃァないかと、あたくしァ思う。そのころ、鈴本ってえ名前の席が、あちこちに出来ました。小石川で江戸川橋のそばに鈴本ができ、大塚にも鈴本をこしらえ、そのほか石原の鈴本とか、浅草の鈴本、駒込の鈴本……といったあんばいで、ずいぶんありました。駒込の鈴本なんぞは、上野の、もう直轄みたいなもんでしたが、ほかは、やはりその、金を借りたんでしょうと思います。だから、上野の鈴本のご主人は、つまり、大阪の吉本のような傾向があったと思うんですがねェ。

　ところが、この人形町の鈴本というものは、当時、明治末から大正にかけまして、東京じゅうで一番お客の来る席になりました。客席は二階がありまして、ぐるり桟敷《さじき》でしたよ、えゝ、ずゥッと三方に桟敷がありました。それで五、六百人は楽にはいるという……なんにしても、大そう活気のある席で、それに、ハネ(閉場)のおそいのでは有名なもんでしたねェ。

若手の真打がやるてえと、必ず大喜利《おおぎり》というものをやるんで、みんな来てくれ、来てくれって頼まれて、ほうぼうの席の真打が、それぞれの席をハネてから集まってくる。そのくらいですから、ほかはみんなハネちゃってるのに、あすこだけは十一時すぎてまだやっている……もう電車がなくなるってんで、みんな心配したもんです。

　というのは、やはり土地がらもあったでしょう。申しあげたように、当時の人形町というものは、問屋町《とんやまち》があり、魚河岸をひかえ、米屋町《こめやまち》の〝合百《ごうひゃく》〟なんというものもある……これァもう、米相場《こめそうば》といったって、ばくちみたいなもんですから、取られちまうと、もう一文なしになって、めしを食うこともできない。で、あしたはあしたンなると、なんとか金を拵《こさ》いて、また〝合百〟をやる……それで儲《もう》かったときには、やっぱりばくちとおんなしで、きょうは儲けたからってんで、ぱッぱッと金を使う。

　景気のいい時は、寄席へ来ましても、芸人をひいきにして、祝儀をくれたり、中売りなんぞでも、そのころは、みんな男の中売りでございますが、こいつもひいきにして、

「おい、飲みに行こう」

なんてんで、お供に連れて行く。ですから、よく、

「どうも、ゆうべはねェ、客といっしょに女郎買《じょうろけ》えに行ってね」

なんて、中売りが言ってることが、人形町ではずいぶんありましたよ。

まァそういうふうに、客はうんと来るし、銭《ぜに》の使いかたは荒っぽいし、なにかその活気があふれて、景気のいいという席でございましたが、惜しいかな、この鈴本は、大震災で焼失

いたしまして、その後は、とうとう復活しませんでした。ですから、その寿命というものは、あまり永くはなかったんですね。たかだか十三、四年ぐらい、短期間ではあったが、ほかの席はとてもここにかなわない、東京一お客の来た席でございました。

そのほかでは、両国の二洲亭《にしゅうてい》とか、〝郡代《ぐんだい》の席〟と言っておりました常磐亭《ときわてい》なんてえ席もありました。

二洲亭は、もとは義太夫の席で、女義太夫の竹本昇之助なんという、その当時大変人気のあった人の看板があがってたのを、前を通って、見たおぼえがございます。二階寄席《せき》で、震災で焼けましたが再建して、落語をやるようになった。あたくしも三語楼の落語協会のころには、よくここへ出ましたけれども、割合にお客も来ました。しかしやはり、昭和のはじめごろまでで、その後、いつのまにか、やらなくなってしまいました。

郡代というのは、ただいまの馬喰町四丁目のあたり、あのへんは、昔の郡代屋敷の跡だとかで、そういったもんでございましょうが、あすこに楊弓場《ようきゅうば》だとか、玉ころがしや射的《しゃてき》なんという、そういう遊び場があったもんで……そこに常磐亭という席がありました。もっとも、これはあたくしが、ごく子どものころまでで、早くになくなってしまいましたんで、あまり詳しいことはおぼえておりません。

それから、薬師の宮松亭《みやまつてい》というものがございます。これは、茅場町の薬師さまがある、その境内にありましたんで、薬師の宮松といって、これも昔から有名な席でございます。圓朝師の時代には、昼席《ひるせき》もやったらしい。もちろん夜席《よせき》があって、昼もやったもんでございましょう。しかし、あたくしどもが知ったころは、おもに義太夫ばかりかけておりまして、落語はあまりやりませんでした。ただし、落語研究会というものを、月に一回ここでやりましたので、あたくしもよく存じております。

第一次の落語研究会というのは、明治三十八年にできまして、そのはじめのころは、常磐《ときわ》木倶楽部《ぎくらぶ》というところでやりましたので、これは、日本橋の南詰め、銀座のほうから行って、右側のたもとに、これもいまでは東急デパートの向かい側に移りましたが、榛原《はいばら》という紙屋さんのお店があって、その隣りにあった貸席でございます。

研究会の第一回をやるには、会場として、寄席には関係のないところがいいというわけで、ここを選んだわけなんでしょうが、何回かやってるうちに、ここではやれなくなった……というのは、そばに村井銀行というものが建つことになって、工事が始まった。そうすると、昼間の興行ですから、鉄筋を打ち込む音が、どかんどかん……てんで、とても落語なぞやっちゃァいられない、何処かへ会場を移そうってんで、いろいろ相談したんでしょうが、あんまり遠くへ移すわけにもいかないし、まァ茅場町《かやばちょう》ならそう離れてもいないからというんで、宮松にしたんだろうと思います。

あたくしがはじめて研究会へ出してもらったのが、大正三年十月……その前にも、一年か二年、高座へあげてはもらえないが、お手つだいには行っておりましたが、もうそのころは、常磐木倶楽部ではなくて、宮松のほうでございました。

これはもちろん本席《ほんせき》ではありますし、当時として、立派な席でしたね。高座から見て右手のほうに、庭がずゥッとありました。その時分、庭のある席なんてえものは、幾軒もありません。ま、いえば、本郷の若竹に、やや似ているようなあんばいで……客席も、かなり広くて、三方桟敷《さんぽうさじき》ですから、いっぱい詰めると、ずいぶんはいりました。

それで、客が三百人《さんぞく》でしたか、それを越しますと、落語研究会で大入袋《おおいりぶくろ》を出しましたよ。研究会の入場料は、三十銭でしたか、三十五銭でしたか、その当時としたら、かなり高かったんで、ふつうの寄席ではとてもそれだけは取れません。それでも、きょうも大入袋だ……また大入袋が出た、ということがいくらもありましたから、それだけ研究会というものは、お客さまが来たわけなんで……。

この宮松亭も、震災で焼失いたしました。その後、また建ちましたけれども、もう席ではなくして、倶楽部というようなものになった……で、昭和になって、第二次落語研究会でも、第一回だけ、そこでやりました。

つまり、第二次研究会を始めようということになったときに、

「第一次の落語研究会の会場であった、由緒ある宮松亭で、まずやるべきである」

ということで、そうしたわけなんですが、やはり、借り賃やなんかも高かったんでしょう……あたくしは、会計のことなんぞはよく存じませんでしたが、なにかいろいろな関係があ

って、安ければずっとそこでやったのかも知れないが、これではどうも……というようなことで、二回目からは、神田の立花へ移っているわけなんです。

そのほかに、日本橋の部で申しあげておきたいのは、落語の席ではございませんが、講釈のほうで、両国の福本《ふくもと》という席がありました。これァ釈場《しゃくば》といいまして、講釈以外のものは絶対やりませんでした。神田の小柳《こやなぎ》、浅草の金車《きんしゃ》などと並んで、この両国の福本は、釈場としては、なかなか大したものでございました。

それから、人形町の末広のそばに、喜扇亭《きせんてい》という席がありましたが、これはまた節席《ふしせき》と申しまして、浪花節の席でした。

これらは、落語ではないので、あたくしは出たことはありませんが、こういう席があったということだけは申しあげておきます。

京橋

京橋区というところは、席が少ない……というか、あるにはあったんですが、義太夫や講釈の席が多くて、落語の席は、わりにすくなかった。

なかで、金沢亭というものが、もっとも有名であり、すぐれておりました。位置を申しあげますと、銀座のほうから日本橋のほうへ向かってくると、いまは京橋のすぐ手前に右へまがる通りがありますが、それのもうひとつ手前でございます。右へまがって、左ッかわの、家数《いえかず》でいえば五、六軒行ったところにあった、二階寄席《せき》でございました。

階下《した》は、木戸口があって、楽屋と、あとは席亭の住居になっております。そうして、二階が寄席の客席になっているという、いわゆる〝二階寄席《せき》〟なんですが、割合に広くて、三百人ぐらいは楽に坐れる。ですから、詰めれば五百人、六百人とはいったでしょう。

向かって右どなりに「かめむら」といいましたか、お汁粉屋さんがありまして、これがちょうど高座の裏がわになる。なかなか有名なお汁粉屋で、たしか、明治末にお汁粉が七銭だったことをおぼえております。ねだんを聞いて、

「ずいぶん高いお汁粉だなァ」

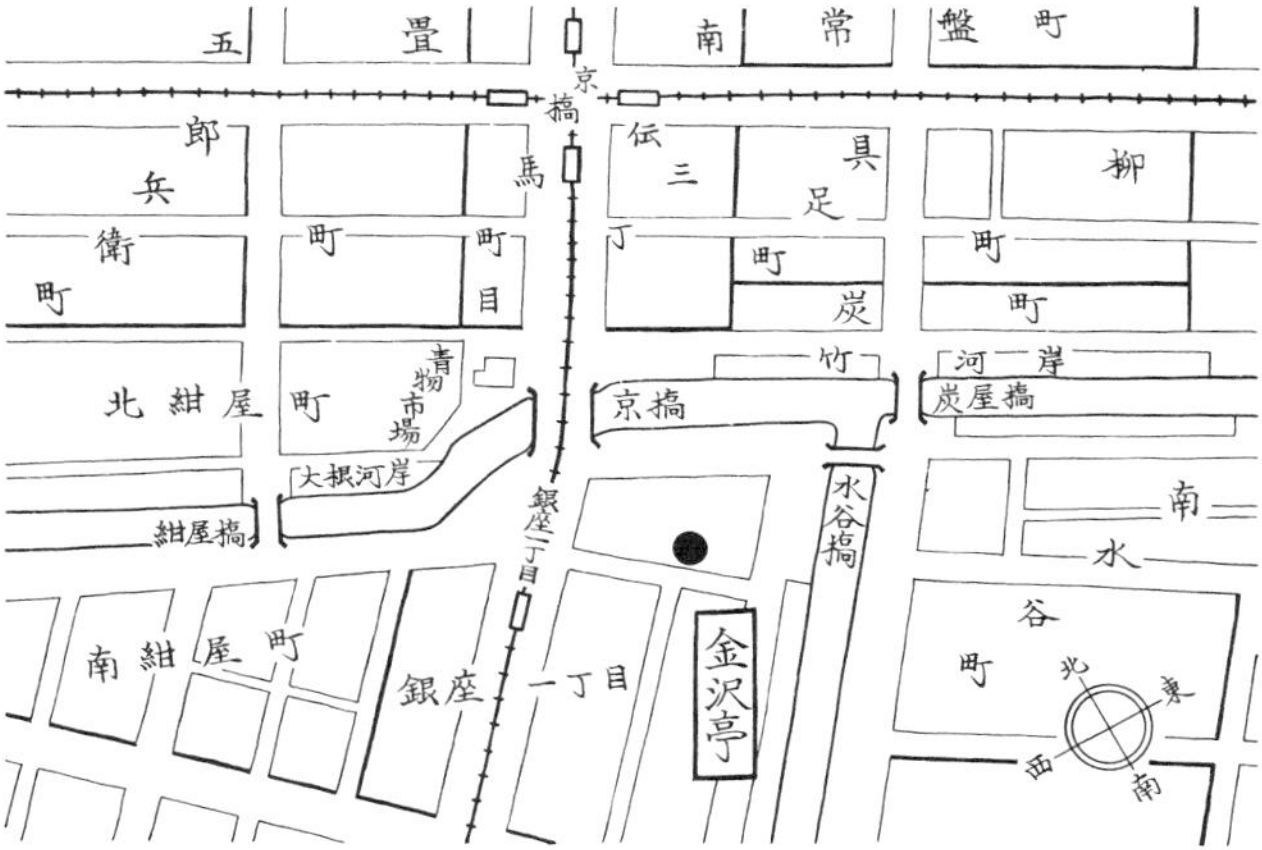

と思って、びっくりしたもんです。
それから、木戸口に向かって左の隣りが、お湯ゥ屋でございました。あたくしどもが聞いてる話では、金沢に圓朝師がかかったときは、八時すぎか九時ごろからあと、そのお湯ゥ屋がしまっちまったんだそうで……というのは、つまり、お湯ゥ屋を買い切ったんです。その時間からあとは、もうお客を入れないようにってんで……。
　どうしてかってえますと、その当時のお湯ゥですから、お客が中へはいって、大きな声で唄をうたったりなんかする……湯のなかで唄うんですから、反響して大きくなります。噺をしてると、これがじゃまになってしょうがない。そこで、圓朝師のときには、このお湯ゥを時間で買い切って、お客を入れないようにしたという……。ですから、まァその、買い切っても引き合うだけの、客もはいり、またそれだけ高い木戸銭をとったわけなんでしょうけれども、えらいもんでございます。

とにもかくにも、京橋では、この金沢が第一の席で、昼席もやりましたが、昼もお客が来たし、夜席《よせき》もよく客がはいりました。それというのが、そばに青物市場《あおものいちば》がありました。銀座のほうから行くと京橋の左ッかわ、川の上手の河岸を大根河岸《だいこがし》と申しまして、昔は両岸に青物の問屋《とんや》があった。そういう問屋場《とんやば》ですから、大勢の若い者を使っております。これが、市《いち》がすんでしまえば、あとはもう用はないし、退屈だし、すぐそばに寄席がある……、

「じゃァ聞きに行こうか」

というようなことで、若い者ばかりでなく、問屋の旦那がたも、寄席へ来た。これがために、大そう繁昌をいたしました。

この大根河岸には、三河屋《みかわや》という問屋さんがありまして、そこの旦那が藤浦周吉という名で、三河屋周吉をつめて三周屋《さんしゅうや》といった。のちに号として、藤浦三周と名乗った。このかたが、大変に芸人をひいきにしまして、圓朝師も、大そうごひいきになりました。その弟子やなにかも、お出入りをして、噺家がみんなお世話になった。この三周さんが、今の藤浦富太郎さんのおとっつァんでいらっしゃいます。

それで、圓朝師、死ぬ前に、この三周屋さんに、

「あなたの眼識《めがね》にかなった者があったならば、圓朝の名前をやってください。それまでは、お宅でおあずかりいただきたい」

といって、自分の名前を預けたんですが、圓朝師もえらかった、噺家には預けなかったん

ですね。ですから先代の三周さん、当代の富太郎さんと、二代にわたって、圓朝のその後のことを面倒をみてくださった。そのおかげで、圓朝という名が、めちゃめちゃにされずにすんだわけで。また、谷中《やなか》の全生庵《ぜんしょうあん》にある圓朝師のお墓のお世話をずうっとみて頂いたのも、この藤浦さんのお宅で、あたくしどもでは、藤浦さんのことを「三遊宗家《そうけ》」と申しております。

今日《こんにち》では「圓朝顕彰会」というものをこしらえて、毎年の圓朝祭を行なうなど、やっております。これは藤浦さんに会長をお願いしておりますが、この顕彰会という名前を乱用されたりなんかして、ご迷惑もあるところから、いまは会長だけを藤浦さんにお願いして、あたくしが圓朝顕彰会の名前を一応お預かりしています。

圓朝の弟子といいましても、直門《じきもん》の人は、もうみんな亡くなっていますし、あたくしなぞは、代数からいえば、圓朝の弟子の四代目圓生の弟子の橘家圓蔵、その弟子のあたくしなんですから、ひいおじいさんに当たるわけで、もちろんあたくしは圓朝師匠をじかに知るよしもございません。しかし、顕彰会の名前をおあずかりして、あたくしが死ねば、また、どなたか適当なかたに預かってもらうよりしかたがないわけで……。

圓朝という名を襲ぐとか、つがないとかいう話は、以前にも間々《まま》出たことがございます。はじめは、圓朝以後の名人といわれた四代目の圓喬、この人が二代目圓朝をつぐという話があったが、反対があって、実現はしませんでした。

次に圓朝の名をつぎたがって、圓朝になったのは、初代の圓右でございます。しかし、これは、最晩年のことで、病《やまい》の床の上で襲名をして、数日して死んでしまった。ですから、二代目圓朝ができたとはいうものの、圓朝の名前で高座へ出たわけではない、いわば儀礼的な、名目上だけのことで、本当の圓朝というものは、やはり、初代限りというほうが、適当でございましょう。

第一ついだってしょうがありませんよ、あんな名前を……あんな名前ってえと悪いようだが、そうではなく、本当にえらすぎちゃって、どうにもならない。ですからまァ冗談かなにかで、あたくしなぞにも、

「圓朝になったら……」

なんてえ話がありますがねえ、へへ、あたくしァもう、気でも狂《ふ》れやァしまいし、とんでもない事《こ》ッた、だれが圓朝なんぞになるもんか……ッてんで、えゝ。

圓朝になるには、圓朝だけの芸ができなくちゃァいけない。それだけの話術ができるかできないか……かりに話術はなんとかなったとしても、創作でございますね、あれだけたくさんの名作をば、圓朝師は創作をした。そんな力はとても、こっちにはないし、第一、人間のおこないというものが、とても圓朝師みたいなことができるわけがない、へへ、それァもうはじめから、自分であきらめております。

圓朝師というかたは、生涯、あぐらというものをかかなかったといいます。朝、起きればもうきちんと坐って、膝をくずさなかったんだそうで……。ところが、圓朝の弟子で、晩年一朝《いっちょう》となった、あたくしどもが、おじさんおじさんといって、噺を稽古してもらった人です

が、この一朝さんがいうには、

「師匠は、みんなが行儀のいい人だというけども、おれにいわせれば、決して行儀はよくない」

ってんですね。

「へえ……どういうわけです」

って、訊いたら、

「師匠はね、起きているときだけ行儀がいいんで、その寝相の悪いことってえのはない」

って……その、寝ているときには、どたんばたんやって、非常に寝相が悪いんだそうで……。

「だから、師匠は、あれァ根ッから行儀がいいわけじゃァないんだ」

と、おじさんはいってました。

だが、あたくしが思うには、それだからこそ、また大したもので……それは、生まれつき行儀のいい人が、行儀よくしているのは、これァもう、ごく自然なんで……ところが、おじさんのいうように、本来は行儀が悪いのを、起きているときには、ちゃんとして、死ぬまでそれをくずさずして生涯を終ったということは、さらにえらいと、あたくしは思います、もう、その一事だけをもってしても、あたくしどもには、とてもまねのできることじゃァございません。

まァこののちも、圓朝の名前をつごうなどという、気ちがいの出ないように、あたくしは望んでおります。

話がそれましたけれども、金沢亭の席主というのは、池田さんといいまして、頭の禿《は》げた人でしたが、娘さんがあって、あたくしが子どものころでしたが、そこへご養子さんが来た。その人が、やがてあるじになったわけで、その養子に来たころから知っていますが、おとなしい人だと思ったんですがね、のちに頭山満《とうやまみつる》という、右翼の大立物《おおだてもの》の身内かなんかになって、なにか人を刺したとかいうんで、投獄をされまして、出てきてからは、大変顔がきくようになった。あたくしが、笹塚にいて貧乏のどん底のころ、帝国ホテルのお座敷を世話してくれたが、自分も苦しかったんでしょう。なかなかお金をくれない。とうとう納豆をひとかかえくれたという話は、『寄席育ち』でも申しあげました。

それから、この金沢の席で思い出すのは、寅《とら》さんという下足《げそく》番のことでございます。

これァもう、有名なもんで、なにしろ三百人ぐらいはいっているお客の下足を、十五分ぐらいで、出してしまう。その早さってものはない、そうして、決してまちがわない。実に手ぎわの鮮やかなこと……。この人は、妾《めかけ》を持っていたくらいで……下足番をしていて、当り前なら妾なんぞを置けるわけのもんじゃァないでしょうが、この寅さんは、よほど収入もあったんでしょう。また、営業上においても、なかなか発言権があったらしいんで、出演者の顔ぶれでもなんでも、構わず口を入れるというくらい、下足でもなかなか権力があったもんでございます。

この金沢も、やはり震災で焼失しまして、また再建はしたんですが、その後は東朝座《とうちょうざ》となりました。

　これは、女義太夫で竹本東朝という人がありまして、河合組《かわいぐみ》という土木《どぼく》の親方で河合徳三郎というかたが、これをつまり、二号さんにしたんですね。そうして義太夫はもうよさせるという……それで、金沢亭が権利を売るというわけになったんでしょう、きっと。そのときに、これを買い取って、二号さんにやらせようと、芸名の東朝をそのままつけて東朝座としたわけなんです。

　昭和のはじめまではありましたと思います。金沢時代はずうッと落語を打っていたんで、東朝座になっても、やはりそのまま落語をかけていました。あたくしも三語楼一派の落語協会でいっしょにやってた時分に、前に申しあげた両国の二洲亭とか、この東朝座なぞを、よく勤めたおぼえがあります。

　どういうわけか、この席はしきりにハネを急ぐんですね。これは、あすこの土地がらというものもありましょうが、すこしおそくなるてえと、お客さまがどんどん帰ってしまう。で、ハネを早くしなくちゃァいけないってんで……。

　横浜の〝ごみ六〟の柳枝さん、本名を松田幸太郎という、あの人がトリの時に、席亭のほうで、

「今夜は九時にはハネていただきたい」

ってんですね。九時にハネるったって、このあとまだ、だれとだれがいて、

「……あのゥ、あとまだ、あたしが、真打がありますからねェ」

ってったら、

「お師匠《し》さんは、あたしの晩あがっていただきまして……」

てったんで、柳枝さんがおこっちゃって、

「冗談いっちゃァいけねえ、世の中に、真打をくわれるってえ席はねえ」

って、そういったってんですけれども、それほどにハネを急ぐんです。

急いで急いで、早くハネるぶんにはなんともいわないが、すこゥしおそくなるてえと、もう、

「まだですか、まだですか」

って、うるさくッてしょうがない。東朝座の時もそうですが、その以前の金沢亭の時分にも、やはり、あすこは早くて、九時すこしすぎにハネてかまわない。ですから〝二軒バネ〟といって、二軒のトリをとるときに、この金沢をとってると、大変につごうがいいんですね。金沢でトリを勤めて、ハネてから次の席へゆっくり行くてえと、ちょうどトリの時間には間にあう、というわけで……。まァその時分に、十時……二十分ぐらいのハネというのが普通ですからね。それで、前に申しあげたように、人形町の鈴本なんぞは、十一時すぎてやっとハネるというくらい……土地がらによっては、そんなに開きがあったわけなんでございます。

京橋では、この金沢のほかには、恵宝亭《えほうてい》というのがありました。ここは、もともと義太夫なんかをやっておりましたのが、大正六年、演芸株式会社に対抗して落語睦会《むつみかい》ができました

ときに、睦会のほうは、席がない。そこで、この恵宝亭をば頼んで、落語を打ってもらうようになったんだそうで……。震災でなくなりましたんで、落語の席としては、本当にわずかな期間だけでございました。ですから、あたくしは、この恵宝亭というものは、勤めたことがありませんので、どのへんにあったのかも、よくは存じません。

おなじ京橋区でも、八丁堀のほうへまいりますと、講釈席やなんかをとりまぜて、かなりの数の席がありました。

落語席では、朝田亭という、古くからの席がありまして、あたくしも子どものころから、よく勤めました。ここも、お客が来ないんでは、もう有名なもんで……。なにしろ、まッ直《つ》ぐに傘をさしちゃァ歩けないというような、細い路地の奥の席なんですから、そんなところに、ちゃんと寄席が現存していたということは、昔は、お客が来たこともあったんでしょう。しかし、あたくしども知ってからは、実に客のこない席でした。

築地のほうから行って、桜橋を渡り、もうひとつ次の電車の停留場……たしか八丁堀岡崎町といったと思います。そこから右の横丁へはいる。そうして、しばらく行ったところで、左へはいる路地がありまして、これが、申しあげた狭い路地……その中ほどの右ッかわにありました。やはり二階寄席《せき》で、木戸からすぐに梯子段をあがって、二階が客席になっている。大きさは、さア……三百人もはいれば、いっぱいでしょう。

なにしろ、柱なんかでも、すっかり時代がついているから、まッ黒で、なんかその、きたならしい席なんです。

　とにかく大正の時代になって、木戸口ンところィその、ランプをつけてるんですね、石油ランプってえやつ……だから、路地をはいって行くと、ぷゥんと石油くさいんで……もうそのころは、ランプなんてものはだんだん使わなくなってるんですから、電気を引いたらよかりそうなもんだが、依然としてランプをつけてる……そんな具合で、やはり席亭の目さきがきかなかったんでしょうねェ。

　この朝田のあるじは、江戸ッ子で、名前を朝田五郎吉といいましてね、この人についちゃァ思い出がありますよ。

　いつでしたか、あたくしの師匠のトリのとき、師匠の楽屋入りがおそいってんで、楽屋へおこってきましてね、そこにいた弟子をつかまいて、

「どうしたんだい、真打は」

「へえ、師匠が少々おそくなりまして……」

「おそくなりましたじゃァねえやな、冗談じゃァねえ。圓蔵が来たら、よくそういってくれ、えゝ？　こんなにおそくッちゃァしょうがねえじゃァねえか。あしたッからもっと早く入《へえ》るように、そういっつくれッ」

　ってんでね、ぽんぽん、ぽんぽんいってたんで……。

　そこィうちの師匠がすうッとはいって来まして、

「なんだい？」

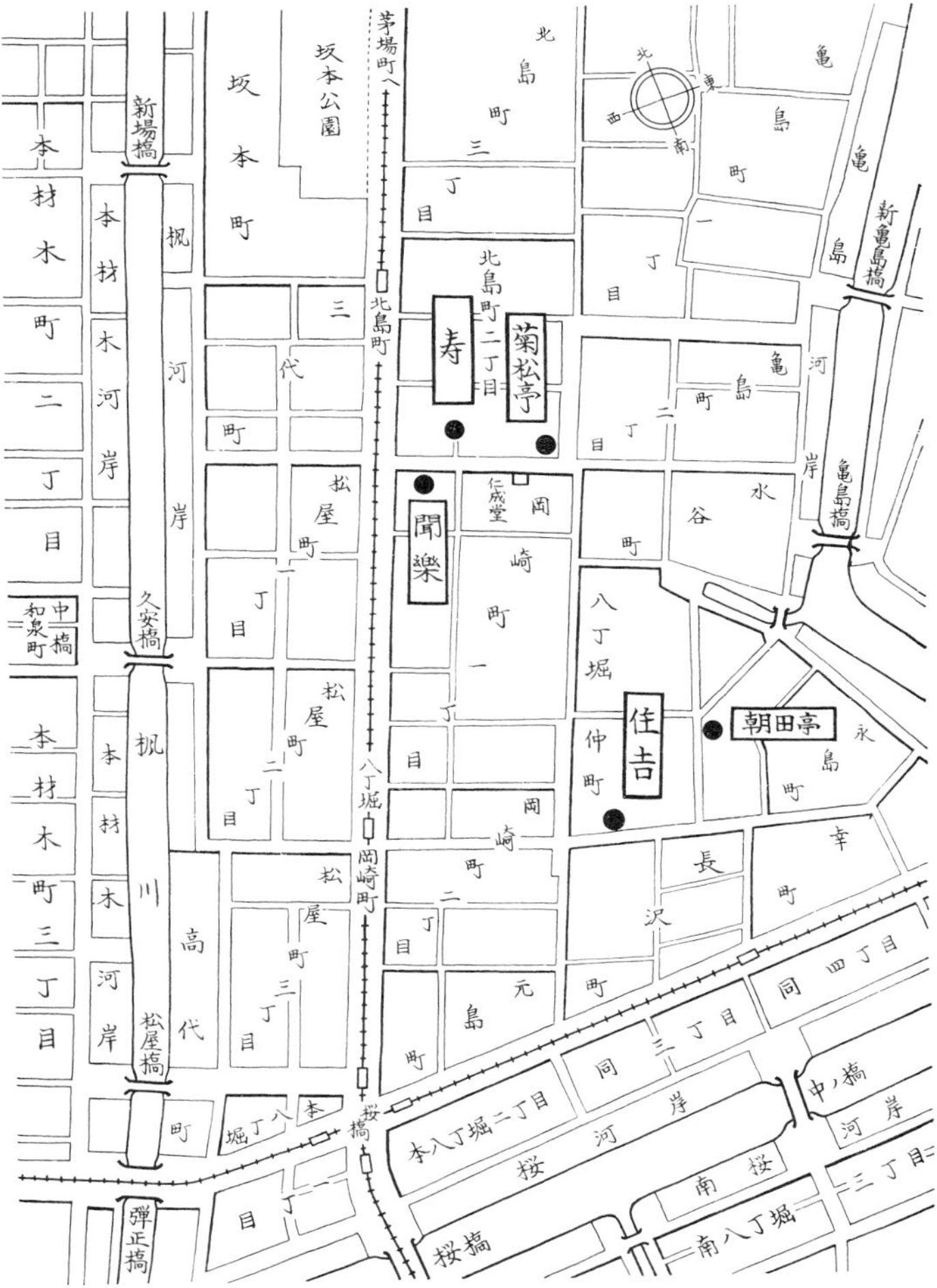

北
東
南
西
茅場町へ
坂本公園
坂本町
北島町三丁目
亀島町一丁目
亀島
新場橋
本材木町二丁目
本材木河岸
楓河岸
代町
三
北島町
北島町二丁目
寿
菊松亭
亀島町二丁目
河岸
新亀島橋
亀島橋
水谷町
松屋町一丁目
仁成堂
岡崎町一丁目
聞楽
八丁堀
中橋
和泉町
久安橋
住吉
朝田亭
仲町
永島町
松屋町二丁目
楓川
本材木町三丁目
本材木河岸
八丁堀
岡崎町
岡崎町二丁目
長沢町
幸町
松屋町三丁目
高代
元島町
同四丁目
同三丁目
松屋橋
町
本八丁堀一丁目
桜橋
本八丁堀二丁目
桜河岸
中ノ橋
河岸
南桜
三丁目
南八丁堀
桜橋
弾正橋

って、顔を出した。そうしたら、あるじが、ひょいっとうしろを向いたと思ったら、

「お、どうも……師匠、ご苦労さァでございます。エエ師匠、なんですかねエ、もうすこゥし、その、早くはいっていただくわけにゃァいかねもんでござんしょうかねエ」

ってんで……いまいってたのとは、まるッきり違うんですよ。

「圓蔵にそういえッ」

てんで、大変な剣幕だったのが、顔を見たとたんに、手の裏を返したように、

「師匠……」

になっちゃって……ふふ、あたくしァ子どもながら、うしろで聞いていて、実におかしくて……。なるほど、ああいうのが江戸ッ子の〝かげ弁慶〟というやつで、蔭《かげ》じゃァどうも、逢ったらいきなりげんこのひとつも見舞おうかというようなのが、顔を見るてえと、がらッと変わって、あんまり強くないんですね。

それから、大正十一年でしたか、あたくしが圓窓のときでございますが、演芸株式会社というものをよして、東西会へ加入をいたしました、そのときに、あいさつまわりで、この朝田亭のご主人のところへも行きましたが、

「今度、東西会のほうへはいりましたんで、どうかひとつ、よろしくお願いいたします」

ってんで、昔から知ってますから、あいさつをしたら、

「それァどうも……なんでも若い人がふえてくれなくちゃァいけねえ」

なんて、そういって、大そうよろこんでくれました。

「ときに、なにかい？　今度の初席はどこだい？」

って、訊かれたんで、

「いえ、初席は、ないんでございます」

「トリがねえのかい？」

「へえ」

「あァ……トリがなくッちゃァいけねえや。若え者《わけもん》だからなァ……うん、じゃァいいや、おれンところを、あの、おまいにとらせよう、うん。柳昇が〝二軒バネ〟だから……」

柳昇ってえのは、本名を籾山藤朔《もみやまとうさく》といって、のちに八代目朝寝坊むらくになりましたが、当時は春風亭柳昇、東西会では大看板のほうで、売れッ子でございました。この人が、正月は二軒バネだから、一軒はよかろうってんで、その柳昇のトリをよして、あたくしの初席を打ってくれました。そういうところはまた江戸ッ子の別の一面なんでしょうかね、おとこ気《ぎ》があるというか、なんというか、エェ若い者を引き立ててくれる……まことにありがたいなと、あたくしァそのとき思いましたよ。

しかし、あたくしが初席をやってもらったそのときには、正月だけに、お客さまはいっぱい来てくださいましたが、ふだんはもう、お客が来ないてえことについては、実に大したもんで……客が来ないのに大したものてえこともございませんが……。

これが大正十二年の正月、その年の九月の大震災で、この朝田亭も、とうとうなくなってしまいました。

それから、やはり震災前でございますが、八丁堀の菊松亭《きくまつてい》という席がありました。新富町のほうから行って、桜橋《さくらばし》の次が岡崎町《おかざきちょう》、その次の停留場……北島町《きたじまちょう》でしたかねェ、その近くだったと思います、右の横丁へはいって、ちょっと行くと、仁成堂《じんせいどう》という大きな薬屋さんがありました。これは、昔からの、有名な薬屋で、奉公人も大ぜいいるし、もう客の絶え間がないという、よくはやった店。菊松は、そのすこし先の左手にあったと思います。ここへは、あたくしも、何度も出たおぼえがあります。

あと、八丁堀というと、講釈場がなかなかさかんでございまして、有名なのは、聞楽《ぶんらく》と寿《ことぶき》という……これァやはり北島町の近くだったと思いますが、二軒、向かい合わせにありまして、その時にかかる真打の講釈師によって、客の入りが、向こうとこっちで、大変に違ったりなんかしたってえことを、よく聞きましたけれども……そうして、しのぎを削ったもんでございましょう。

朝田亭の近所で住吉という席もありました。これは浪花節の席でございますが、朝田亭がなくなって後に、落語をやったことがあり、あたくしも、勤めたおぼえがあります。

新富町へまいりますと、これは震災後のことになりますが、新富演芸場というものがありました。築地のほうから、築地橋を渡って、ちょっと行って右がわに、新富座があった

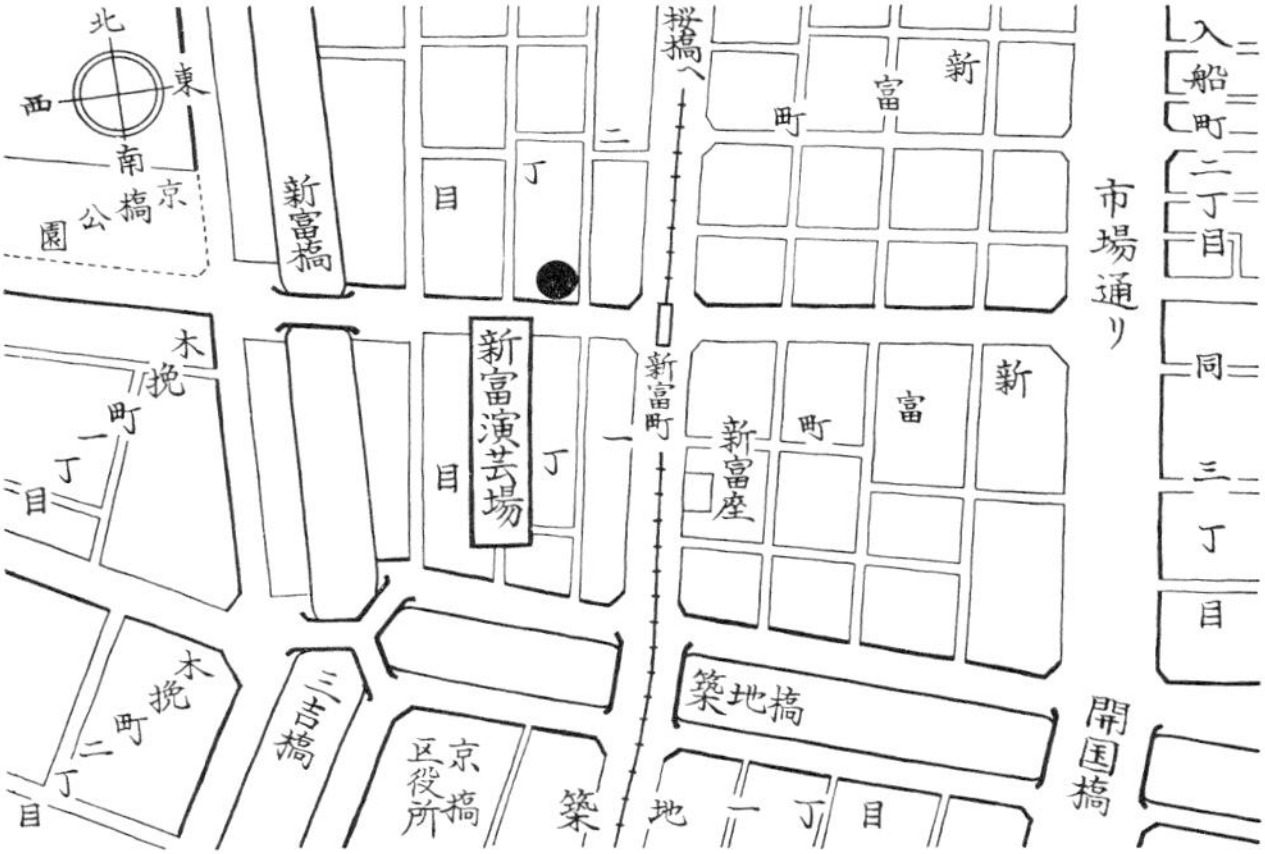

わけなんですが、その筋向こうの横丁を、左へはいって行って、右かどにあった席でございます。

これは、竹田組という土木のご主人が持っていた席で、高座がかなり大きくて、芝居のまねごとぐらいはできる広さがありました。

あたくしが圓蔵時代に、五大力《ごだいりき》という会を結成したことがあります。故人になりました二代目の円歌(本名・田中利助)、あの人がまだ歌奴《うたやっこ》のころ、それから島田勝巳の柳枝が、当時、柏枝《はくし》からもう芝楽《しばらく》になっていたと思います、柳亭芝楽。それに、ただいまの雷門助六(本名・岩田喜多二)が雷門五郎といっておりました。いずれにせよ、当時の若手真打……といえば聞こえはいいが、所詮、トリ席をずゥっと打てるような、勢いのいい噺家じゃァない、自慢じゃァないけども。まァ三流どころの真打で……二流ともいえないくらい。

それで、なんとかひとつ、目ざましいことをしてやりたいと考えた。それに、第一なにより、金に困るんですよ。あたくしにしたって、女房子《にょうぼこ》を持っていて、稼ぎがすくないし、何処《どッ》かいいところのトリをとったりなんかして、もうすこし稼がなくちゃァいけない。その当時は、まだ放送がいまのようにあるわけじゃァないし、お座敷といったって、一年にほんの何回あるか、まるッきりないって年もあるくらいですから、とにもかくにも、寄席をたよりにするほかはない。

そこで、いちばん頭《かしら》は、ま、あたくしです。で、歌奴に話をして、芝楽と五郎と、これで四人ですが、四人てえのはどうも、数《かず》が悪いし、というので、これは真打ではないが、いろどりに、音曲師で唄もうたえる浮世亭信楽《しがらき》という男、これを入れて、五人で〝五大力《ごだいりき》〟ってものをこしらえようてえことになった。

浮世亭信楽という名前は、はじめ雲右衛門の弟子で、雲太夫といった人が、左楽さんの門下になって、信楽を名乗ったもので、この人は、浪花節のものまねをやりましたが、なかなかうまくもあったし、ひところは、かなり売れました。昭和二年三月二日に亡くなって、本名を鈴木政吉といったということが、今西の正蔵さんがこしらえた「墓誌」に出ております。

五大力のときの信楽は、この人の次に信楽になったんですね。もとは、やはり五代目の左楽さんのところでなんとかいってたんでしょうが、いまの助六君にも聞いたんですが、よくおぼえていない。本名はねェ、苗字をたしか前島といったように思いますが、名前のほうは、どうもはっきりしません。これは、もともと音曲師でございます。のちに北海道のほうへ行って、たいこもちになりました。おしまいはどうなりましたかねェ、……そう、ちょうど太平洋戦争が始まったとき、あたくしは札幌に興行で行っていて、あすこで宣戦の詔勅ってものを聞いたんですが、あの旅ンときは、もう会いませんでしたから、それよりすこし前から、消息を知らないわけなんですね。

それで〝五大力〟てえのは、つまり、このなかでだれかがトリを取ったらば……といっても、取るとすれば、あたくしか、歌奴か、芝楽ぐらいですね……と、ほかの四人は、その席に出番があってもなくても、そこへかけつけて、手つだおうという……手つだうってえのは、あたくしがトリなら、トリでもって噺をしちまって、さァひとつ、おどりをってときに、歌奴もそこィ出て、ふたァりで『深川』とか『かっぽれ』をおどる。と、ほかのものも、太鼓を持ち出してたたくとか、あるいは唄をうたうとか、そういったようなことで……これは友だちの義務として、自分から電車賃も持ち出し、忙しくってもなんでも、無理にでもかけつけなきゃァならないという規則にして、やったわけでございます。

円歌さんも、柳枝も、助六も、みんなおどりますし、あたくしも、そのころはおどってましたから、おどりッこが四《よ》ッたりそろっている。そうして唄をうたうのがひとりいるわけで、とにかくみんな若いし、威勢がいい。いっしょに旅へ出たりしたこともありました。

で、その、新富演芸場では、この五大力をひいきにしてくれまして、むこうから、

「ぜひ、トリを取ってくれ」

ってんで、申し込みがある。よろしいってんで、

「なるべくスケのものをすくなくして、五人でやろうじゃァねえか」

ってえわけでね。おどりを組みでおどったり、喜劇をこしらえて演《や》ったり、いろんなことをやりましたよ。これァ席のほうでも、大変によろこんでくれました。

これがねェ、いつごろかっていわれますと、どうも、さだかには思い出せないが、昭和十年前後のことだろうと思うんです。五大力は、二年か三年くらい続いたでしょうか、それで解散をするてえときに……なんで解散することになったのか、そのキッカケも、いまは忘れてしまいました……とにかく、円歌の歌奴が会計をやっていた、それをみんなですっかり調べて、じゃァこれで解散てえことにしたのは、おぼえてます。

新富演芸場は、ずうッと色物席でやっておりましたが、戦争がはげしくなってからは、もうあんまり落語はやらなかったんじゃァないでしょうかね。

戦後は、場所が変わりまして、新富町の三業の見番《けんばん》で営業をしたことがあります。

昭和二十二年に、あたくしが満洲から引きあげてきてすぐのころ、この席で、よく〝ねたおろし〟と申しまして、初演の噺をずいぶんやりました。席が小さくて、客もあんまり多くないから、お客さまには申しわけないが、〝ねたおろし〟の稽古場としては手ごろで、なかなかよかったんですけれども、二十三、四年ごろには、この席も、廃業をしてしまいました。

そのほか、銀座では、四丁目の、現在では田屋《たや》という洋品店があるあたりに、鶴仙亭《つるせんてい》なん

という席もありました。これは、その以前は知らず、あたくしがおぼえては、女義太夫の席でございまして、落語はあまり関係ございません。

まず、これぐらいで、京橋は終りにいたします。

神田

神田では、なんと申しましても、連雀町《れんじやくちよう》の白梅亭《はくばいてい》、それから、新石町《しんごくちよう》と申しました、立花《たちばな》亭《てい》、この二軒が、もっとも有名でございます。

立花亭のほうは、ずっとのちまでありましたから、ご存知のかたもまだ多いと思いますが、日本橋のほうから行って、須田町の交叉点の手前の右ッかわ、いまでもありますが「万惣《まんそう》」という果物屋さん、そのすぐ隣りにありました。戦前は、万世橋という省線の駅があって、その前に有名な広瀬中佐の銅像がありました。その、銅像の向こう前のところにあったのが白梅亭。そのまた筋向こうに、小柳《こやなぎ》という、これァ講釈場があったわけで、以前はその、互いにそう距離をへだたずに、寄席が何軒もあったもんでございます。

で、おもしろいことに、白梅亭のほうは、三遊派びいきで、立花亭のほうは、柳派びいき……ひいきってえとおかしいけれども、まずそういう色分けになっておりました。もっとも、以前はそれが逆だったんだそうで、初代の談洲楼燕枝という人は、しきりに白梅のほうに出演しておりますし、立花亭のほうは三遊派の出演がおのずと多かった……それがいつのころ

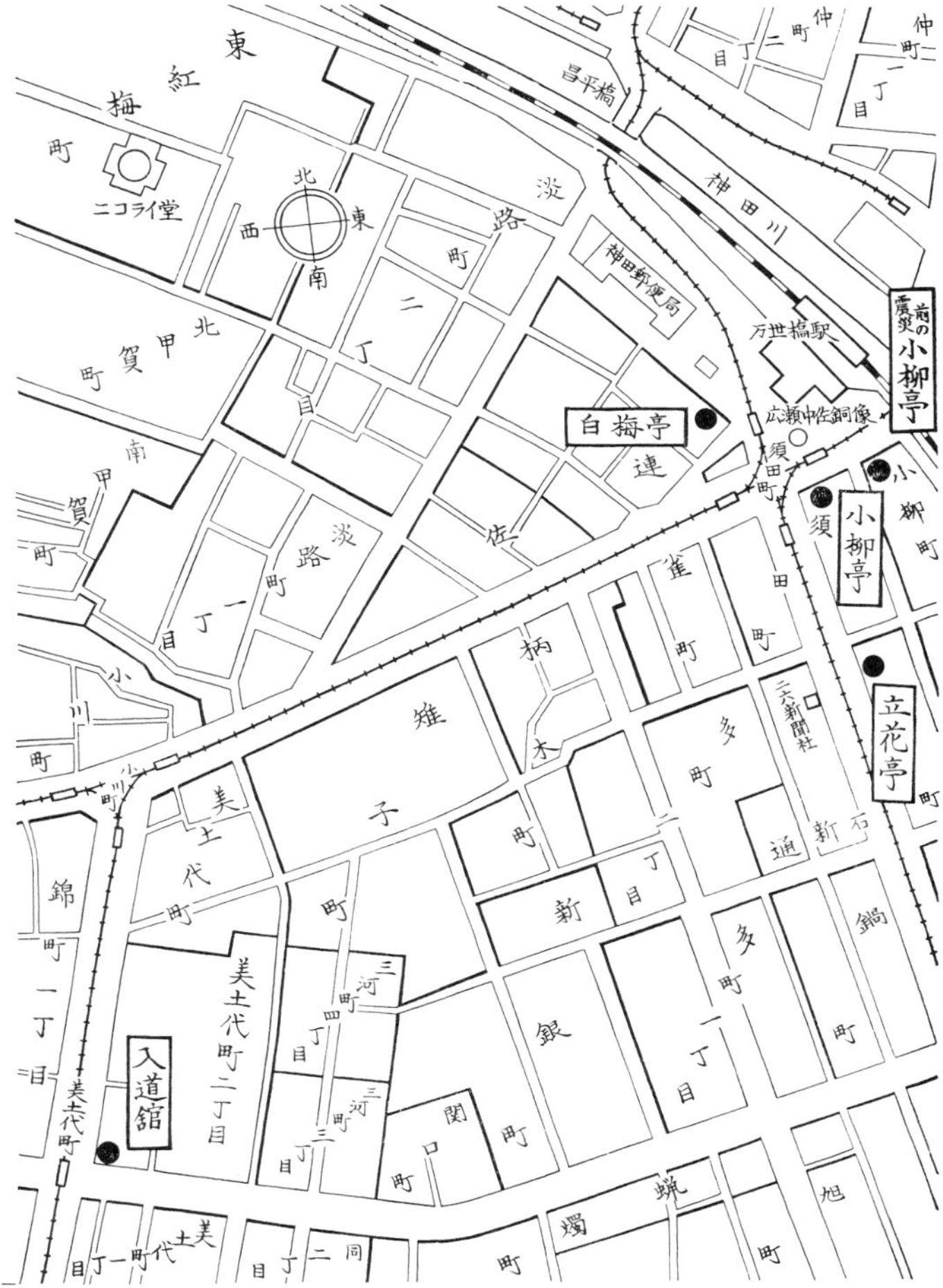
東紅梅町
ニコライ堂
北
東
南
西
昌平橋
仲町二丁目
仲町一丁目
神田川
淡路町二丁目
神田郵便局
万世橋駅
震災前の小柳亭
北甲賀町
白梅亭
広瀬中佐銅像
連
須田町
小柳町
小柳亭
南甲賀町
淡路町一丁目
佐
雀町
柄
田町
立花亭
二六新聞社
多町
小川町
雉子
木
町
美土代町
小川町
石新通
二丁目
新
錦町一丁目
鍋町
多町一丁目
銀
三河町
四丁目
美土代町二丁目
入道館
三河町
三丁目
関口町
美土代町
蝋燭町
旭
町
美土代町一丁目
同二丁目

からか、逆転いたしました。ひとつには、立花亭と三代目柳家小さん、これが大変に縁が深い、したがって、その弟子やなんかも立花でいろいろ面倒をみる。と、一方の白梅は、三遊の若い者が、なにかと厄介になる、というような具合で……。

あたくしも、白梅のあるじには、かわいがってもらいましてねェ、あたくしども、寄席で席亭に食事をごちそうになるなんてえことは、あんまりありませんが、この白梅亭は、あたくしァよく行って、ごちそうになったことがあります。

それァどういうわけだってえと、あたくしは義太夫を語ってる時分から、白梅に出ておりますが、そのうちに噺家になり、そうして学校へは行けないから、家庭教師みたいなもんで勉強をして、たしか小学三年ぐらいのころでしょうかねェ、算術の勉強がはじまった。ところが、もちろん、噺家にでもなろうってえんですから、そんな算術のほうへは、どうもなかなか頭が行かないらしいんですね。もう、勘定のことになると、へへ、今もってさっぱりいけません。なかなか覚えないんで、あたくしの先代《おやじ》が、白梅でもって、その話をしたんでしょう。そしたら、そのゥ、苗字はなんといいましたかね、新ちゃん新ちゃんといってましたお席亭が、

「じゃァうちィ来て教《おす》わンなよ」

ってえのは、そのころ中学一年生くらいでしたか、あたくしより三つか四つ年上の息子さんがいるんで、

「そうですか」

ってんで、昼間、寄席が始まる前に教わりに行きました。と、算術だけですけども、こうやって、こうやるんだ……って教えてくれる。で、夕方になってくると、

「これからなにかい、寄席へ行くのかい？」

「へえ」

「そうかい。じゃァいっしょにおまんま食って行きな」

なんてんで……それで、よく夕飯なぞをごちそうになったことがありました。

その後も、なにかにつけて、いろいろかわいがってもらいました。ところが、大正六年に演芸株式会社ができ、これに対抗して、睦会ができると、寄席もそれぞれ両派にぱッと別れてしまった……いまは、落語協会、芸術協会と二派に別れていても、席のほうは同じ席をうってちがいにやるわけですが、そのころは、席自体が演芸会社席と睦会席に峻別されて、相手の派はかけないようになった。白梅のほうは、睦会になっちまったために、しばらくのあいだ、あたくしは出たことがなかったわけでございます。

ところが、大正十二年の大震災で、演芸会社も睦会もなにもなくなった。その時に、五代目の柳亭左楽という師匠が、いろいろ奔走をして、いままでは敵味方であっても、もうこの際だから、打って一丸になろうじゃないかということで、噺家が全部一本になって、左楽師を頭取にして、興行をするようになりました。

白梅亭も震災で焼けましたが、新築をして、商売を始める、それで、あたくしもまた出るようになった。

と、やはり、以前からのよしみがあるんで、当時、あたくしは圓窓でおりましたが、トリなんぞをよく打ってくれました。

あるとき、トリを打ってくれて、三日目でしたか、四日目でしたか、

「今夜、すんでから飯《めし》を食いに行こう」

「へえ」

ってんで、どこでしたか、連れて行ってくれましたよ。いっぱい飲んで、おまんま食いながら、いろんな話をしてくれましてね、

「あたしァおまえさんの子どもンときから知ってるが、真打にもなり、まことにいいけどもねェ、おまいさん、噺をねェ、いろんなものをやるだろう？」

「へえ」

「それァ噺の数《かず》は知らなくっちゃァいけないんだが、どうもねェ、あんまりいろんなものをやるってえことがどうか……それよりも、なにかこれはという、自分の得意のものがなくっちゃァいけない。得意というのは、〝売りもの〟だね。いま、柳好なんぞが売り出しているが……」

って、昭和三十一年に死んだあの柳好ですね、『がまの油』でもって、当時、大変に売り出してました。

「あれ聞いてごらん、噺ァまずいよ、まずいけれどもね、あの『がまの油』であいつァ売り出したんだから、おまいさんもねェ、あれやこれやをやるんでなく、これというものを自

分で選んで、それをひとつ、よけいにやるようにしてごらん、そうして自分の売りものをこさいたほうがいいよ」

といって、親切に話してくれましたが、これァやっぱり、子どもゝときからめんどうをみたんだからというんで、心配をしてくれて、そういってくれるんで、あたくしもまことにありがたいことだなァと思いました。

けれども、あたくしァ考えたんで……。〝売りもの〟というものは、自分からこしらうべきものではない……これがあたくしの売りものです、いちばんいいものですといって、いくら振りまわしてみたって、相手が買ってくれなきゃァなんにもならない。傍《はた》でなにをいおうと、お客さんが買ってくれるものなら、それァ〝売りもの〟にもなりますけれども、買いもしないのに、自分で売りものだ売りものだといってもだめだと思う。

だから、白梅のご主人のいったことは、まことに当を得て、いいことかも知れないけれども、あたくしァ自分の芸のまずいことはよく知ってますし、やはり、ひとはひと、自分は自分で稽古をしていく……そのうちに、お客さまのほうで認めて、あれがいいといってくださるようにならなきゃァ、むりやり自分からそんなものをこさいたところで、成功するわけはないと思って、とうとう、そのご意見は用いませんでした。

しかし、そういうことを、親切に注意してくれるお席亭があったということは、まことにありがたいわけのもんでございます。お席亭なんてえものは、噺もわかるし、芸もちゃんと見て、そうして若い者やなんかには、席の立場からみて、どうこうといろんなことをいってくれなくちゃァいけないと思うんですよ。いまはなかなか、そういう席亭もなくなってしまいました。

それから、これはまだ演芸会社のころ、神田の立花を勤めて、あたくしと先代《おやじ》とふたァりで楽屋を出て、なんかの拍子で白梅亭の前を通ったら、主人があたくしどもを見かけて、

「おいおい、どうしたい？」

ってんで、むこうから声をかけたんで、先代《おやじ》がはいって行きました。そのころは白梅は睦会のほうですからあたくしどもは出ないんですけども、先代《おやじ》もあたくしも、白梅にはいろいろ世話になってますから、

「こんばんは」

って、あたくしもあいさつをして、はいって行きました。そうしたら、うちの先代《おやじ》に、

「いまこれからね、雀家翫之助《すずめやかんのすけ》ってえ噺家が出るんだ。聞いたことァあるかい？」

「いいや、知らない」

これァもとは、〝蔵前の大《おお》師匠〟といわれた三代目柳枝の弟子で、そのころの名前はよく知りませんが、とび出しちゃって、ほうぼうでたいこもちやなんかをしてえた。本名もよくおぼえていませんが、高座でちょいと三味線をひいたりして、なんかきざっぽい男でしたよ。睦会ができた時分、真打が足りないってんで、伊予の松山とかで幇間をしていたのを、ひっぱって来て、看板にあげたんでしょう。この時まで、先代《おやじ》もあたくしも、聞いたことはないんで。

「じゃァね、これからやるから、ま、あがって聞いてごらんな、ふしぎだから……」

って……へへ、ふしぎだからってんですね。

「そイじゃァ聞いて行こう」

ってんで、白梅はそのころ二階寄席《せき》ですから、梯子段をあがって、そこンとこから高座は見えるけれども、高座からこっちはよく見《め》えない、その端《はじ》ッこのほうで立って聞いていたんで……。

すると、その雀家翫之助ってえのが、『三味線栗毛』という、落とし噺ではあるが、まァ人情噺に類するもので、これを演ってるんですね。それでサゲンところイきたら、まるで芝居がかりで、そのきざなことったらない……で、思わず先代《おやじ》もあたくしも、ぷゥッと吹き出したんです。と、すぐ脇で、あるじも聞いてましてね、

「なにしろ、これが真打なんだからね、えゝ？　お察しなさい」

って、そういいましたよ。

「これでもね、源《げん》ちゃん、商売になるんだよ」

って……あたくしの先代《おやじ》は源治という名前ですから、源ちゃん源ちゃんといってましたが、先代《おやじ》も、

「へえェ……」

って、笑って、感心してえましたがね。つまり、真打にはしてあるけれども、どうにもまずい噺家だってえことをば、席亭もちゃんと認めている……自分のとこの売りものにしてる

のに、こんなまずいものァねえってんで、呆れ返っているが、まァ商売だからしょうがない、といった、そういうひとを食ったところのあるお席亭でしたねェ。

この翫之助ってえ人は、震災後もいましたが、どういうわけですか、のちにはうちの先代《おやじ》がよく使ってましたよ。なんか、先代《おやじ》に頼んだんでしょうねェ、たいこもちになるくらいですから、なかなか〝よいしょ〟はうまいんです。その後、いつともなくいなくなっちゃったんですがね、いつごろ亡くなったのか、よくは判りません。

それから、この白梅で忘れられないのは、〝おくろさん〟という、これァその新ちゃんといってたあるじのおっ母《か》さんで、これがその、〝寄席の三婆ァさん〟のひとりなんですね。おくろというのは本名じゃァない、色が黒いから〝おくろさん〟てえんですが、本当の名前だと思って、面《めん》と向かって〝おくろさん〟といってしくじった人があるてえますがね、なにしろ、やかましいことでは有名なもんで……。

高座から見ると、まッ正面に高い台がありまして、そこで前にちゃんと机のようなものを置いて坐っている……そのすぐ脇に茶番という、お客さまにお茶やお菓子を売るところがある。で、変な噺家があがってると、楽屋の前座を呼びつけて、

「なんだい、あんなもの、いつまでやらしとくんだ。おろしちまえ、おろしちまえ、こんなものもう聞いちゃァいられねえ」

とかなんとかいう……あたくしも聞いてて、ずいぶんやかましいおばあさんだなと思いました。

それで思い出すのが、人形町の末広のところでもお話しした、伊藤痴遊さんのことで……この痴遊さんは、よく白梅に出ました。あの、われわれのほうでは〝たこ足《あし》〟といいますが、大きな立て看板へ「伊藤痴遊」と書いて出す、つまり特別出演でございます。

ところが、ある晩のこと、痴遊さんがだんまりで抜いた……つまり無断欠席をした。そして、翌晩出てきたら、このおくろさんが楽屋へはいってきて、いきなり前へ立ちはだかって、

「おい、仁太《にた》さん……」

本名が伊藤仁太郎という……

「仁太さん、どうしたんだい、ゆうべは」

「いや、実はそのゥ……」

「実はもなにもないや、抜くなら抜くで、なんで電話ぐらいかけねえんだ。なんだい、おめえなんか勤めなくたっていいんだ、うちは……帰《かい》れ帰《かい》れッ」

「いや、あんた、そうおこっては……」

「おこりもするじゃァないか、いいよ、出なくても……帰っとくれッ」

大変な剣幕……。そうしたら痴遊さんが、

「いや、どうも、まことに申しわけがない」

といって、手をついてあやまっている。あたくしが、十一、二の歳のころでしたが、痴遊さんという人は、あごンとこへずゥッとこの、ひげをはやしていましたけども、そのひげをはやした人が、やせっこけたおばあさんの前へ手をついて、ぺこぺこお辞儀をしているのを

見て、あんまりどうも、かっこうのいいもんじゃァないなと思って、子どもながらおかしかったことをおぼえております。

あとで聞いたら、この白梅では、講釈もずいぶん打ちましたから、その昔、痴遊さんも、おくろさんに大変世話になったことがあるんですね。だから、さすがの痴遊さんも、頭があがらない。おくろさんのほうでも、〝先生〟ともなんともいわない、〝仁太《にた》さん〟というわけなんです。

おくろさんは、あたくしが子どものころに亡くなったと思いますが、なにしろ、こわい人だなァと思った記憶がございます。

それから、大正のはじめごろでしたか、この白梅でずゥッと昼席をやったことがあります。これは、当時、朝寝坊むらくだった三代目圓馬師が頭《あたま》で、七代目の〝くろ〟の里う馬さん、大阪から来ていた二代目三木助、中島市太郎の右女助、そのころ遊福といったのちのぜん馬、それにあたくしの先代《おやじ》も当時小圓蔵で出ていました……なんでも、若手の真打と、二つ目でも、まずこれから勉強をしようというようなメンバーを集めて、勉強会というようなことで、だいぶ長いあいだ昼席をやりました。

あたくしも、毎回行って出ておりました。こっちァ子どもの事《こッ》てすから、おんなしものをとっくり返しやっていても構わないが、ほかの人たちは、勉強会ですから、いろんな噺をやる。だから、この時にあたくしはずいぶん知らない噺を聞きました。里う馬さんなんてえのは古い人で、珍しい噺をずいぶんやりましたし、圓馬さんも三木助さんも、とにかく毎回変わった噺を出す。それから驚いたのは、小圓朝さんところの弟子の圓麗《えんれい》という人が、『西遊記』を続きもので読んだんですが、その長いったって、あんなに長い噺をよくおぼえてるもんだと思って……まァ〝点取り〟はしてあったんでしょうけれども、実におどろいたことがあります。これは、柳《やなぎ》派のほうの人で、鶯春亭梅朝《ばいちょう》という人がありまして、なんでもよく噺をおぼえていたそうですが、その人あたりから教わったんじゃァなかろうかと思います。

とにかく、この昼席では、珍しい噺をどっさり聞きましたが、それがのちに、どのくらいためになったかわかりません。

申しあげたように、この白梅は、震災前は二階寄席《せき》でございまして、ちょいと見るてえと、ごく無粋《ぶすい》な、堅《かた》ァい普請《ふしん》なんですねェ。ですから、もとはお屋敷だったんじゃァないかと思うんです。それを直して二階のほうは、高座を作って寄席らしくして、階下《した》のほうは、以前の座敷を残してあるんではないかというところがありました。

白梅のあった場所といいますのがねェ、あのへんが変わっちまって、どうも説明がしにくいんですが、あのゥいま鉄道博物館というのがありますね、あすこンところに戦災までは万世橋という、省線電車の駅がありました、その駅前の広場に、広瀬中佐と杉野兵曹長の銅像ができた。白梅は、その銅像のまン前で、角《かど》ではなく、二軒目くらいでした。

広瀬中佐の銅像ってえのは、あれァ何年に出来たんでしたか、その除幕式のときのことをおぼえてますよ。きょうは除幕式で大変だってんで、みんな白梅の二階へあがって……二階寄席《せき》ですからね、上へあがれば、もろに見《め》えるわけなんです。するてえと、雨が降りましてね、式が始まってもどんどん降っている。と、参列の軍人が、みんな軍服のうえに外套《がいとう》を着てるんですけども、なかにひとりだけ、外套着ない人がいる。金モールのついた軍服が、雨でずぶ濡れになって……まァ武士道精神とでもいうんですか、外套なんぞを着て前へ立つのは無礼であるから、というわけなんでしょう。

「あの人はえらいねェ、この雨ンなかでも外套を着ないんだねェ」

なんて、そ言って、感心したことなんぞをおぼえておりますが……。

それから、すぐ右どなりに「いろは」という牛屋《ぎゅうや》がありました。それで、楽屋の窓から見ますとね、むこうのうちの窓と、そう、二尺ぐらいしかはなれていない。ですから、ちょいと手をのばせば届くんですよ。あたくしも、むこうからよくお菓子を貰ったりなんかしたことがある……そのぐらいくっついていたんです。

震災で焼けまして、建て直したときは、平屋になりました。もちろん、まだ畳席でございます。

それで、左楽師が震災後の落語界を打って一丸として、頭取となったときには、毎月三回ずつ、寄合《よりあ》いてえものを、この白梅亭でやりましたもんでございます。

月に三回てえのは、一日《ついたち》、十一日《ンち》、二十一日《ンち》、これが興行の初日になるわけなんですが、その初日ではなく二日目に寄合いがある。と申しますのは、〝顔直し〟というものがございまして、各席の出演順やなにかで、初日をあけてみたらば、ここンとこは出演者がかち合いすぎるとか、ここは足りないとか、あすこが具合が悪いというようなことが必ずできますん

で、二日目に集まって、

「それじゃァおまいさん、この席からこっちィ行ったけども、こっちを先にして逆にまわってくれ」

とかいうように、更に手直しをする、それで二日目をまわってみて、三日目にはぴたッと決まるわけですね。

で、この寄合いには、一回にどうしても十円ぐらいずつ、お金がいりましたんですねェ。くじを買ってくれとか、芝居の切符だとか、やれなんとかって、どうしてもそのくらい取られる。そのころ十円の金ってえとそれァ大変なんですよ。だから寄合いへ行くのが、いやでしようがなかった……けども行かないわけにゃァいかないし、いや実にその、こういうところが芸人のつらいところで、つまらないもんでお銭《あし》ィとられちゃうんです。そのつきあいをしないてえと、

「あいつはだめだ」

とかなんとか、いわれるわけで……。

当時、この白梅の寄合いには、二百人近くの芸人が集まったんじゃァないでしょうか、大変なもんでしたねェ。もちろん、楽屋じゃァありません、木戸口のほうからはいってって、客席で集まるわけなんです。席としては、めんどくさいこともあるけども、ただ無意味なわけでもない。やはり、寄合い場所に使われるというのは、ちゃちな席ではない、一流の席でなければいけないという、まァそれだけの格式がある。

「おれンとこで寄合いがあってねェ」

なんてえと、巾がきくわけなんでしょう。

ところが、その後しばらくして、白梅さんは寄席をやめてしまいました。なにか、金貸しの会社から金を借りて、その抵当に取られてしまった、というようなことで……それで、のちに、席亭の新ちゃんなる人が、人形町の末広の近くで、とんかつ屋さんを始めました。あたくしどもにも来てくれってんで、そこへ行ったことがありましたが、あれが昭和七、八年ごろでしたかねェ。しかし、どうもやっぱり思わしくない……とうとう不遇のままで、戦前に亡くなってしまい、まことにお気の毒なことでした。

これものちのことですが、鮫州《さめず》に川崎屋という、あなご料理で有名なうちがあります。品川あたりで、芸者やなんかが、ちょいとなにかってえと、

「じゃァ川崎屋へ行って、あなごでも食べよう」

てなもんで、大きなお料理屋さん。あたくしも、お座敷で、行ったことがあります。そうしたら、白梅の息子さん……あたくしに算術を教えてくれた、その人がいたんで……いえ、ご主人じゃァないんで、帳場かなんかをやってる……ぱったり出あって、びっくりしたことがありました。その後はどうなりましたかねェ。

まァ白梅亭のことは、このくらいにいたしまして、立花亭のほうへお話を移します。

立花亭のありましたところは、いまは須田町といいますが、以前は通新石町《とおりしんごくちょう》と申しました。

ここもなかなか古くからの席で、席の格としても、大変によかったもんでございます。

とりわけ、演芸株式会社になりましてからは、この立花亭というものが、大そう巾をきかしましてね、出演者の顔ぶれでもなんでも、自分のところは、いいものばっかりをずうッと並べる……あまりにも顔をそろえすぎた。あたくしなぞもおぼえがありますが、前座があがって、その次にあげられる……つまり二つ目で、それよりあと……われわれのほうでは、あとのほうの出番を、深いところと申しますが、もっと深いところへは、出たことがない、おはずかしいが……。むこうで出してくれないんです。

で、三つ目くらいのところへだれが出るのかってえと、その当時は馬楽でした、のちの四代目小さん、あるいは、三代目小さんの聟養子になった浦出祭次郎のつばめ、それから、この前死んだ志ん生の師匠の四代目志ん生……そのころは馬生でした、本名・鶴本勝太郎という……そこいらがあがる。これァもう、そのころとしたら、錚々たるメンバーで……なるほど、とてもひょろひょろの真打では、三つ目にもあがれないわけなんです。

もし、あがるとすれば、トリを取ったときで、これはいちばんおしまいにあがる……ですからねエ、おかしいんですよ、二つ目かトリか、どっちかなんで、そのあいだにはあがれないんです。

これァ『寄席育ち』でも申しあげたかと思いますが、そのころあたくしが、この立花でトリをとらせてもらったときに、立花家橘之助という、女ながら三味線を持っては、古今の名手といわれた、音曲の名人、この人が、〝ひざがわり〟という真打のすぐ前の出番にあがってくれたことがあります。

大体が〝ひざがわり〟なんてえものは、トリにあがる人が、権限があるというのが定法《じょうほう》で、「あたしの〝ひざがわり〟は、この人にするよ」

ってんで、トリの真打が、使うべきものなんですから、〝ひざがわり〟の芸人のほうが、おりてきて、

「お待ちどおさまで……」

ってえと、真打が、

「あゝ、ご苦労」

と、こういってあがるのが普通なんで……。ところが、この時は、むこうはもう、大看板の名人で、あたくしァまだ、ぴょこぴょこの真打。で、〝ひざがわり〟がすんでおりてくる、

「ご苦労さまでございます」

といって、真打のあたくしが最敬礼をするてえと、

「あいよ」

てんで……なるほど、むこうにしてみりゃァ「あいよ」なんですよ。

ですけども、あたくしァこのときに、つくづく思いましたねェ、噺家冥利だなァと……えゝ。真打になったればこそ、こういう名人のあとへあがれるんだ、おれも勉強をしなくちゃァいけないなと、改めて、そう思いました。

その時分の立花のご主人は、ふとったがっちりした人で、あ、あぐさん、あ、あぐさんといってま

したから、変な名前だなァと思ったら、以前は、あぐりってえ名前があったんですね。これァその女の子の名前なんでしょう。

昔は、男の子が育たないといけないからってんで、女の子の名前をつけたり、女の子のなりをさして育てるというようなことがありましたから、それでそんな名前をつけたんでしょうと思います。もっともそれァ子どもの時の名前で、ちゃんとした本名は、大森竹次郎といいました。

このかたに娘がありまして、総領の娘といっしょになって、養子にはいったのが、もと大西ってましたかな、四谷大番町に、長善寺といって、一名〝篠寺《ささでら》〟というお寺があります。そこのおかみさんの兄弟とかで、これが春本助次郎という曲芸師の友だちなんですね。それで、助次郎が世話をして、養子にはいった。で、昭和のはじめごろですか、あぐちゃんの大森竹次郎さんが亡くなった、そのあとをついで、大森竹次郎になったわけなんで……。

それから、妹娘のほうが、速記者の今村信雄のおかみさんになった。ですから、立花と今村さんとは、おかみさん同士が姉妹なんです。

養子にはいった人が、立花をひきついだわけなんですけども、どうもその、商売には向かないんですねエ。無愛想でもって、お客にも評判が悪くて、だんだん、客が来なくなっちゃった。苦しいからってんで、六代目の一龍斎貞山に金を借りて、それが返せない。とうとう、立花亭が貞山のものになってしまったというわけで。

それで、貞山も、持ってはみたものの、やはり具合が悪い。お客はあんまり来ないし、どこか買ってくれるところはないかしらんなんて、そんな話を貞山さんのおかみさんから聞いたことがありました。

　すると、新橋の角のところに、いまでも繁昌してますが、古くからの佃煮屋で玉木屋というお店がありますね、あのすぐそばで、串助《くしすけ》という屋号で、焼きとり屋をやっている、小古《こご》井《い》さんというかたが、大変に落語の好きな人で、あたくしも、そこへよく飲みに行ったことがある。と、あるとき、小古井さんが、なんかの話で、

「あたしもねェ、どこかいいとこがあったら、寄席でもやってみたいんだが……」

「じゃァ立花はどうです？　やってみませんか」

　というようなことになってきた。と、この串助へは、NHKの人が、近いからよく来ている、そのなかに、松内則三《まつうちのりぞう》さんというかたがいたわけで……。

　松内さんというのは、有名なアナウンサーでございまして、野球放送とか、相撲の実況中継とか、ああいうものの草分けのかたですが、ま、この松内さんの名前で、表向きはやる、で、内実は小古井さんがお金を出したんだろうと思います。あるいは合資だったのか、そのへんのところはよくわかりませんが、あたくしがまァ橋渡しをしたようなかっこうで、いろいろ交渉した結果、とにかく、松内則三、小古井太郎という、この人たちが、立花というものを経営することになったわけなんでございます。

　それで一時は大変にお客さまが来たんですが、またびだんだんいけなくなる……何でも東宝が借りてやったこともありましたねェ。その後、また小古井さんの手へ返ったが、結局はお

客が来ないし、とても営業が続けられないからというので、とうとう手ばなすようなことになって、昭和二十九年の暮に廃業をしてしまいました。

立花は、もちろん震災で焼けて、再建をしたのが、幸いに戦災はまぬかれた。ですから、戦後しばらくは、まだ畳でしたよ。だけども、これからはどうも畳じゃァいけないというんで、改造をしたんですね。畳をあげちゃって、ずゥッと床を張って、椅子席にしたわけです。ですからねエ、あれ、よォく見ると、なんかしら、椅子席の構造ではない、おかしな感じのところがありました。あれは畳を敷けば、おかしくもなんともないわけなんで……。

しかし、どっちにしても、うなぎの寝床みたいに細長い席でね、表通りからは、三間《さんげん》ほどひっこんでいる。屋根のついた、路地みたいなとこを通ってはいると、左ッかわがずっと羽目になってましてね、となりは「万惣」のビルですから……それで、右のほうのうしろに茶番がある。客席も縦に細長くって、椅子で二百人もはいったかどうか……あんまり大きな席じゃァありませんでした。

しかし、椅子席に変えた当時は、ひとしきりの客の入りもよかったんですがね、まただんだんおかしくなって、とうとうなくなってしまいました。

落語研究会というものが、第二次のときも、それから戦後の第四次のときも、この立花を会場にした時期がずいぶんありましたし、あたくしにとっても、思い出の多い席で、なくなったのは、大変に残念なことに思います。

それから、神田では、川竹《かわたけ》という席がありました。これは、神保町でございます。あのゥ神保町の交叉点から一ツ橋のほうへむかって、右のかどに岩波のビルがあって、それから救世軍本部がいまもありますね。その救世軍の向かいッかわに、神保町交叉点から行って左へはいる通りがあります。あれは、いまはすずらん通りとかいうようですが、以前は、表神保《おもて》町といって、なかなか盛んな通りで、ずゥッと行くと駿河台下のところへ抜けるわけで……この通りへはいって、五、六軒行った右がわの路地をはいると、突きあたりにあったのが川竹亭で、のちに大阪の吉本の手に移りまして、神田の花月《かげつ》となりました。

この川竹も、神田ではなかなか有名な席で、お客もはいった。ところが、あたくしの子どものころの川竹のあるじというのは、名前はおぼえておりませんが、頭の禿《は》げた、耳の遠い人で、なんでもよほどばくちが好きだったらしいんで。

あるとき、あたくしの師匠の圓蔵のトリで、先代《おやじ》がまだ前座時代、師匠がなかなか楽屋へはいらない……先代《おやじ》が、二席も三席もつないだんですが、十一時すぎてもとうとう来ない。しかたがないから、お客さまにあやまって、ハネてしまった。

どうして師匠が抜いたんだろうってんで、あとで訊いてみたらば、どこかわきでばくちをやってたんですね。その時分は、うちの師匠もずいぶんばくちをやりましたから……。それで、川竹のあるじもいっしょだった。ところが、師匠がだいぶ勝って、これからトリ席だからってんで帰ろうとしたら、川竹のおやじが、

「おい、おまいにいま帰られちゃァしょうがねえ、おまい、勝って逃げるのかいッ」

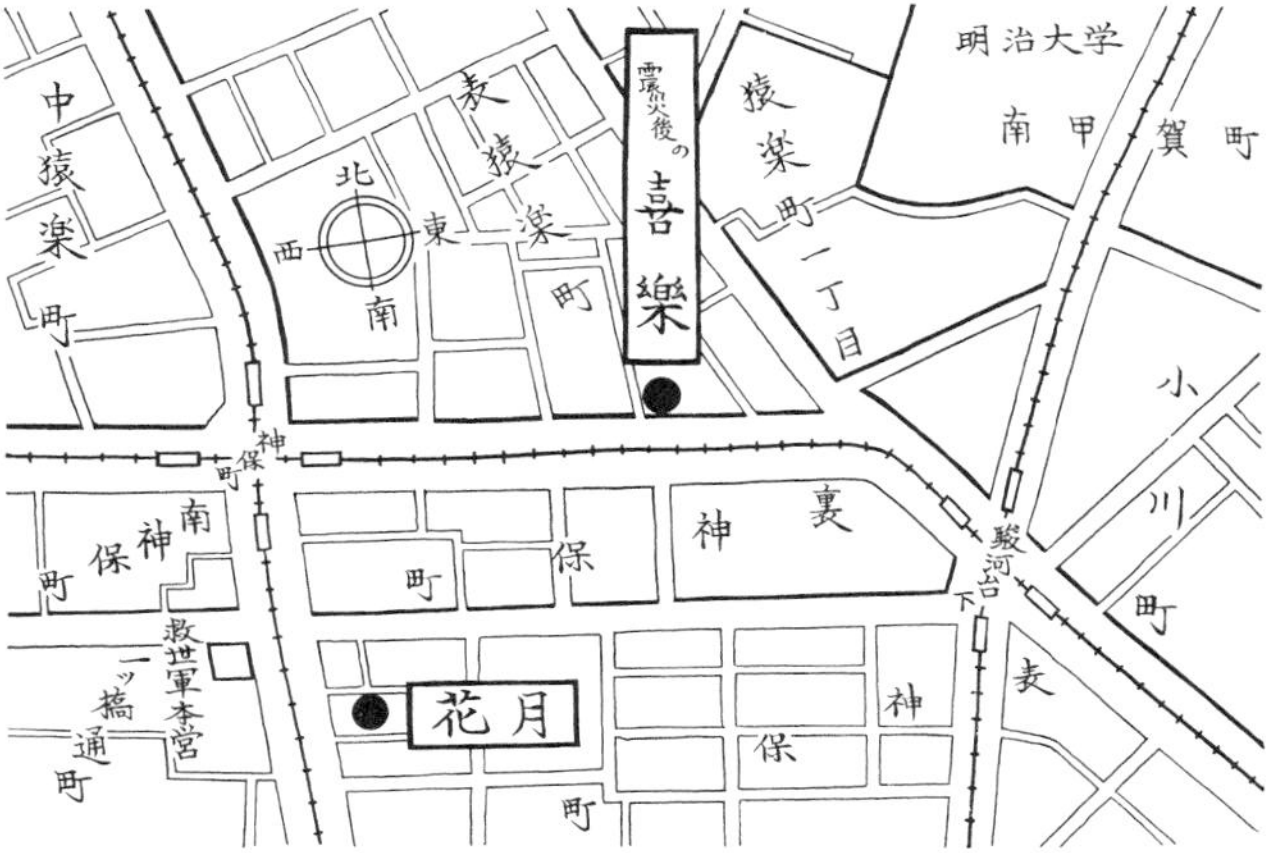

「なに、逃げやしないけども、これからトリを勤めなくちゃならない……」

「トリったって……どこィ行くんだ」

「どこって、おまいさんのうちだよ」

ってったら、そのおやじが、

「おれのうちなら抜いてもかまわねえ」

といったてんですがねェ……いくら自分《てめえ》が負けてるからって、席亭が真打にむかって
「おれのうちは抜いてもいい」って、そんな乱暴な話はありませんよ。実にどうも、あとでもって大笑いでございましたけれども……考えてみれば、ばくちってえものは、おそろしいもんで。


初代圓右の娘で、たしかおうめちゃんといいましたが、この人が、川竹のお嫁さんになって、しばらくやってましたが、震災のすこし前、吉本の手に渡るようになって、花月と変わったわけでございます。

花月になってからのことですが、大正末期ごろでしたか、ここで「落語研進会」というものをやったことがございます。五代目の左楽、先々代の雷門助六、中島市太郎の右女助、横浜の柳枝、このあいだ亡くなった文楽さん、現在の柳橋さん、先代の圓生、圓蔵時代のあたくしといったメンバーで、月にいっぺんですか、昼席でやったわけなんで。

芸というものはおそろしいもんだといいますが、先代《おやじ》とあたくしは、もうそれまでに何年も、落語研究会というものに出演をして、こういう特殊の会にも慣れておりますが……ところが、ほかの睦会のかたがたは、そういう会の経験がないから、みんな固くなっているのが、はっきりわかるんですね。

「袴をはいたほうがいいかしら……」

とか、羽織を着ようかどうしようかと、まごついているんで、先代《おやじ》とあたくしァ顔見合わして、おかしくてしかたがない。

「こういう会は、袴をはいて、羽織は着ないほうがいいよ」

「あゝそうか。じゃァ羽織はよそうか……」

なんてんで、楽屋で、ごたごた、ごたごたしている。

第一回の落語研進会がすんでから、研進会あてに、手紙がきました。見ると、当日の出演者ひとりひとりにはめて一句ずつ、川柳が書いてある。いまおぼえているのだけを申しあげますと……。

雷門助六が『寝床』を演じたのに対しては、

小僧さん今日は第三日曜日

五代目の左楽さんは、噺をやらずに「今度こういう会ができましたので、どうぞよろしくお願い申しあげます」という意味の、口上《こうじょう》だけを述べたので、

とびこまず着物の番は利巧もの

先代《おやじ》は『二番煎じ』をやりましたが、これに対しては、

将軍へお手をとっての御指南番

あとは忘れてしまいましたが、いずれもなかなかうがったもので、当時、楽屋のうわさでは、「手紙のぬしは鶯亭金升さんじゃァないか」などといっていましたがね、たしかなところはわかりません。

第二回の公演のときに、あたくしが『居残り佐平次』をやりました。そうしたら、このときは、新聞の評で、大変にほめて書かれました。ところが、その後に第二次の落語研究会というものが発足をしましてから、また『居残り』をやったときは、これが大変な不評なんで……。おんなし噺をおんなしようにやって、どうしてそんなに評が違うのかと考えたら、落語研究会のほうは、周囲がみんなじょうずな人ばかりだから、へたなのが目立って聞こえたんだろう、以前のがうまく聞こえたのも、やはり周囲のせいだったのかもしれない……と、自分でもおかしくて、笑ったことがありました。

落語研進会ができたときの記聞記事があるのを、斎藤忠市郎さんというかたが、見つけて送ってくださいましたので、次に掲げておくことにいたします。

設立された 落語研進会 研究団体として

落語会の刷新をはかり、新時代に適応した新落語と、古い価値あるものを研究的に演出し、進んでは、新作落語の試演、若手奨励の一方法をも設けて、まじめに落語を演ずるという目的のもとに、今回、岡本綺堂、森暁紅《ぎょうこう》、石谷《いしがや》華《か》堤《てい》、平山芦江、田村西男、鶯亭金升、高沢初風の諸氏が顧問および賛助員となり、落語研進会を設立し、毎月一回開催のこととなった。

第一回を、二十一日正午、神田花月に催すそうで、出演者は、

右女助、痴楽、柳枝、助六、圓蔵、文楽、圓生、正蔵、柳橋、文治、燕枝、圓遊、小文治、柳好、左楽、小南、馬生

〔『都新聞』大正15年3月17日〕

第一回落語研進会　廿一日正午より

○がまの油(圓楽)　地口合わせ(痴楽)　素人うなぎ(文楽)　粗忽の引越(柳橋)　四段目(右女助)　夜まわり酒(圓生)　乾良助(正蔵)　橋場の雪(柳枝)　見台批露(助六)　縁切妻(左楽)

神田表神保町　花月

〔『都新聞』広告、大正15年3月21日〕

この花月は、吉本の林正之助《しょうのすけ》さんではなく、その弟さんの持ち分になってたんじゃァないかと思いますけども、たしか桐生《きりゅう》という名前の番頭がいまして、これァのちのことでございますが、この桐生さんからの話で、あたくしが毎月の独演会というものをやりましたのが、花月でございます。

当時、四代目の小さん、それからこの前死んだ志ん生、このふたりが、毎月いっぺん、この花月で独演会をやっておりました。たしか、第一日曜が志ん生、第三日曜が小さんでしたかな。で、第二日曜があいているから、やったらどうかという話で……その時分、あたくしは圓生になってあまり間もないころで、独演会をやってお客を呼べるだけの自信もまだありませんでしたが、決心をして、始めました。それから、戦争がはげしくなってやめるまで、二、三年続けましたかェ、大分、この独演会では勉強さしてもらいました。

川竹のころのことは、あんまりはっきりおぼえていませんが、花月になってからは、平屋の席でしたけれども、わりに大きくて、四、五百人から、詰めればもっとはいったでしょう。あたくしにとっては、思い出のある席ですけれども、残念ながら、戦災でなくなってしまいました。

ほかに、神田では、喜楽《きらく》という席がありました。これは、九段下のほうから行きますと、神保町の交叉点と、駿河台下とのあいだ、ちょうどまンなかのあたりの左ッかわです。いまはもう、ずうッとこう軒が並んでしまいましたけども、以前は、あの、電車どおりがすこゥし右のほうへ曲がる。そのちょっと手前の左ッかわに、ちょっと広くあいているようなところがありまして、その突きあたりに喜楽という寄席がありましたんで。

のちに映画館かなんかになっていましたが、あるいは、はじめも映画館だったのかもしれません。なんでも、二階寄席《せき》で、階段をあがっていくと、上が寄席になっているという造りで、階下《した》は、なにか別のものでした。寄席としたら、そんなに小さいほうではありませんでしたでしょう。しかし、花月ができたころからは、もうあんまり落語はやりませんでしたね。ですから、あたくしも、ここは勤めているんですけども、たいした思い出もありません。

浪曲で、林伯猿という人がありました。浪花節もうまかったし、なかなか話術にたけた人で、人気もございましたが、この人が、昔、この喜楽の下足番《げそく》をしていたんだってえことを聞いたことがありました。

それから、神田美土代町《みとしろちょう》、小川町から神田橋へ向かって行って、ちょうどまンなか、左ッかどに、入道舘《にゅうどうかん》という席がありました。これは、その前には、市場亭《いちばてい》といったかと思いますが、浪花節で一世をふうびした、桃中軒雲右衛門という人、この人の持ちものになって、入道舘となった。

あの桃中軒というのは、静岡の弁当屋の名前なんですってね。そこを通ったときに、看板を見て、空を見たらば雲が浮かんでた……それで、自分の名前を桃中軒雲右衛門とした、それからあと大変に売り出したという……のちに頭を剃って、雲右衛門入道となった。それで、ほうぼうへ席を持ちました、それが入道館なんで。なにしろ雲右衛門というものは、ひところは大した勢いで、あちこちに席がある。静岡の入道館がやはりそうでございました。ところが、死んだときには、まるッきり金がなかったといいます。なかなか数奇な生涯を送った人らしいんですね。

この神田の入道館は、東京では有数の大きな席でございました。第一、舞台が大きい……間《ま》口《ぐち》が五間《けん》はあったでしょう、それに、タッパと申しまして、舞台の高さですね、これがまた高くって、おそらく寄席であんな大きな舞台ってえのァなかったでしょう。なにしろ間抜けに大きかった。もちろん、客席は畳ですがねェ。

お客もずいぶん来ました。震災前に、東西会というものができましたときに、その親席《おやせき》と申しますか、いちばん頼りにする大きな席ということで、あたくしも、一時、東西会にはいりました、そのときに勤めて知っております。もっとも、その当時、あるじってえのはどうなっていたのか、そのへんはよく存じませんけれども……。

あたくしどもが、まだ東西会へ出るようにならない時分に、一度、木戸《き》銭《ど》を払って聞きに行ったことがあるんです。なんでも、うぐいす・チャップリンて漫才が出る、それから八木《や》節《ぶし》なんぞもあるって……そのころ、漫才なんてものはね、大阪ではあったでしょうけども、東京じゃァなんだかよく知らない……、

「どんなもんなんだかねェ……見に行こうか」

ってんで、先代《おやじ》と、おふくろと、あたくしと家内と、四《よ》ッたりで行きました。そしたら、

木戸銭《きど》が四十九銭てんですよ。五十銭とると、税金の関係があるんですか、半端な入場料で、五十銭出すと一銭釣《つり》銭をよこすという……。

その時、いまの伸治のおやじの柳家蝠丸《ふくまる》とか、前の立川談志ですね、竹内栄次郎の談志なんかを聞いたおぼえがあります、そのほか、冨士松ぎん蝶とか、その、うぐいす・チャップリン……それで、八木節が出てきましてね、四人でもって、タカポコタカポコ……ってんで、なんだか間抜けな踊りをおどるんですよ。もう、びっくりしちゃって、

「もう帰ろうよ」

ってんで、出てきちゃった……そんなこともありました。

それで、その冨士松ぎん蝶でおかしかったのは、この人は、いまも存命でいるらしいんですが、ぎん蝶になる前は、琴《こと》ぶきってえ名前で、盲人でしてね、自分で三味線をひいて、唄をうたうという芸人で……。このぎん蝶が、あるとき、入道舘のトリで、一生けんめい、車輪《しゃりん》になってやっていた。と、相当にはいっていたお客が、だんだん帰っていってしまう。そのうちに、なにかこう、さらさら、さらさらッて、畳をはくような音がするんで、当人も気がついて、

「おゥおゥ、なにしてるんだい、そこで音をさして……」

「ぎん蝶さん、もうお客さまァみんな帰っちゃったよ」

って……お客がいなくなっちまったんで、中売りが客席の掃除をしてえた、その音ではじめて気がついたんで……当人は見えないから、ひとりで一生けんめいやっていたんですが、

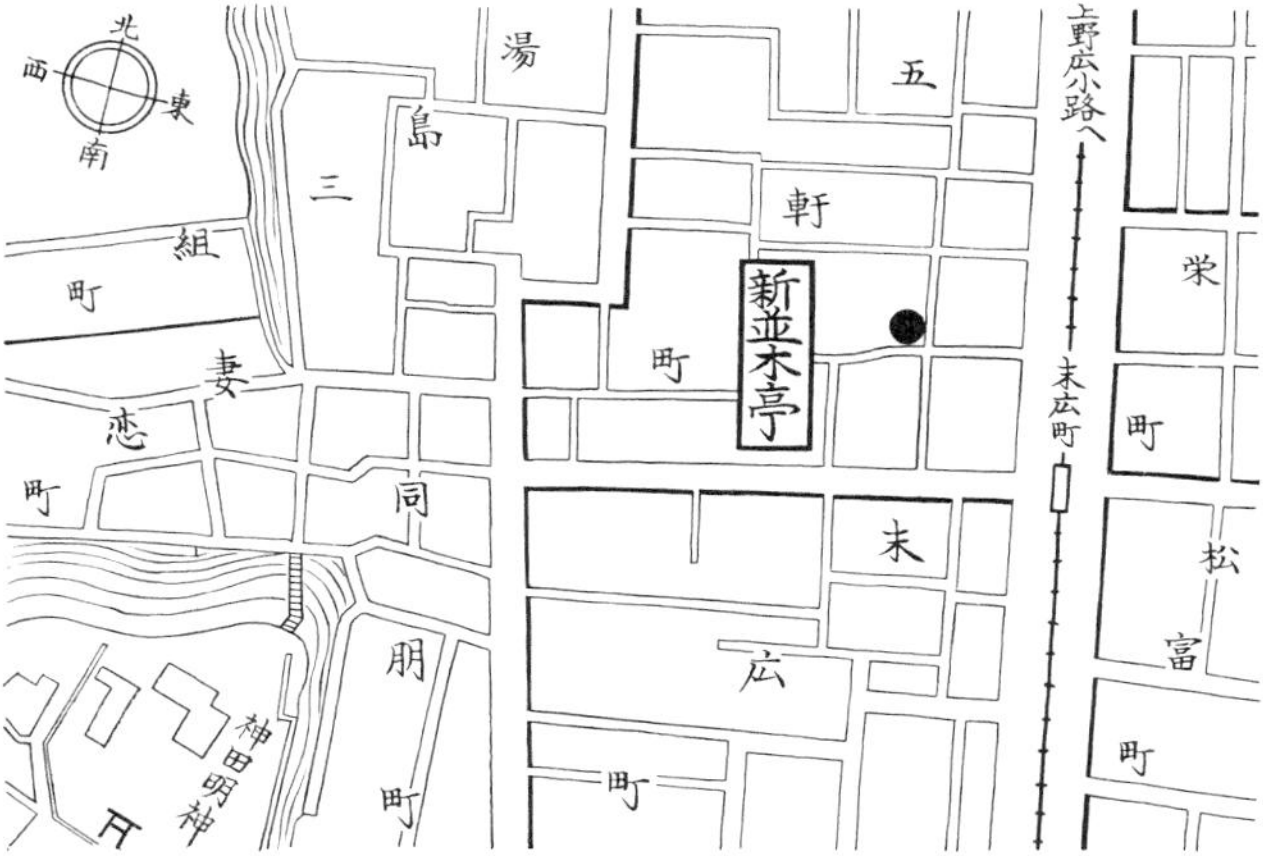

「教《おせ》えてくれないのは、ひとがわるい」って、たいそうおこったという、そういう話がございます。

　この入道館も、震災まででしたでしょう。震災後は、どうなったか、映画館にでもなったんじゃァないでしょうかねェ。

　そのほか、あたくしのごく子どものころですが、外神田《そとかんだ》ですね、いま、地下鉄の末広《すえひろ》町《ちょう》という駅があって、その駅を出たところの大通り、あれを御成街道《おなりかいどう》と申します……御成街道の、万世橋のほうからくると左ッかわのひとつ裏通りに、新並木《しんなみき》という席がありました。

　これは、もとは日本亭《にっぽんてい》といっていたんです。それが新並木になったというのは、浅草の並木亭と、なにかの関係があったんではないかと思いますが、七代目のむらく、のちに圓馬になった橋本卯三郎、あの人が一時、この席を、まァ借りたんでしょう、そこに住んで席亭になったことがある。

それであたくしも、この席へ出たおぼえがありますが、そのときに、前座をしていたのが、初代の圓歌の弟子で、歌当《かとう》という……亡くなりました三代目の金馬でございます。あたくしァあの人に、このときはじめて出会ったわけで……たしか、あの『居酒屋』という噺をやったのを聞きまして、

「あァ、前座にしては、なかなか口調のいい人だなァ」

と思ったことがありました。

席の名前は、並木亭なんですけれども、浅草の並木とまぎらわしいので、新並木と楽屋うちでいったものでしょう。むらく師匠がこの新並木をやってたのが、明治末から大正のごく初めまで、そういくばくもありません。その後はどうなりましたか、あたくしァ席へかからないから、もうおぼえもございませんが……。

神田には、まだまだ席はありましたが、落語の席というものは、まず、このくらいだったろうと思います。

下　谷

下谷では、まず、なんと申しましても、上野の鈴本《すずもと》で……これァ古い席でございますが、いまでも盛大でございます。

あすこは、昔は、本牧亭《ほんもくてい》というのが、席の本来の名前だったんだそうですね。どうして本牧なんという名をつけたかてえと、これが、まことにしゃれたもんで……あの、いま、上野広小路から池之端仲通り《いけのはたなかどお》へはいる右の角に、花屋という料理屋さんがありますが、ちょうど、あのあたりに、金沢という、昔から有名なお菓子屋さんがあった。これァ金沢丹後《たんご》といいまして、将軍家御用達《ごようたし》、のちには皇室御用達の、だれひとり知らない者もないという、大きなお菓子屋さん……その近くだから、本牧がいいだろうという……あれは、横浜のさきに、金沢八景というところがありますね、と、金沢八景から見て、むこうは本牧の岬になる。だから、つまり、不忍池《しのばずのいけ》を海に見立てて、金沢のむこうで本牧と、しゃれてつけた名前なんだそうです。

これァいま考えると、ただのつまらないしゃれのようにしか受けとれないかも知れないが、幕末から明治のはじめのころの横浜というものは、文明のさきがけでありまして、外国からの新しいものは、なんでも、まず横浜へ着く。あたくしの子ども時代にも、新しい舶来《はくらい》ものは、横浜でなきゃァだめだといって、東京からわざわざ横浜へ出かけてって買物をするというようなことが、実際にありました。ですから、横浜という土地が、あこがれのまとだった時代があったに違いない。そのころの新しがった人が、金沢のそばで本牧、ああなるほどってんで、おもしろがったのは、やはりその、時代相《じだいそう》というものが、よく出ているんじゃアないかと思います。

それが、のちに鈴本と名前が変わった。これは、あるじの苗字が鈴木という、その鈴の字と、本牧亭の本の字をとって、鈴本亭としたんだと申します。以来、今日《こんにち》まで、その名前が残ったわけで……。ただいま、やはり上野に、本牧亭というのがありますが、あれは、ずっとのち、戦後になってから、新しくこしらえたものでございます。

これも聞いた話ですが、ご一新のときに、上野の山へ彰義隊が立てこもって、いよいよ官軍といくさがはじまろうってえことになった。そうすると、あの広小路のあたりは大変で……ここィらへは弾丸もとんでくるだろうし、所詮、家は助かりっこない、まごまごすれば命がなくなるってんで、みんな逃げ出した。家やなんか、焼けてしまえば百文《ひゃく》のねうちもないから、売ろうったって、買い手がつかない……ってえときに、鈴本が買ったんですね、一《いち》か八《ばち》かで……もちろん捨て値、ただみたいな値段で買った。そのかわり、ぽうッときてしまえば、もうそれっきり、なんにも残らないわけなんで……。

ところが、いい塩梅に、あのへんは焼き払われずにすんだ。これァやはり、男は度胸ってえやつで、そのために、あのへんの地所や家作《かさく》が、ずいぶん鈴本のものになって、たいへんもうけたんだってえことを聞きました。

あたくしが子どものころの鈴本のご主人てえのは、うすうすおぼえがありますが、しじゅう酔っぱらっているような人で、それでいて、なかなかやかましいおやじさんだったらしい……その人が、買い占めをやった人なのかどうかは存じませんけれども……。

娘がありまして、そこへ養子にはいったのが、鈴木孝一郎さんという、昭和三十六年に亡くなった、前のご主人でございます。このかたは、まだ養子に来たての若い時分から、あたくしも知ってますが、なかなか商売のほうにも機敏な人で、寄席ばかりではなく、映画館を持ったり、キャバレーをやったり、それから倉庫会社とか、金貸しの会社をしたり、いろんなものに手を出して、財を築いた。

ところが、あすこのうちは、どういうわけか、男の子があんまり育たないなんてえことを聞きまして……申しあげたように、孝一郎さんも養子で、おかみさんのほうが、家付きの娘なんですね。このおかみさんは、あたくしも知っていますが、ちょっとやせぎすな……そう、やっぱり、いまの本牧亭のおかみさんがよく似てますよ、あの人は、末の娘ですから……。それで、孝一郎さん夫婦には、女の子ばっかりで、男の子がいない。だから、上の娘さんに養子をもらって、その子が、いまのお席亭の肇さん……つまり、孝一郎さんのお孫さんにあたるわけです。

あたくしどもがおぼえては、鈴本というものは、ただいまの位置とは反対がわにありました。

広小路を上野の山のほうへ行くと、左へはいる池之端仲通りというのがありまして、そのちょいと手前、大通りの、山へ向かって左がわに、いまの鈴本があるわけなんですが、ちょうど、そのまゝ向こうのあたり、いまは、マーケットやなんか、小さい店がたくさんありますが、あのへんにありましたんです。やはり大通りに面していて、二階寄席《せき》でございましたね。

本牧亭といっていたころは、やっぱり、池《いけ》之端《はた》のがわにあったんでしょうね。そうでないと、金沢のそばで本牧というのが成り立ちませんから……。のちに、通りの向こうがわへ新築をして、鈴本亭と改めたんだろうと思うんです。

それが震災で焼けて、また、通りのこっちがわへ移って、現在のところへ変わったわけなんで……とにかくあのへんの地所は、申しあげたように、鈴本の所有のものがずいぶんあったんですから……。

戦争でも、また焼けて、今度建て直したときは、椅子席で、二階だけ桟敷というように変えました。そうしたら、あれは、昭和二十六年でしたか、七年でしたかに、またまた、火事で焼失をいたしました。再建をして、長いことやっておりましたが、昭和四十五年に、今度は鉄筋のビルに、すっかり改築をした、これが今日の鈴本演芸場でございます。

このビルは、一階に安田信託銀行がはいっております。向かって右手のほうに、寄席の入口があって、切符売場があり、そこをはいって、奥のほうからエスカレーターで三階へ

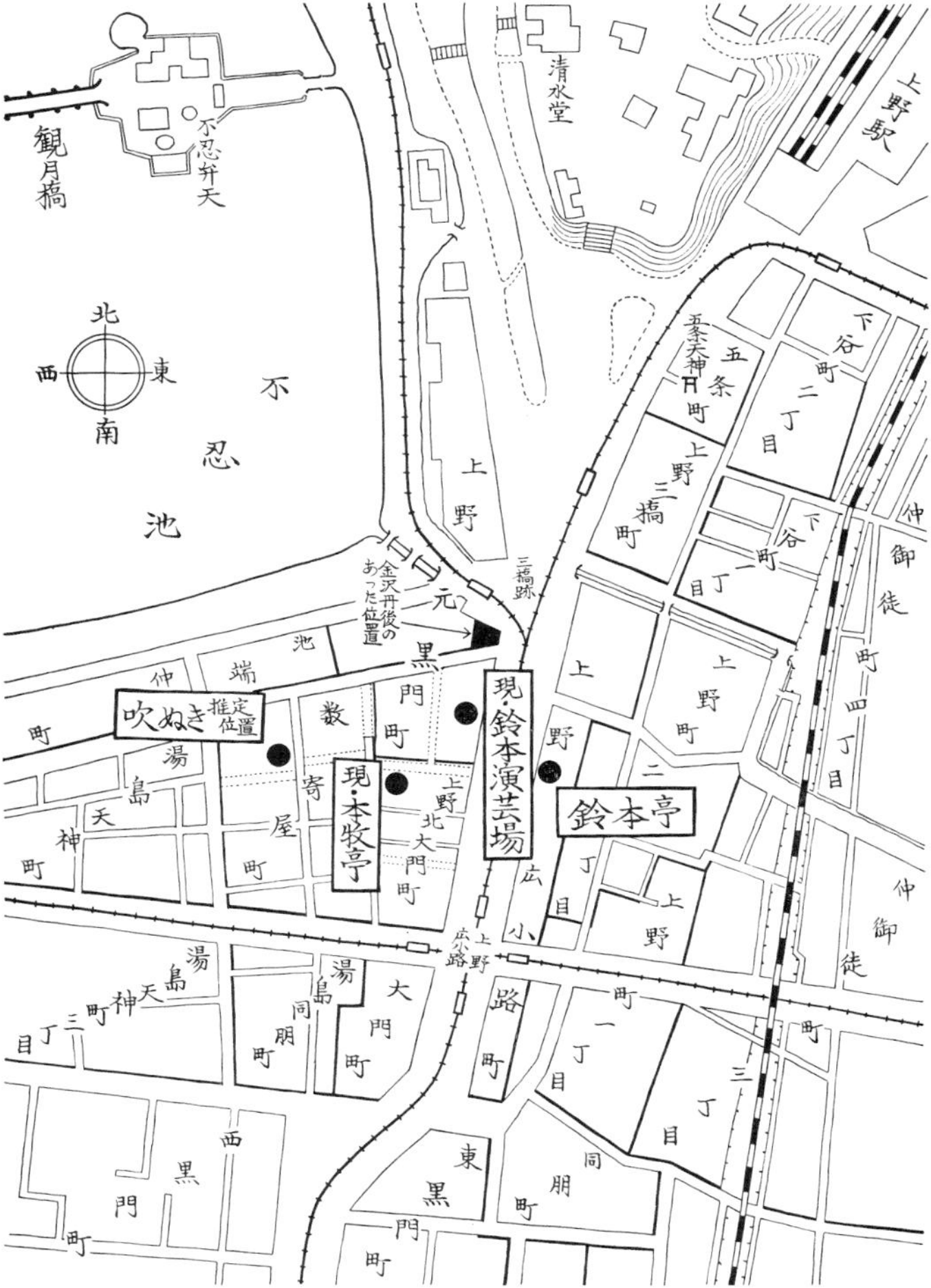
観月橋
不忍弁天
清水堂
上野駅
北
西
東
南
不忍池
上野
五条天神
五条町
下谷町二丁目
上野三橋町
下谷町一丁目
三橋跡
金沢丹後のあった位置
元黒門町
池端仲町
吹ぬき 推定位置
数寄屋町
湯島天神町
現・本牧亭
上野北大門町
現・鈴本演芸場
鈴本亭
上野町二丁目
仲御徒町四丁目
広小路
上野広小路
湯島天神町三丁目
湯島同朋町
大門町
上野町一丁目
仲御徒町三丁目
西黒門町
東黒門町
同朋町

あがるようになっているわけで、三階、四階の二階分が寄席になっております。全部椅子席でございまして、階上座席はありません。あれで、補助席を入れても、三百五十ぐらいでしょうか。

ここは、土地がらもよく、お客さまの入りも、おかげさまで悪くないようでございます。

次に、ただいまの本牧亭は、申しあげたように、戦後に出来ましたもので、鈴木孝一郎さんの末娘で、春本助治郎のおかみさんになった、石井英子《ひでこ》という人が、経営をしております。広小路の松坂屋の交叉点のところから、上野公園に向かって行って、左がわの二本目の小路、鈴本演芸場よりもちょっと手前でございます、その小路をはいって、家数《いえかず》で五、六軒目、左がわにある二階寄席《せき》でございます。階下《した》は、〃ほんもく〃という飲食店になっておりまして、向かって右がわに、木戸口がある。ここで、はきものをぬいであがります。いま、東京で下足《げそく》をとるのは、もうこの席一軒きりになってしまいました。二階客席は、畳席で、そうですね、いっぱいになって、二百人ぐらいという大きさですね。

このあいだ、聞きましたら、この席を始めたのは、昭和二十三年だったそうで、二年ばかりは、まだ寄席の許可がおりないで、つまりほっかぶりで営業をしていたんだそうです。昭和二十五年に、本当の許可をとって、正式の営業になった。もちろん、講談席として始めたものでございまして、昼間は、ずうッと講釈の定席《じょうせき》、そうして、夜は席貸《せきが》しをする。あたくしも、昭和三十年ごろから、よくここを借りて、独演会をやりました。

そのころは、まだ、木造の二階寄席《せき》で、高座の向きも、今とは違いましたし、定員も、いまよりずっとすくなかったでしょう。昔の小さい寄席の感じで、やりやすいことはやりやすかったが、百二、三十人はいると、目いっぱいで、百五、六十ってえと、もう身うごきもできないくらい……きゅうくつだってんで、苦情が出る。それで、あたくしの独演会も、のちには、人形町の末広でやるようになりました。

昭和四十七年に、鉄筋で建てかえて、いまの建物に変わったわけでございます。

それから、池之端には、古くは吹《ふき》ぬきという席、これは圓朝師をはじめ、当時の一流の噺家がみな出演をしている、格式のあった席らしうございますが、あたくしどもが知ったころは、ありませんでした。

いま、あの池之端の仲通りを広小路のほうから行って、右がわの横丁へはいって行ったあたり……以前下谷の三業《さんぎょう》の、見番《けんばん》があったと思います……あのへんに、忍岡《しのぶがおか》演芸舘か、演芸場でしたか……あたくしの子どものころまで、ありまして、あたくしも、よく出た席ですが、これが、もと、吹ぬきのあったところだってえことを、聞いたことがございます。

坊野寿山さんに聞きましたら、仲町通りのまゝなかあたり、組みひもの道明《どうみょう》というお見世がありますが、あすこンところで、不忍池のほうから、春日通りのほうへ抜ける横丁がありいます。あれを、いま、〝吹きぬき横丁〟というそうです。ところが以前はこの横丁は〝ごんべ横丁〟といったんだそうで……そうして、これよりもひとつ広小路寄りの裏通り、これが、もとの〝吹きぬき横丁〟だといいます。

だから、以前はそこに、〝吹ぬき〟という席があって、それが横丁の名前にもなったんでしょうね。そういわれてみると、忍岡演芸館も、たしか、その横丁の、仲通りからはいって右がわにあったような気がするんですが、どうも、あんまりはっきりは申しあげられません。

下谷には、もうひとつ、佐竹《さたけ》という盛り場がございます。これは、昔、佐竹様というお大名のお屋敷だった。それが、明治のはじめに、取り払いになって、一時、原になっていたらしいんですね。佐竹《さたけ》ッ原《ぱら》といって、そこへ、いろいろな見世物やなにかが、出たりしたこともあるという。

いまでも、佐竹通りというのがあります。御徒町《おかちまち》の駅のほうから行くと、右へはいる、にぎやかな通りで、あれをずうッとはいりまして、二百メートルほど行きましたかね、その右ッかわに、久本《ひさもと》という席がありました。

ここは、あたくしの師匠が、ずっと初席を打っておりました。ですから、あたくしも、毎年かならず、正月の元旦から十五日《ンち》まで、この久本は勤めたもんでございます。

あんまり大きな席ではありませんが、三方に二階桟敷がありました。これへあがる梯子《はしご》段《だん》が、あたりまえなら、木戸口のほうからあがるようについているもんですが、ここのは、逆に高座のほうからあがるようについている。で、ふだんはあまりはいらないが、正月となりますと、お客さまが大そう来ました。階下《した》はいっぱいだし、桟敷もいっぱい……そうすると、この梯子段の途中へ、ずっとみんなお客が高座のほうを向いて、腰をかけて聞いているんですね。どうも大した大入りで……。

ここの席亭が、やはりその江戸ッ子で、正月なんぞは、向《む》こッ鉢巻《ぱちまき》でもって、楽屋へはいってきまして、

「なにしョろどうも、おれンとこはねエ、初春《はる》ンなると、このとおり、どうも、今夜も客ゥ入れるんで大変だった」

なんてんで、巻《ま》き舌《じた》でもって大変にその、威勢がいいんですよ。

ところが、三が日のあいだは、割れッかえるように客が来るが、それをすぎると、もうそんなには来ない。七草をすぎれば、がたんと落ちたもんです。と、このあるじが顔を見せるのは、客が来てるあいだだけなんで……三が日は毎晩、楽屋へはいってきて、能書きを言ってるが、七草すぎるてえと、もうまるっきり姿を見せなくなる、へへ。申しあげた、八丁堀の朝田亭のおやじと同じで、江戸ッ子らしい見栄坊なとこがありまして、ちょいッと旗色が悪くなるてえと、もう姿を見せなくなるという、威勢がいいような、気の小さいような、おもしろい人でしたね。

そうやって、正月は必ず師匠のトリで、勤めましたけども、ほかのときには、落語ばかりかけていたんではなく、女義太夫やなんかをやっていたらしい。師匠が亡くなるすこし前には、もうその初席もなくなりましたから、落語の席としては、震災よりもっと前に、やめてしまったんだろうと思いますが、とにかく、いい席でございました。

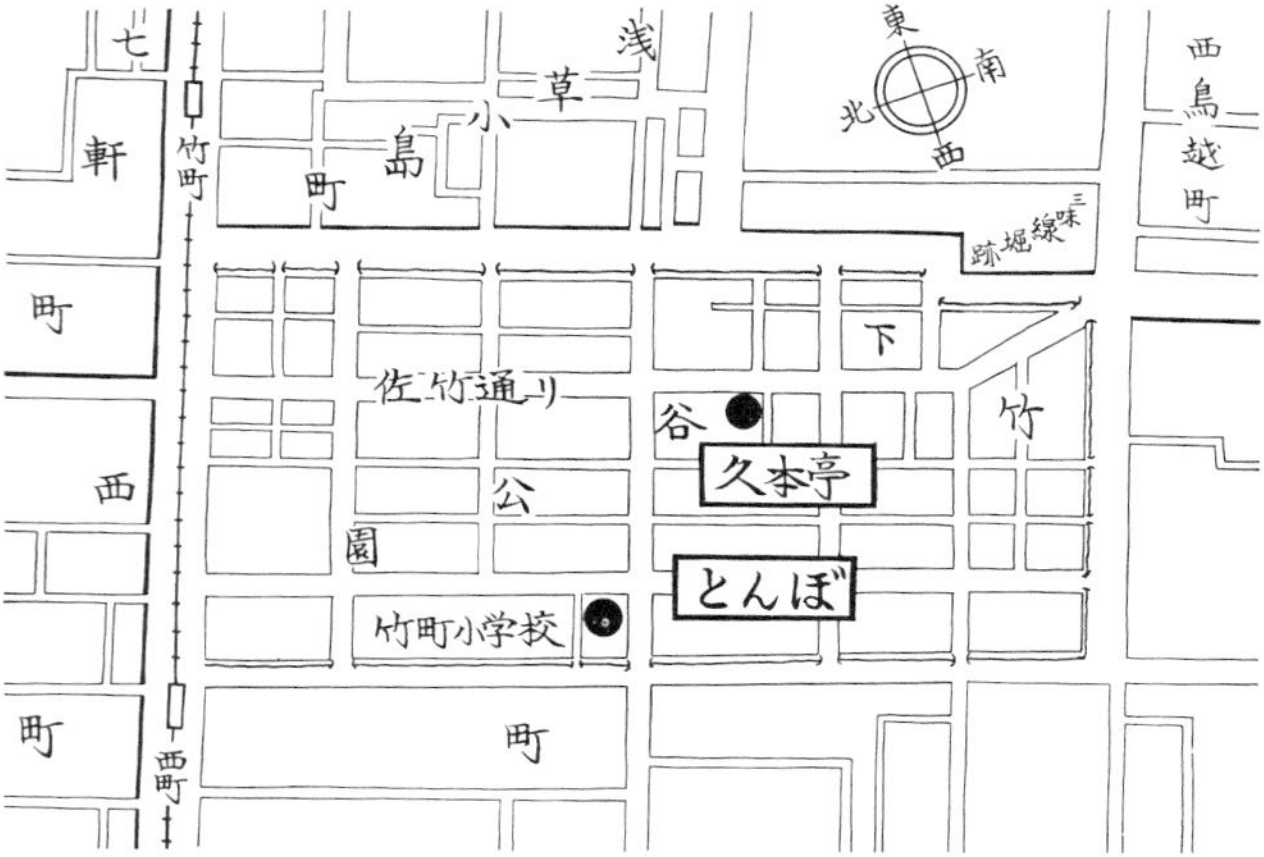

この久本のそばに、とんぼという席がありました。これは、もとは講釈場だったんですね、それで、あるじというのが、正流斎南《しょうりゅうさいなん》窓《そう》という講釈師でございます。この人は、あたくしもたびたび聞いたことがありますが、ふとった人で、

「さようでござりやしてござりやすから……」

という、変な口ぐせがありまして、『三国妖婦伝』なぞをお得意にしておりました。安《あ》倍泰親《べのやすちか》の祈りのところなぞは、もっともよかったと申します。まア、相当な真打でございました。

なんでも、この人は易《えき》のことに大変詳しかったそうで、だから『三国妖婦伝』などを得意ものにしたんでしょうが、自分で自分の易をみましてね、

「おれには、どうも、剣難の相が出て、困

ったもんだ……」

なんていっていたそうです。そうしたらば、この先生は、自分がやっていたとんぼの中売りに刺されて殺された……なんですか、食いもののことかなにか、つまらんことで、恨みを受けて殺されてしまったという、これが、震災の直前でございます。

この席は、震災後に、六三亭となりました。先々代の雷門助六、本名を青木鏡太郎と申しまして、いまの助六のおとっつァんでございますが、この人が席亭になって、六三亭とつけた。

なんでそんな名前をつけたのかってえと、この助六ってえ人が、やはりばくちが好きなんで……ばくちのほうでは、九つをカブといいましてね、つまり、九つが最高の数であって、もうひとつふえて十《とお》になるてえと、これァブタといって、全然メがないという……そういうことは、あんまり大学では教えないけれども……そういうばくちがあります。それで、六に三はカブで、いいからってんで六三亭と、実にどうもおかしな名を考えたもんで……。そのせいでもないでしょうが、これァもう、間もなくつぶれてしまいました。

そのほか、下谷金杉《かなすぎ》に、いまでもありますが、三島神社、あのまゝ前にありましたのが、寿《ことぶき》という席で、ここは、あたくしが圓好時代に、よく勤めたことがございます。これは、先々代、今戸の宗十郎さんの古いお弟子の沢村其《き》答《とう》という人が、経営をしていたんですが、この人は、六代目一龍斎貞山のおかみさんで、おはなさんという、そのかたの兄さんになります。ですから、あるいは、貞山さんから金が出ていたんじゃァないかとも思いますがね。

この席も震災でなくなったんだと思います。其答さんの息子さんは、いま、花柳流の踊りの師匠をしておられます。

下谷は、このくらいでございまして、次に浅草へ移ります。

浅　草

浅草でまず思い出しますのは、やはり並木亭《なみきてい》でございます。これァもう、震災前は、両国の立花、本郷の若竹などとともに、第一等の席でございました。

雷門のまン前を駒形橋のほうへ行く通り、あれを並木通りと申しますが、昔から見ると、すっかり広くなりましたし、あたりも昔とは変わってしまって、並木亭のあった場所というものも、あすこへ実際に行ってみれば、このへんだったてえことが申しあげられるでしょうが、なかなか、口では申しあげにくい……そうですねェ、あのへんで目印てえと、並木の籔《やぶ》そばのみせがありますね、雷門から行きまして右ッかわ、あの籔そばの位置は、まずそれほど変わってはいないわけで……。並木亭のありましたところは、その反対がわ、雷門のほうからみて左ッかわで、もうちょっと手前、雷門寄りでございます。

入口は、路地というか、おもて通りからすこゥし引っこんだ形になっていて、突きあたりに木戸《め》が見えるという……まァ神田の立花なぞも、これに似ていましたが、そういうふうにじかにおもて通りに面していないから、したがって、雑音がそれだけすくなかったもんで……そこへいくと、人形町の末広なぞはねェ、いきなり通りに面していましたから、市電、都電が通ってたころは、電車の音が聞こえたりして、ちょっとうるさかったもんですよ。

並木亭は、二階寄席《せき》でございます。木戸をはいると、すぐ梯子段があって、それをあがって、寄席へ行くという……階下《した》は、席主の住居でございますが、木戸をはいったところから、ずうッと左横のほうに廊下がありまして、ちょっと行くと、そこンところに、お客さま用のはばかりがあり、また梯子段があって、これをあがると楽屋へはいる、というような構造でございました。

寄席は、桟敷はありませんでしたけれども、相当に広かったもんで……定員が、三百五十とか四百とかじゃァなかったでしょうか。正月なんぞ大入りですと、高座の両脇の杉戸《すぎど》をはずして、左右の楽屋へもお客を入れましたから、うんと詰めたときは、七、八百ぐらいは、はいったんだろうと思います。

この並木の初席というものは、あたくしが、豊竹豆仮名太夫の時代から勤めまして、のちに噺家になってからも、初席といえば、ここがきっと〝振り出し〟でございましたので、よくおぼえております。その時分、明治末年から大正のはじめのころは、ここの初席は初代の遊三さんのトリで、うちの師匠の圓蔵、橘之助師、あるいは名人の圓喬師などがスケるという、結構な看板……お客さまは割れっかえるようにはいったもんで……。

夜席《よせき》を三時半か四時に始めるんですが、もう一時半ごろには、はいって待ってる人がある。前座があがり、三、四人出演者がすむころには、もういっぱいで、申しあげたように、杉戸をはずして、楽屋へもお客を入れるというさわぎで……そうなると、芸人のいるところがありませんから、階下の席主の住居のほうを臨時の楽屋にするというわけで、実にどうも、大したもんでしたね。

　初席ばかりでなく、ふだんのときも、あたくしァよく勧めましたが、お客も来るし、まことにいい席でございました。

　ところが、並木のすぐそば、家数《いえかず》にして、五、六軒ぐらいでしたか、雷門寄りに、大金亭《だいきんてい》という席がありまして、これもやはり雷門から見て、左ッかわ、通りからすこゥし路地をはいって、突きあたりが木戸口という似たような構えなんですが、こっちは、どういうわけか客があまりはいらないんですね。

　この大金亭のほうは、おそらく明治の末までで、大正のはじめにはあったかどうか、あったとしても落語はやらなくなっていたのかと思います。なにしろ、あたくしは、大金亭にはほとんど出ませんでしたので、よくはおぼえておりません。

　並木亭は、大震災で焼失いたしました。その後は、並木倶楽部というのができましたが、あれは、もとの並木亭の場所だけではなく、もっと広げたんだろうと思います。かなり広いもんでございました。しかし、寄席はもうやりませんで、温習会《おさらい》だとか、呉服の陳列だとか、道具のせり市とか、そういったものをやっていたんだと思います。つまり貸席でございますが、これものちにはなくなりました。

浅草公園のなかへはいりますと、興行物はいろいろございます。映画……そのころは、活

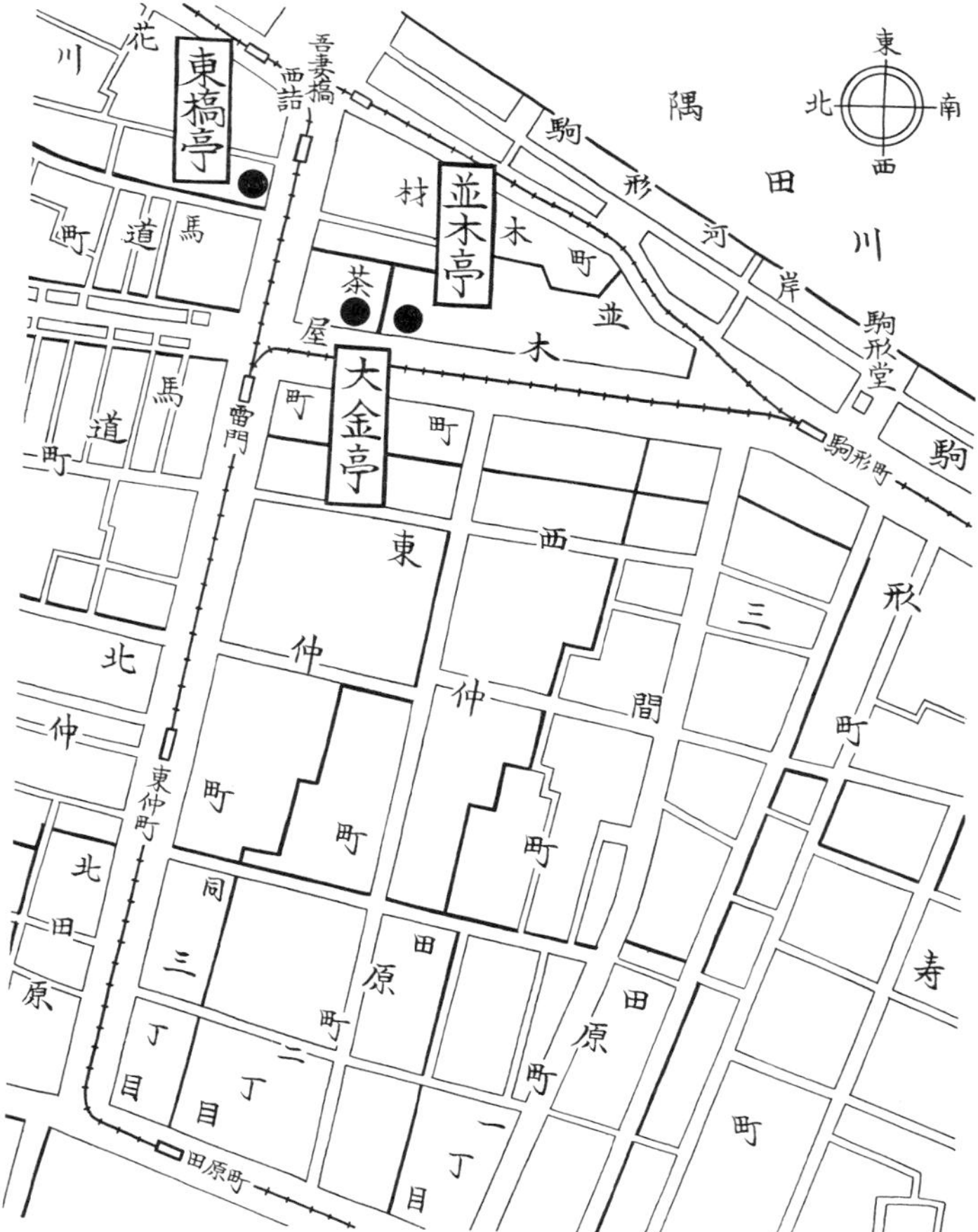
東
北
南
西
東橋亭
並木亭
大金亭
吾妻橋
西詰
雷門
東仲町
田原町
駒形町
駒形堂
隅田川
駒形河岸
材木町
茶屋町
並木町
花川
馬道町
西仲町
東仲町
北仲町
三間町
寿町
北田原町
同三丁目
二丁目
田原町一丁目

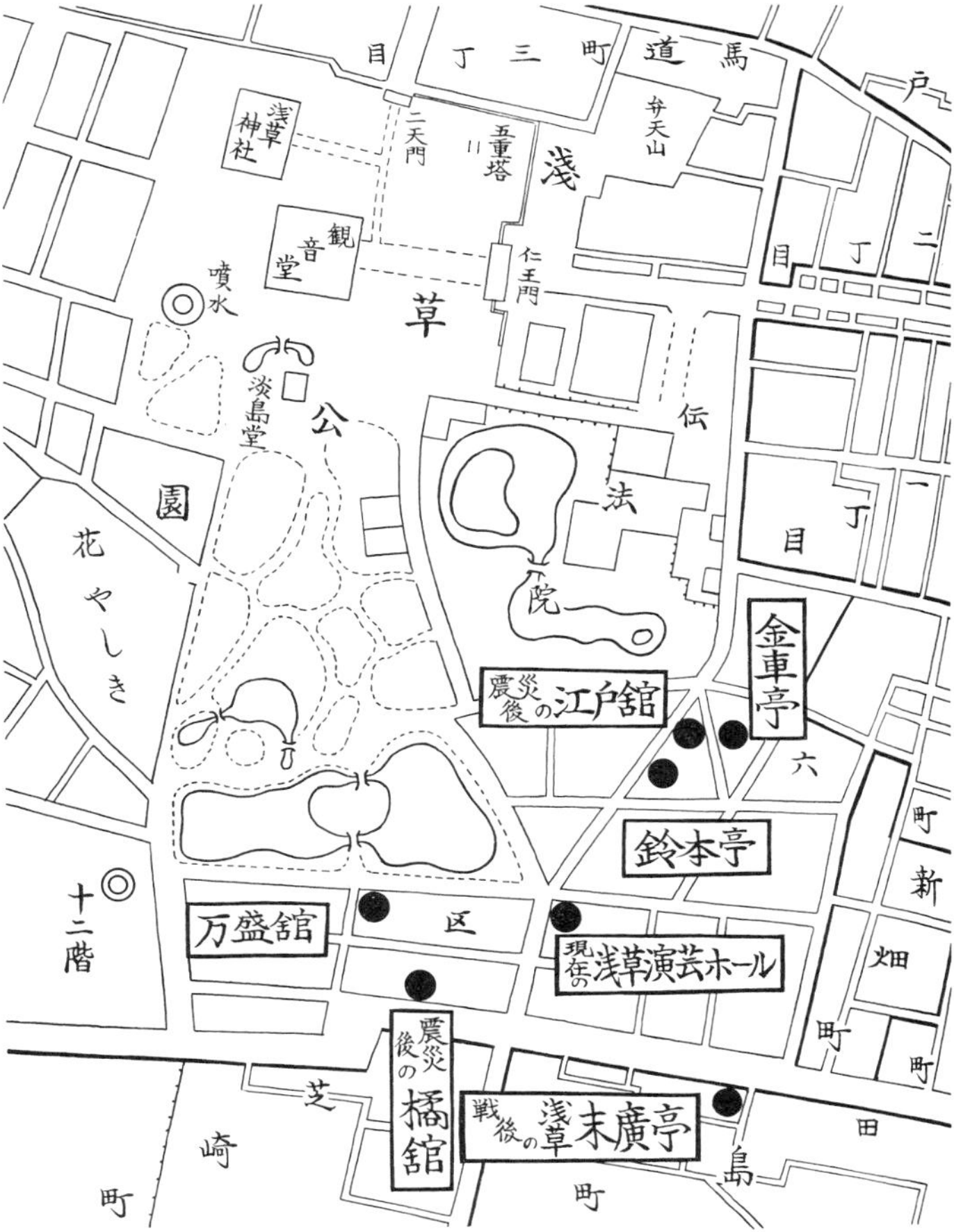

馬道町三丁目
戸
浅草神社
二天門
五重塔
弁天山
浅
観音堂
噴水
仁王門
草
淡島堂
公
園
伝
法
院
二丁目
一丁目
花やしき
金車亭
震災後の江戸館
六
鈴本亭
区
万盛館
十二階
現在の浅草演芸ホール
新畑町
震災後の橘館
戦後の浅草末廣亭
芝崎町
田島町

動写真ですね、それに芝居、そういったものが、軒を並べていたわけですが、寄席としましては、あたくしも出演をしておぼえておりますのは、万盛舘《まんせいかん》、橘舘《たちばなかん》、江戸舘《えどかん》なんというところで……。

それから、もう一軒、金車亭《きんしゃてい》という……これは、伝法院通《でんぽいんどお》りというんですか、いま浅草演芸ホールがありますが、あの前を、仲見世のほうへはいって行く通りですね、あれをはいって、右ッかわにあった亭で、これは、もともとは講釈のほうでなかなか一流の席だったんですけども、講談では客がはいらなくなって、昭和になってから、一時、色物をかけるようになったことがありました。

公園内の席では、万盛舘というのが古かったと思います。ひょうたん池……といったって、今はなくなってしまいましたが、その前に、震災前は十二階というものがありました。あの並びでございます……さァ、今で申しますと、ロック座というのがある、あのあたりかと思いますが、万盛舘という……ここは、あたくしが先代《おやじ》といっしょに東西会へはいったときに、はじめて出まして、いや実にびっくりした。

東西会というのは、前にもお話が出ておりますが、大正十年ごろに出来たんでしたか、東京と大阪と両方の芸人がいっしょに出るというんで、東西会という名前でやったもんなんでしょうけども、つまりは、演芸会社からも、睦会からもはみ出した人たちの集まりなんで……。

大正十一年の二月に、あたくしの師匠の四代目橘家圓蔵が亡くなりましたあと、先代《おやじ》が圓蔵をつぎ、いくばくもなく、演芸会社をやめるということになりました。しばらくは独立興行でやっていたんですが、どうもいけない……しょうがないんで、大正十一年十月から、東西会へ加入するということになったわけなんで……。

それで、はじめて万盛舘へ出たんですが、なにしろ、となりの小屋でもって、当時はジンタっていいました、楽隊ですね、これが、あの『天然の美』なんてえ曲を、タータタタ、タータタ……ってんで、奏しているのが聞こえてくるという……これァもう、それだけで浅草公園だなァという気分がする。

あたくしの前の出番が、たぬきや連《れん》という、その、まァ今でいうと、ボーイズものってんですかね、男が五人で出ましてね、三味線をひき、太鼓をたたき、そうして『塩原多助・馬の別れ』なんてものをやるんですけども、これが、馬のまたぐらから、さァッとなんか出したり、わいせつなことをするてえと、お客がわァわァいってよろこんでいる……。

それまであたくしが出ていた演芸会社の興行では、出演者も一流どころばかり、お客さまのほうだって、客席がそのころは畳ですが、あぐらをかいている人もないくらい、行儀のいいお客……そのかわり、そう割れるようには、はいっていない。ところが、東西会のほうでは、そういったぐあいですから、あたくしァ、

「あァこのあとへあがるのかなァ」

と思ったら、実になんともいやァな、なさけない気持ちになりましたが、これが万盛舘の

思い出なんで……。

あたくしどもは、震災直前の八月に、東西会を脱退することになるんですが、それまでは、ずっと、この万盛舘へは出ておりました。震災後は、出たことはありませんから、あすこもやはり、震災後はなんかほかのものになったんじゃァありませんかね。

それから、橘舘、江戸舘というのは、これァいずれも、震災後でございますね。

橘舘は、これは、いまの国際劇場の通り、あれの、もうすこし田原町寄りの公園がわでございまして、ここへは、三語楼一派へ先代《おやじ》が顧問ということで加入してできた落語協会、そのころにずいぶん勤めました。これは公園といいましても、まず普通の寄席という気分でして、あまりに変なものは、やりませんでした。

いつか、人気投票なんてえことをやったことがあります。これは入場したお客さまが、投票用紙を買って、それで自分の好きな芸人に投票するというわけで……当時、三語楼がもっとも盛んなころで、それからあたくしの先代《おやじ》、若手でさかんに売り出しているのが、この前亡くなりました金語楼、いまの三平のおとっつァんの先代正蔵が、まだ小三治時分でしたかねェ、ここいらはみんな、票がはいる。

あたくしも、はじめのうちは何票かはいったけれども、そのうちに、だんだん競争になってきましてね、自分で金を使って、客に頼んで投票をしてもらうてえことになってきた……そうなるともう、あたくしなんぞ、競争のなかにゃァはいりませんでしたけども……なにしろ、千秋楽の投票しめきりまぢかになるてえと、金語楼とあたくしとふたりで、なんか地下室でもって、一生けんめいに投票を勘定したおぼえがあります。これは何票でだれだれ、これは何票でだれそれ……ってんで。

結局この時は、三語楼さんのところの弟子で、柳家三之丞というのが一等になりました。これァ〝古着屋〟の三之丞ってまして、上野で、なんてったかなァ、かなり大きな古着屋のせがれなんです。広小路のいまの鈴本とは反対がわの、一本裏のとおりにあった古着屋で、あのゥ昭和十一年ですか、阿部《あべ》定《さだ》事件てえのがありましたね、あのお定が、その、逃げる途中でもって、ここへ古着を買いに来て、着かえて行ったことがあるってんで……つまり、変装のためにですね。それがあとになってわかった。と、お定が古着を買ったうちだてえんで、いっとき、このみせが大そう繁昌をしたという……へへ、これがこの三之丞のうちなんです。そういう、親元がよかったから、このときも金を使ったんでしょう、一等にはなりましたが、実力があったわけでもなんでもない、いずれはどこかへ消えちまった男です。

それから、柳家三《み》亀《き》松《まつ》という、あの人が売り出したのが、この橘舘あたりでしょう。三亀松てえ人は、はじめ湊家亀松とかいって、震災後しばらくのあいだ、天狗連でやってたんだそうで……それが三語楼さんの内輪になり、三の字をもらって、三亀松になったんです。それで、初舞台が、この橘舘だったというようなことを聞いておりますが……。

ここは、その後はどうなったんですか、あたくしどもが三語楼一派と別れてからは、もう出ませんでしたから、よくは存じませんが、まもなく落語席としては、やめてしまったものでしょうと思います。

江戸館のほうは、浅草の顔役である新門《しんもん》の親分の席だったてえことを聞いています。前に申しあげた、金車亭の向かいにありまして、あんまり大きな席ではありません。震災後から戦前まで、落語の定打《じょうう》ちになっておりました。

ここでおどろいたのは、ほかでもお話しいたしましたが、あたくしが昼席のトリのとき、あたりまえなら、昼席ってものは、十一時過ぎから始まって、四時半か五時ごろにハネるもんで……ところが、それが日曜かなんか物日《ものび》だったんですね、あたくしンところへ十一時ごろ電話がかかってきて、大急ぎで来てくれってんです。

「どうしたんです？」

ったら、

「なにしろもうお客がいっぱいはいちゃって、どうにもならないから、早く来てハネてください」

と、こういうんで……ハネてくれったって、まだお昼前なんですからねェ。しょうがないから、急いで行きました。そうしたところが、なるほど、わッわッという入りで……

「これねェ、とにかく一回の終りってのをやらなきゃァお客は出ていかないから、師匠、出てください」

「出てくださいったって、まだ、あたしの前に大勢いるじゃァありませんか」

「いてもなんでもかまわないから……」

ってんで、しょうがない。それから、あたくしが出て、

「一回の終りでございまァす」

てんで、いっぺん客を出した。そのあとまた、わッわッという入り……それでその日の昼のうちに、あたくしが、結局三度ぐらいあがりましたが、おどろきましたねェ。

まァ浅草なんぞでは、そういうことは、得てありがちでございまして、そういうときはもう、満足《まんぞく》な芸はできるわけはありません。そんなにして、どんどん客を追い出すのは、商売の道徳からして、けしからんとか、芸人の良心からいってどうとかいいますが、やはり「郷《ごう》に入っては郷にしたがえ」で、浅草には浅草のやりかたなり、商売のしきたりがある。それにさからって、いくら良心的にやったって、お客のほうでもあんまりよろこばない、やっぱり早くやっちゃったほうがいいんです。

もうひとつおどろいたのは、われわれのほうでは、客がうんとはいった時には、大入袋《おおいりぶくろ》てえものが出ます。これは、席亭のほうで、芸人や、なかではたらいている人ひとりひとりに、全部出すわけなんですが、そのころで、五銭でしたね。のちに十銭になり、さらに戦後、一円になり、十円になり……いまですと、百円入れる、これが当たり前の大入袋。ところが、そのころの浅草で、大入袋が、落語の席ですてえと五銭というときに、映画館のほうだと、多いときには、ひとり六、七円になったことがあるそうです。えゝ、ひとりで……ですからねェ、大変なもんで。やはり、浅草という、その土地がらというものは、またよそとは違っ

た、独自のなにがあったんですね。

それから、あたくしが圓童で噺家になって間もなくのころ、ですから、明治四十三、四年ごろでしたかね、浅草鈴本という席ができたことがあります。鈴本というんですから、やはり上野の鈴本と関係があったんでしょう。金車亭の並び……いまの浅草演芸ホールのあるほうから行って、その金車亭とのちょうど中間のあたり、右がわにあったわけで、平屋《ひらや》寄席《せき》ですが、桟敷がありました。

この席で、あたくしは、二代目の圓馬師の噺を聞いたことをおぼえております。本名が竹沢斧太郎、〝空堀《からほり》〟の圓馬といわれた、圓朝師の高弟でございます。上方《かみがた》のほうに行ってしまわれて、このとき、久しぶりに、半月か一月、東京に来て出演されたものと思います。『五人まわし』が十八番で、大変にいいという評判で、このときも、あたくしはその『五人まわし』を演《や》られたのを聞いたおぼえがあります。あたくしが聞いた感想を申しあげると、子どもごころにも、圓右、圓蔵の『五人まわし』とくらべて、さのみに傑出しているとは思われない……噺のなかで、通人《つうじん》が出てきます、この通人がいいということを、楽屋の連中がいっておりました。それは、たしかにうまいなと思いましたが、江戸ッ子の職人や、いなかものなどになると、圓右、圓蔵のほうがすぐれているように思いました。

ただ、そういっても、十一か二の子どものころに聞いたことであり、はっきりいまになってこうだと言いきる自信はなかったんですが、最近、古い『文芸倶楽部』を見ていたところ、森暁紅《ぎょうこう》さんの落語評のなかに、この圓馬さんの『五人まわし』のことが書いてあり、あたくしの感想と、ほぼおなじなので、いや、わが意を得たり、と、大変うれしく思いました。

その記事の一部分を、ここに再録しておきます。

圓喬と圓右　△附けて言う、小さんと圓馬▽　暁　紅

＝前略＝

▲ところが、この圓喬と圓右を書こうとすると、ここにまた近ごろ評判が冴えかえってきた圓馬という上手《じょうず》がいて、これを、ある通人は、圓喬・圓右以上の名人だといっている。

▲私は、昔盛りの時分の圓馬を知らないが、今日《こんにち》ひさびさで上方から帰ってきてのこの人を聞いたところでは、なるほどうまいとは思うけれど、ただ平《たいら》に、なだらかに、オッチリ《ママ》としているというだけで、私は聞いて、気をひきつけられなかったゆえか、圓喬・圓右より以上などということは、到底思い及べない。

▲しかし、その『五人まわし』などは、すでに斯界《しかい》の珍《ちん》としているものだけに、いかにもうまい。余人のように、五人の調子へヤマをかけて、気を変えてゆくのでなく、自然に、ちっとの無理もなく、人を分けて演《や》っている。

▼が、さすがに老練だと感服するほかに、私は、取り立って絶叫するところを知らない。それに、年齢《とし》のせいでもあろうが、『五人まわし』が陰気に聞けるんだから困る。

▲『五人まわし』などの渋いのは、私は感服しない。しかし、この人などは、例の研究会あたりへ並べて、りっぱな参考品としておくべきだとは思う。
▲故人の圓生と圓橘のあいだをゆく話しくちで、圓生の長所がなく、圓橘の短所がなく、ただ圓朝門下の高足《こうそく》として、三遊亭の人情噺をくずさず保ってゆくという人だ。それだけの人だ。

＝下略＝

〔『文芸倶楽部』第16巻第16号(明治43年12月)〕

並河の文楽さんから聞いた話に、あの人が前座時代、二代目圓馬師が上方から来て、人形町の末広のトリを打った。その時に、中入り前に圓喬があがる……と、この圓喬師が、ふだんと違って、毎晩大ものの噺で、みっちり一席勤めるんだそうです。つまり、圓喬にしてみると、圓馬がうまいか圓喬がうまいか、聞きくらべてみてくれという意味でやったんだ、ということを、文楽さんがよく話していましたが、考えてみますと、これはあたくしが圓馬師の『五人まわし』を浅草の鈴本で聞いたのと、同じ時期だったわけなんですね。

その後、あたくしはついに圓馬師を聞けませんでしたが、浅草の鈴本亭も、大正になる時分には、もうなくなっておりました。それだけに、この席で圓馬師を聞いたことは、いまでも忘れません。

そのほか、浅草区では、花川戸の東橋亭《とうきょうてい》というのがありました。これは、雷門と吾妻橋との中間……ただいま、雷門郵便局というのがあります。たぶん、あのあたりだったとおぼえております。新派の役者だった水野好美という人が持っていた席で、震災後までありました。あたくしも、ずっと以前には、出たことがありまして、落語をかけたこともあったんですが、大体は、義太夫とか、それから浪曲なぞを打っていたように思います。

それから、福井町と申します、いまは、この町名もなくなりまして、蔵前三丁目とかになってしまいましたが、浅草橋のほうから行って、厩橋《うまやばし》の交叉点の、すこし手前の左ッかわだと思いましたけれども、新福井という席がありました。

これは、やはり古いことですねェ、たしか、あたくしが義太夫をやっていた時代に行ったおぼえがございます。噺家になってからは、あまりおぼえがないようですから、明治末には、もうやっていなかったのかもしれません。

ほかにも席はありましたでしょうが、思い出しますのは、浅草では、まずこれぐらいでございます。

芝

芝というところは、割に席の数が多かったところでございます。

古くは有名だった席としては、芝口《しばぐち》に、玉《たま》の井《い》という席がございました。あたくしが義太夫を語っていたころ、この玉の井は、いま角《かど》にあります玉木屋という昔からの佃煮屋さん、あすこからみて、新橋の駅がわのほうの筋向こうあたりになる、そこにあった席で、これは、東京じゅうでも指折りの、客の来る席でございまして、当時は大変なもんでした。

平屋寄席《せき》でございましたがね、どのくらいの広さかってましても、ごく子どもの時分に出たきりで、よく判りませんが、あたくしが噺家に転向する時分に、この玉の井が兼房町《けんぼうちょう》のほうへ越しました。兼房町と申しますと、新橋の駅から虎ノ門のほうへ向かって行って、田村町の交叉点……てえのもいまは変わって、西新橋交叉点とかいうそうですけども……あの交叉点の手前の左ッかわでございます。たしかあの通りではなく、左の横丁へちょいと曲がって、家数《いえかず》にして、ほんの二、三軒てえところだったと思います。総二階で新築をいたしまして、客席は一階と、三方桟敷で、詰めれば五百ぐらいははいったでしょう、大変きれいな、

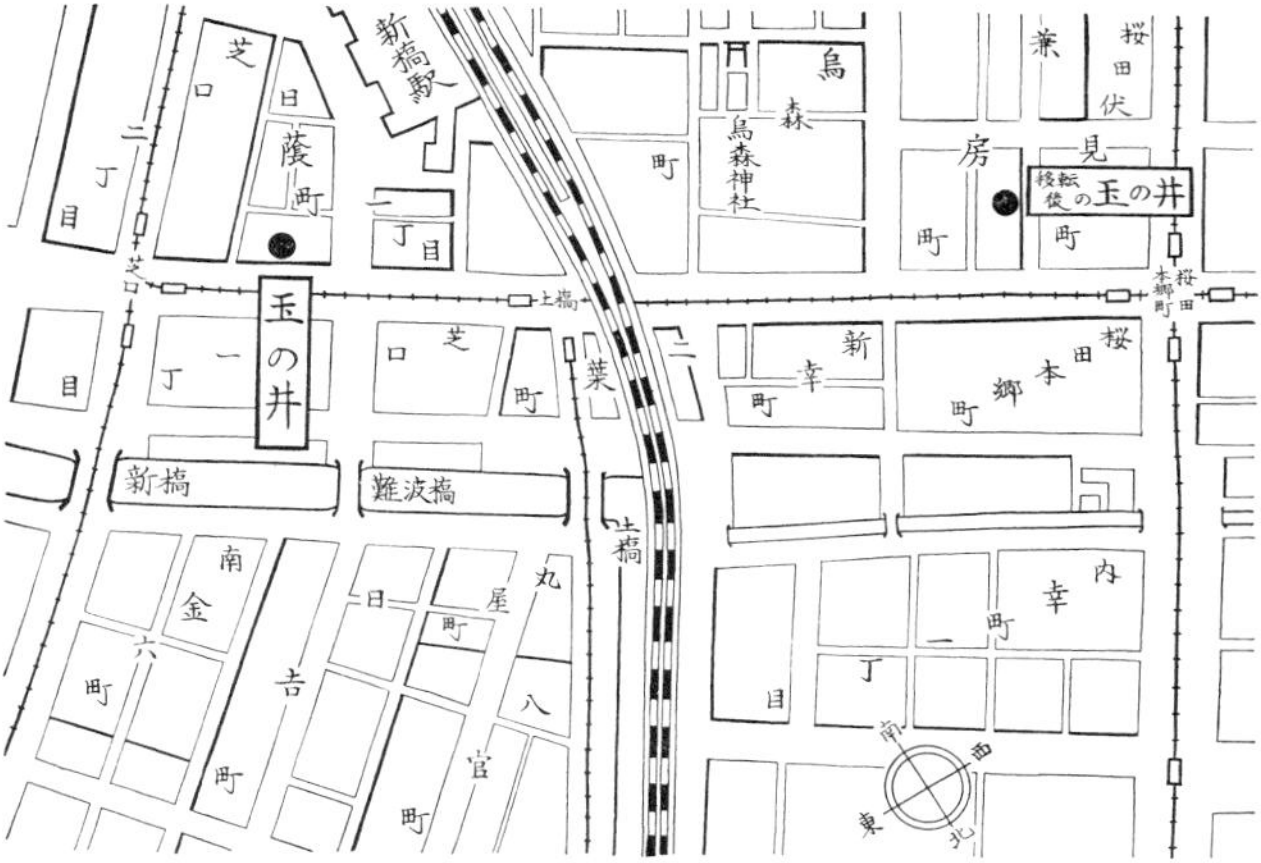

いい席でした。

その前の玉の井は、なんだか古くって、くすぶったような汚ない席だったのが、今度は新しく、きれいになった。学生さんなんぞもずいぶん来まして、これァいい席になるなァと思ったんですけどねェ、これがどういうわけか、お客が来なくなっちゃったんで……。

どうも、おかしなもんですねェ、新しく、きれいになりゃァお客がよけい来そうなもんですけども……前のとこと、歩いたって、そう離れてるわけでもなし、おんなしようにお客が来てもよさそうなのに、いけなくなったんですね。それで、いくばくもなく、とうとうやめてしまいました。

のちに、神田のほうで、ある玉突屋へはいってあたくしが玉を突いていたら、

「うちはねェ、もと、玉の井という寄席をやってたんですよ」

ってえことを聞いて、びっくりしたことがありましたが……興行は水ものってえことを申しますが、本当にわからないもんでございます。

それから、芝で有名な席と申しますと、恵《え》智十《ちじゅう》という……これは、戦争前……たしか昭和七、八年ごろまでありましたと思います。

愛宕下《あたごした》の通りと申しますが、あのゥ佐久間町という、これもいまはなくなりました名前でございます、内幸町と虎ノ門の中間にある交叉点ですね、あれから芝の山内《さんない》のほうへ向かってずうっと行けば、右ッかわに愛宕山という、以前放送局があったところですが、そんなところまで行かない、もっとずっと手前の左ッかわで、路地というんではないけども、すこし広くて、ちょっとひっこんだようになっている、その突きあたりにありましたのが、恵智十という席でございます。

平屋寄席《せき》で正面に木戸がありまして、客席は、震災前には、正面にすこし桟敷があったが、震災後は一階だけ、桟敷はなかったと思います。あんまり大きな席ではございません、まァ三、四百というところでしょうか。しかしなにかこう、趣きのある、いい席でしたねェ。

あるじは、後家《ごけ》さんで、名前は存じませんが、ちょっと芝居へ出てくるお富さんみたいな、なかなかいい器量で……肉付きのいいほうでしたけども、愛嬌のある、お世辞のいいおかみさん。ここに、娘がふたァりありまして、姉妹ふたりとも、なかなかきれいでしたよ。これが看板娘というわけで、どっちかひとりは、かならず、木戸へすわっている。それがために、

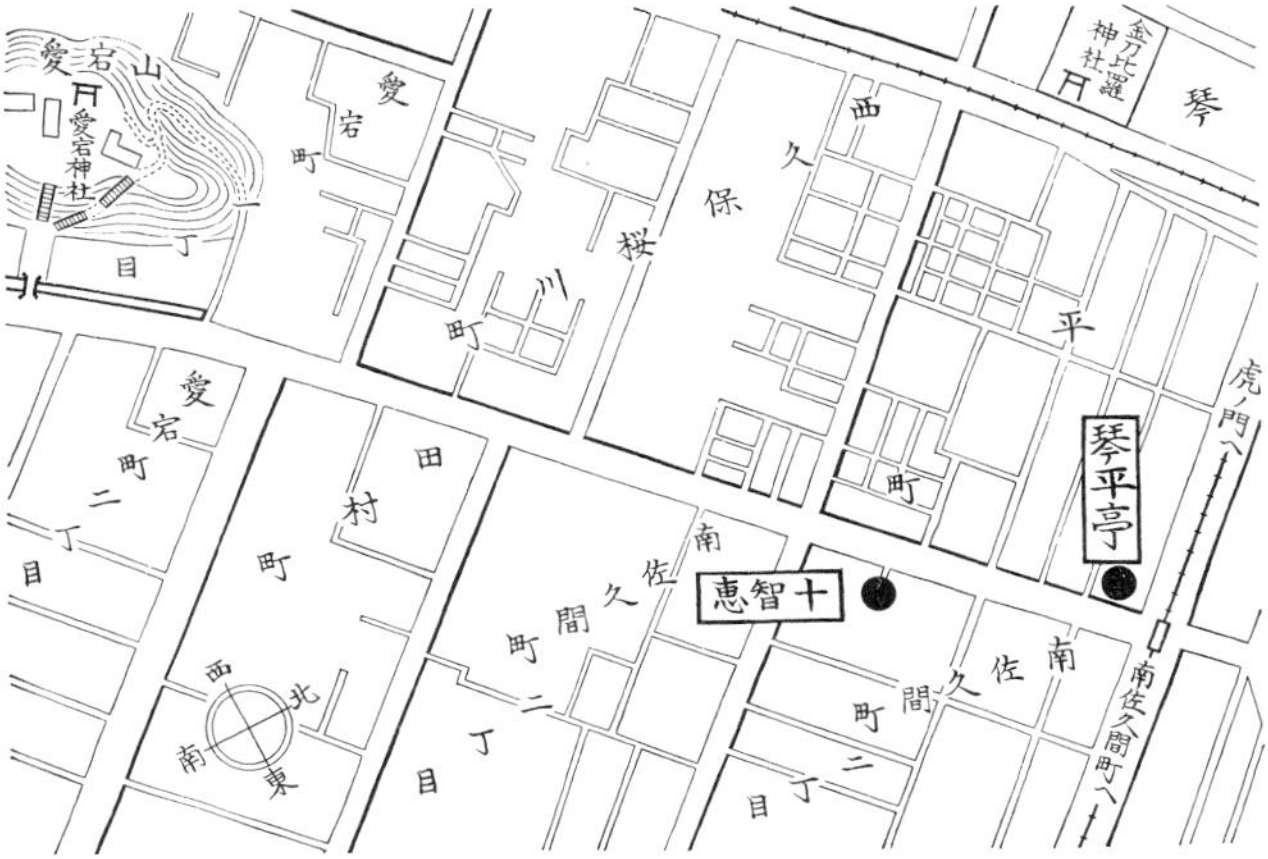

若い男の客なんぞは、

「あすこは、きれいな娘がいるから、娘の顔を見にいこう」

というようなにで、ずいぶんお客が来たもんです。

のちに、この姉娘のほうが、三升紋弥《みますもんや》という噺家のおかみさんになり、妹も、やはり大阪から来た噺家で、桂小文《こぶん》という人と、いっしょになりました。

三升紋弥というのは、ちょっと色の浅黒い、きりッとした、いい男でございまして、三遊派の桂小南《こなん》と並んで、柳派では三升紋弥、両方とも上方《かみがた》の出身で、これァ双璧でございました。

紋弥というのは、噺家としては、変わった名前ですけれども、この人はもと、紋付の紋を描く紋屋という商売、そこで奉公をしていたのが、好きで噺家になった。それで〝もんや〃という名前にしたんだといいます。噺をすこしして、そのあと踊りをおどる、それから、独楽《こま》をまわしました。昔から独楽まわしとしては、松井源水という派がありまして、これは曲芸師のものなんですが、やはり根が器用なひとなんでしょう、見よう見まねで自分もやってみようというんで、やがてちゃんと稽古をしまして、ふつうの踊りをおどったあとで、独楽をまわす……まわしながら踊ったりなんかもしました。

噺は、たいしてうまくなかったといいます。あたくしは、のちに、踊りはみたことはありますが、この人の噺は聞いたことがありません。そのころは、柳・三遊で全く別々でしたから……。そこへ行くと、小南さんのほうは、子どもの時からの噺家でございますから、噺家としては、ずっと上で、踊りをおどらしても小南のほうがうまかったかもしれません。紋弥のほうは、器用でおどるというような質《たち》でしたが、当時このふたりは、なにかにつけて、ライバル意識というんですか、はりあっていまして、小南という人が、なかなか発明家ですから、電気じかけで『奴凧《やっこだこ》』を踊ったりなんかすると、紋弥のほうでも、負けない気になって、すぐに電気おどりをやる、といった具合に、しきりに競争をしたもんでございます。

のちにこの紋弥さんは、若柳吉蔵という、〃鼻〃の圓遊師のせがれさんで、若柳流二代目の家元になったかたのところへ、お稽古に行って、紋右衛門という名前をもらいました。そうして、噺家をやめて、踊りの師匠になってしまいました。

申しあげたように、三遊・柳で別れていたころですから、あたくしは寄席でいっしょになったことはないが、まだあたくしが義太夫をやっていた、九つのころに、市村座の噺家芝居で『靭猿《うつぼざる》』が出た、そのときに、小南さんが猿まわし、青木鏡太郎の助六が歌六《うたろく》時代で女大名《おんなだいみょう》、この紋弥さんが色奴《いろやっこ》をやりまして、あたくしがお猿になって出ました。その後、若柳の家元へは、あたくしもお稽古に行きましたから、そこで見たこともありましたが、そのうちに、むこうは噺家をやめてしまう……で、大分永いあいだ逢いませんでした。

晩年、あたくしが恵智十へ行ったときに、逢ったことがありましてね、

「はてな、何処《どッ》かで見たような人だなァ……」

と、見ているうちに、はッと思い出して、紋弥さんだってことがわかったんで、

「どうも、お師匠《しょ》さん……しばらくでございます」

って、あいさつをしましたら、

「あァ、どうも……大きくなったねェ。坊やだったのが、こんなに大きくなっちゃって……こっちァじじいになるわけだ」

なんていってましたけども……むこうは、その『靭猿《うつぼ》』のお猿のころを知ってるんですから、その時分からみりゃァ、大きくなったっていわれるのは、あたりまえなんで……。

恵智十の妹娘は、桂小文という人といっしょになったんですが、これは、のちに別れてしまいまして、小文てえ人は、また大阪へ帰ってしまいました。

この小文さんてえのも、なかなか新しがりやでございまして、六代目の林家正蔵、本名を今西久吉というあの人やなんかといっしょになって、同好会という名をつけて若い噺家が集

まって、なにか新しいことを開拓していこうというんで……あたくしも、そのなかへはいりました。名士をまねいて、講話を聞くなんてことをやった……それで徳川夢声さんなんぞ、そのときにはじめて逢ったんですが、それがやはり恵智十の席でございました。

とにかく、この恵智十は、色物の席では、なかなかお客が来たもんでございます。ところが、この席は〝げんしろう〟がひどかったんですね。〝げんしろう〟というのは、その晩はいったお客の数をごまかして、楽屋へ入れる金をすくなくする……これを楽屋のふちょうで〝げんしろう〟というんですが、

「どうも、恵智十の〝げんしろう〟はひでえもんだ」

なんてんで、よく仲間うちでうわさをしていました。そうしたら、だれでしたか、〝げんしろう〟ってえのを、本当の名前だと思ったんですね、何日は欠席をしますという、ことわりのはがきを出すのに、あて名に、

「恵智十源四郎様……」

と書いて出した。それで席亭をしくじったという話がございます。

恵智十の近くに、もうひとつ、琴平亭《ことひらてい》というのがありました。これは、やはり佐久間町の交叉点から愛宕通りへはいって三、四軒目、恵知十とは反対がわにあった、二階寄席《せき》でございました。

もとは義太夫席だったんだと思いますが、のちに落語をかけるようになって、あたくしも

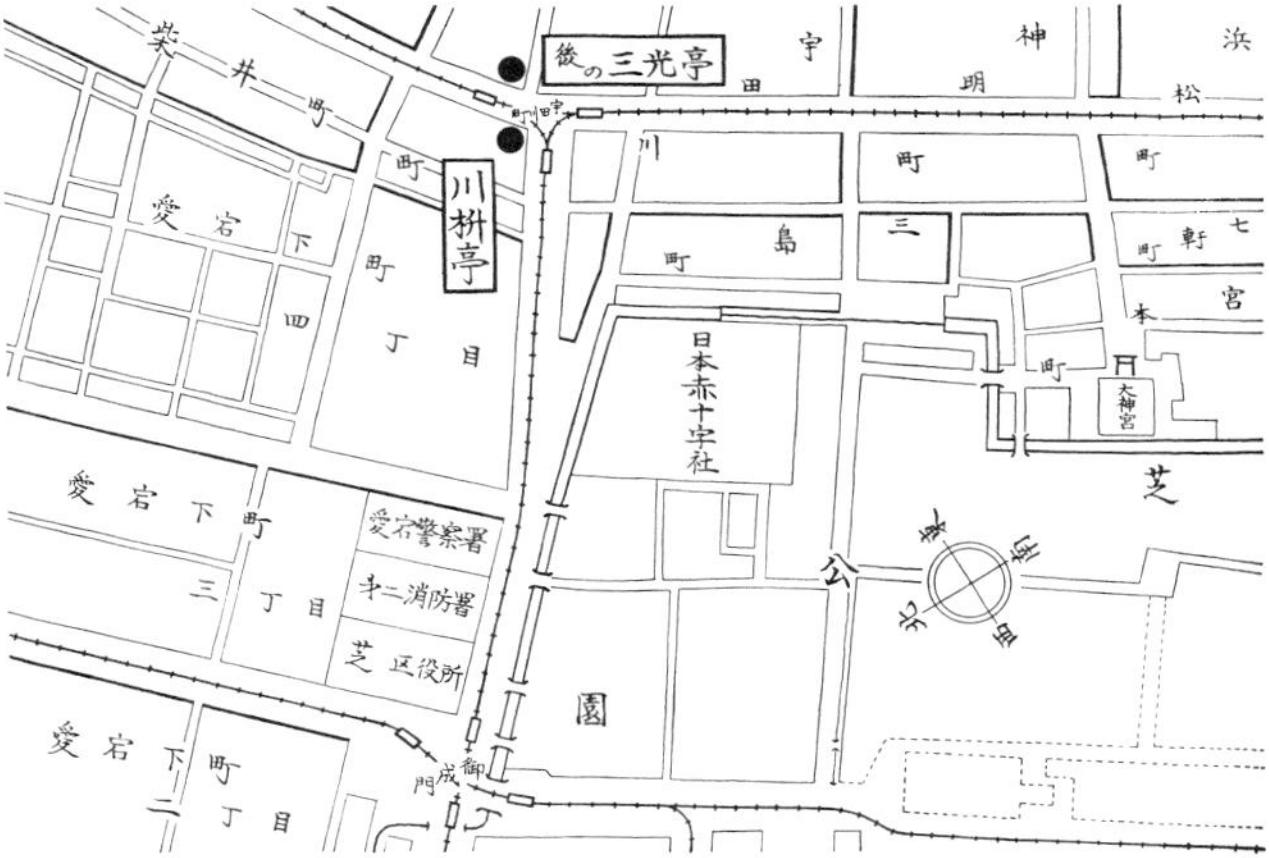

たびたび出演をいたしました。この席は……昭和のはじめごろまででしたでしょう。そうですね、さしたる思い出というものもございませんが……。

芝では、宇田川町に川桝亭《かわますてい》という席がありまして、大正十二年に、あたくしの先代《おやじ》が、これを買い取りまして、名前も三光亭とあらためて、営業をいたしました。

御成門《おなりもん》のほうから、愛宕警察署の前を通って、まッ直《つ》ぐに行くと、芝口から浜松町のほうへ行く大通りに突きあたります、その左手前かどにありましたのが川桝亭で……その当時の席亭は、名前はおぼえておりません。四《し》十《じゅう》ぐらいの年輩で、なんか、顔色のあまりよくない人でしたね。

二階寄席《せき》でございまして、階下《した》が貸家になっていました。六畳一間《ひとま》ぐらいの貸家が三軒ぐらい……木戸口と並んで、各戸から表へ出る入口がついているというあんばいで……。

それでまァどういう事情があったのかは知りませんが、これを売りたいということになった。ちょうどそのとき、うちの先代《おやじ》のほうでも、四谷の大火でうちが類焼したところから、火災保険金で一万二千円という……これァ当時としては大金です、そういう金が手にはいった。また、ほかに融通してくれるところがありましたんで、新宿で末広亭清風という人がやっていた末広亭、これを、売ろう、買おうということになっていたんです。

ところが、まぎわになって、末広亭のほうでぐずぐずいい出して、話がこわれてしまった。それで、どこかほかにいいところはないかしらん……と考えてるところへ、この川桝亭の話があったんで、じゃァこっちを買おうってんで、大正十二年の二月から、先代《おやじ》の持席になったわけなんで……。

しかし、昔ッから、噺家が席を持って、成功したということは、まァまァありませんですね。たいていは、うまくいかない。それというのは、やっぱりその、芸人としての内輪のことを知っておりますから、こうやれば、楽屋のほうでは、こうなるだろうってことが判っております。

大体、寄席なんてえものは、恵智十じゃァありませんが〝げんしろう〟をしなければ、そんなにもうかるもんじゃァない、利の薄いもんなんで……。ところが、先代なんかには、それができないんですね。楽屋のことが判ってるし、正直に楽屋へ金を入れる……それァ正直にやったって、お客がどっさり来てくだされば、それでちゃんと、勘定も立つわけなんですけども、そうそう入りのいい時ばかりじゃァありませんしねェ。

三光亭も、先代《おやじ》の持ちものになってから、改装をし、お客さまも大事にするというんで、追いおい、入りもよくなってきてはいましたけれども、まもなく、九月一日の大震災で、焼失をしてしまいます。その年の暮に、借金をして、バラック建てながら再建をいたしまして、三光亭再開ということになる。その当座は、お客も来ましたが、やがて、またいけなくなる……一軒より二軒持ってたら、すこしはいいかしらんてんで、のちに申しあげますが、青山三光亭というものを……こっちは家賃で借りて、始めましたけども、こいつもいけないんで……だんだん借金がかさんでくるということになってきました。

そうすると、昭和四年でしたか、区劃整理ってえやつで、三光亭のあるところは、とりこわしになる。その替地《かえち》で、ちょうど、大通りのま向こうへ越すことゝなりました。その替地ってのが、たしか四十九坪しきゃないんですよ。席をこしらえるにしては、狭い土地なんで……楽屋もあたりまえにこしらえたんでは、客席がなお狭くなっちまうから、地面を掘りさげて、むりやり舞台の下に、楽屋をつくったりしまして、やっと新築落成をいたしました。

新築披露は、有名会というんで、四日間、神田伯山、立花家橘之助、柳家三語楼、春本助次郎、うちの先代《おやじ》なんという顔ぶれでやりまして、三月下席から、定打《じょうう》ちの興行をやったんですが、その後は不入り続き……青山のほうは、もうその前の年に、持ち切れなくなって、明け渡してしまっているし、借金はふえるばかり。とうとう、一年たらずで、ここも明け渡してえことになってしまいました。

そのあとは、ここは席ではなく、なんとか会社が、また別のものに建てかえてしまいました。これで、三光亭の跡もなくなってしまったわけでございます。

そのほか、芝では、いまは浜松町になっておりますが、大門《だいもん》のところから、ちょいッと国電の浜松町駅のほうへはいったところに、小金井亭《こがねいてい》というのがあって、あたくしが、まだ子どものころには、ちょいちょい出たおぼえがありましたが、大正はじめごろには、なくなってしまいました。

それから金杉……芝の金杉にありましたのが、七福亭という、もとは浪曲かなんかの席だったのが、のちに色物も打つようになりました。これは、ほそぼそながら、戦後まであったように思います。

三田へ行きますと、慶応義塾のそばに、七大黒《しちだいこく》という席がありました。ここは、以前は三田の春日亭《かすがてい》といったらしい。なかなか古い席で、あたくしも義太夫を語ってる時分から出たおぼえがあります。これも、たしか昭和十八、九年のころまでありましたと思います。

白金志田町という、この町名もいまはありませんが、あのゥ古川橋の近くで、白金《しろがね》演芸館

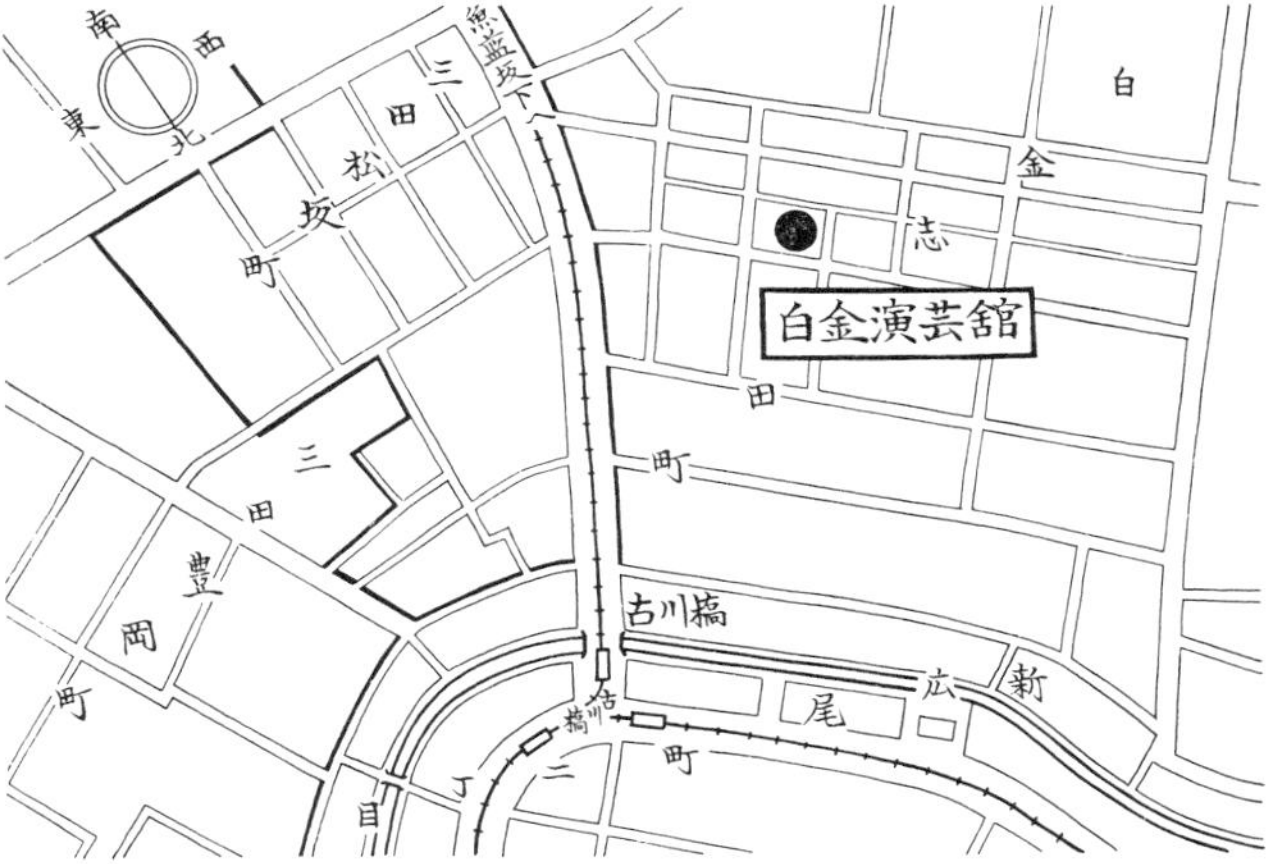

という席、これも古くて、きたない席でしたが、震災のときに助かった。それまではあたくしは出たことはなかったんですけれども、震災直後にはじめて勤めて、そのときはわんさとお客が来て、おどろいたことがあります。その後は、また、あまり出ないようになりましたんで、いつごろどうなったのか、はっきり存じませんが……。

さらに、伊皿子坂のところに、伊《い》皿子《さらご》亭《てい》という、これも、かなり古くからの席で、あたくしは、子どもゝときに出た記憶があります。その後は、名前が変わったのか、なくなったのか、震災のころには、伊皿子には、なんか席はあったらしいが、伊皿子亭という名前は、もう聞きませんでしたね。

それから、これは考えてみると、芝ではな

く、京橋のほうにはいるのかもしれないが、新橋演芸館というのがありました。芝口のほうから銀座のほうへ、新橋を渡って、ちょっと行ったところ、以前は、あのへんを竹川町といいました、あのあたりにあったんです。あんまり永いあいだじゃァない、ちょっと寄席をやったことがあるという……。

なお、品川には、品川座というのがありまして、ここは震災後、再開した興行のいちばんはじめに、申しあげた白金演芸館とかけもちで、あたくしが出演をしたおぼえのあるところで、そのときのことは『寄席育ち』でもお話しいたしました。

この席は、震災前は、〝しゃも〟の志ん生さん……雷門助六から三代目の志ん生になった、あの人が一時経営をしたことがありまして、その時は、名前も、古今亭《ここんてい》でしたかね、なにかそんなことでやったんですが、のちにまた、品川座となったわけで……。

品川といっても、大分先のほうでございましてね、電車に乗って行けば、青物横丁あたりで降りるんでしょうが、そのころは電車になんぞ乗らない。まだ若いし、電車賃を払うのももったいないから、市電の品川の終点から歩いて行くんですが、大分歩きでがありましたよ。八ツ山の陸橋を渡って、旧街道へはいって、どんどん、どんどん行くと、なんでも、小さな橋があったと思いました。そのさきの左ッかわにありました。古い建物ですけども、かなり大きな席で、正面に桟敷がありましたし、あれで千人ぐらいは、はいったでしょう。

震災後、しばらくは落語をやっておりました。そのうちに、市内の寄席も復興するし、だんだんいけなくなって、しまいには、十銭芝居という、ごく安手の劇や、浪花節なんぞをかけていたらしいんですが、その後いつごろ、どうなったってえことは、よく存じません。

本郷

本郷へうつりますと、まず、若竹《わかたけ》という席、これは、いままでにもあちこちでお話をしておりますが、当時、第一流の席でございます。

場所を申しあげますと、あの、神田明神前から本郷三丁目を通って赤門前のほうへ行く、もとの電車どおりがありますね、あれが、本郷一丁目のところで、順天堂病院のほうからくる道とぶつかって、右のほうへまがるところがあります。あの左ッかわを、以前は東竹町《ひがしたけちょう》といいました。その角のところに、おもて通りに面してありましたのが、若竹亭で。

この席は、当時としては、大きな席でございまして、客席も、定員でいえば五百人ぐらいでしょうか、しかし詰めれば、その倍も三倍もはいる……そのころ定員で三百といえば、かなり大きいほうでしたから、若竹なんぞは、もう別格でございましたね。高座の間口《まぐち》も、あれで四間《けん》から四間半くらいありましたでしょう。その時分、三間《げん》の高座てえと、大きいほうですから、四間半というと、ずいぶん広いなと思いましたもんで。

正面に二階桟敷があり、高座からむかって右手に庭があるという、たいそうりっぱな席でした。

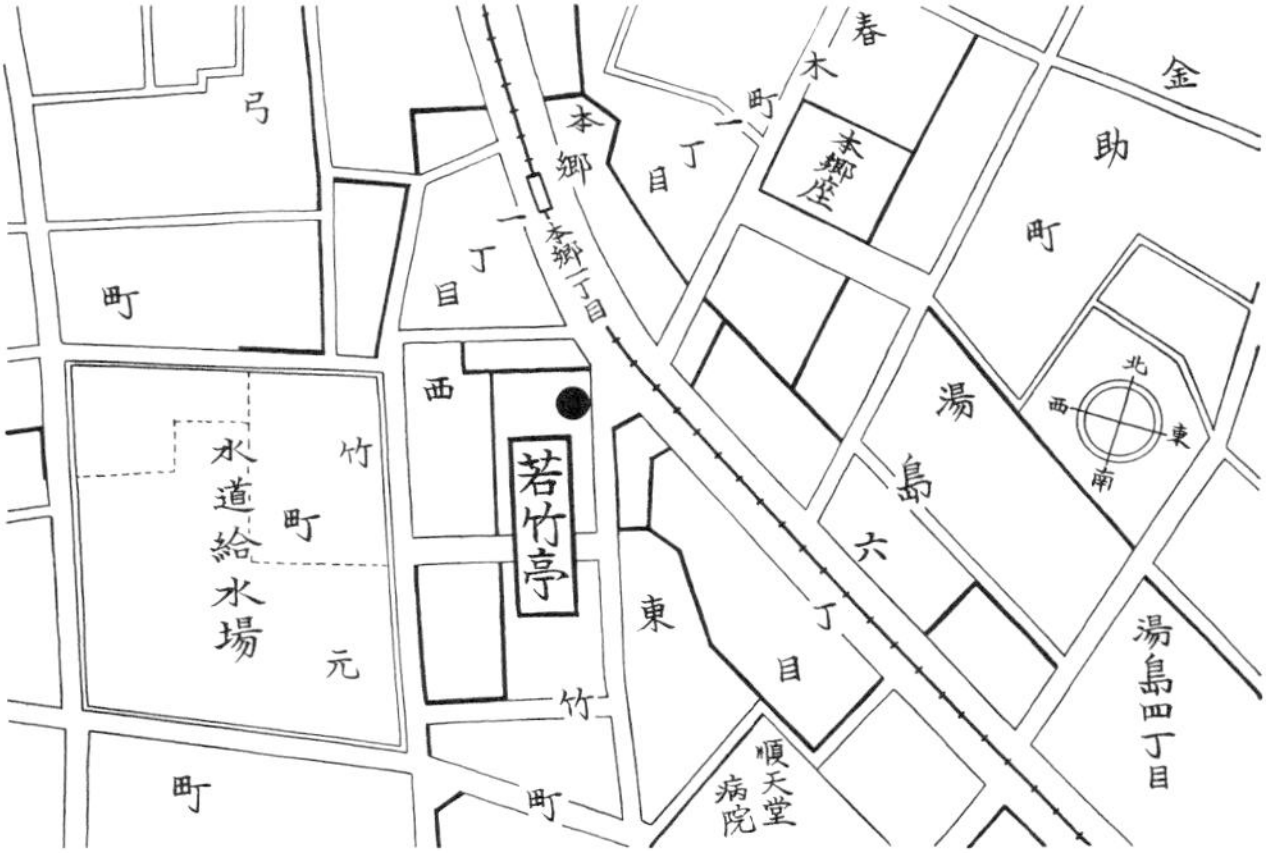

あたくしども知っては、あるじが佐原東吉《さはらとうきち》という、寄席のあるじとしては、よほど変わった人でしたね。ちょっといい男でございまして、若い時分はなかなかきれいだったらしい。と、そのおとっつァんてえ人が、だいぶんひどい〝げんしろう〟で、みんながなんかいうと、

「これァせがれの見せ賃だ」

と、こういう。

「見せ賃てえのァなんです？」

って訊いたら、せがれの東吉ってえ人を、木戸へすわらしておくと、女の客がよけい来るから、つまり、その代《だい》に、これだけの〝げんしろう〟をするんだって、大《おお》びらでそういったそうです。

それァねエ、恵智十みたいに、若い娘がいて、それで若い男の客がふえるってえのは判るけども、男が木戸へすわって、こがれてく

る女が、そんなにいるかどうか……。

そのくらいですから、若竹ってのは、なかなか倹約だってんで……気ちがいになった、本間弥太郎の蝶花楼馬楽という人が夏になって、本郷の若竹の〝かけぶれ〟をもらって、初日に行ったが、それっきり、あと行かないんだそうですよ。

「弥太さん、どうしてあすこィ行かないで抜くの?」

ったら、

「あすこはこわくって行かれねえ」

「どうして……?」

「蚊が出てきやがってね、どうにもしようがねえんだ」

って……それァ夏だから、どこィ行ったって、蚊が出るのはあたりまいなんで……。

「なにも蚊が出てくるからこわいってことァないでしょう」

「いやァ、若竹のうちァしみったれで、ろくなものを食わねェからね、蚊だってうまくねえから、うちのやつァ刺さねえんだ」

「ふゥん?」

「そこィ行くと、おれなんぞァうまいものを食ってるからね、こいつァいいもんがきたってんで、蚊がよろこんで寄ってきやがってねェ……あんな席へ行った日にゃァ蚊に食い殺されるから、おれァもうあすこへは行かねえ」

っていったそうですがね。そんな、いくらなんだって、蚊に食い殺されたってえ話は聞いたことがない。やっぱり、のちに気が違うくらいの人だから、お客が来てもうかる席なのに、勤めなかったという、そこがおかしいところなんで……。佐原東吉ってえあるじも、変わってるって評判で……寄席の主人にしては、馬鹿に堅いんですねェ。

晩年になってから、

「あァしも、実にどうも残念なことをしました」

なんて、そういってましたからね、

「なんです」

って訊いたら、

「いやァ実は、女郎買《じょうろか》いというものに、いっぺんも行ったことがない。一度行っておけば、どういうものか、話の種にもなったのに、いまさら、この年になって行くわけにもいかず、まことにどうも残念です」

なんて、へへ、女郎買いに行かなかったのを、たいそう悔《くや》んでおりました。そのかわり、奥さんてえのは、なかなかきれいな人で、子ども衆も、ずいぶん大勢ありましたな。

客席の正面のところに、帳場格子があって、そこへ机を置きまして、その上には、筆だとか帳面だとか、時計なんぞが、ちゃァんと置いてある。そうして、この東吉さんが、ぴたッとすわって聞いている。ハネると楽屋へはいってきて、

「今夜は、なんですなァ、あの噺は十八分しかありませんでしたなァ。今度《こんだ》ァもうすこし

ていねいにやってください」

なんて、真打に註文を出すんで、

「若竹のおやじァ変わってるねェ」

なんてね、仲間でいっていたのをおぼえておりますが……。

そのかわり、一生けんめいに勤めて、長くやったりすると、たばこをくれたりなんかする。

あたくしも、トリのときではないが、なにか、次の人が来ないんで、つないだことがありました。そうしたら、

「ごくろうさま。さ、これを持ってってください」

ってんで、たばこをひとつかふたつ、くれたことがあります。け、けちだけちだっていいますが、そういうところは、なかなかどうして、話のわかるところもあるんで……。

この人が話をしてますと、よく、あァし、あァし、という。自分のことをですね、あたし、とか、あっしというんでなく、あの字をのばして、

「あァしが……」

と、こういう。で、みんなが、

「なんか変なことばを使うね、あすこのおやじァ」

なんて言ってましてて、だれかが訊いたんです。

「旦那は、よく、あァしあァしとおっしゃいますが、それァ口ぐせなんですか」

「いやァ口ぐせじゃありァせん。これァ本郷のことばです」

「へェえ、本郷の……？」

「えゝ。本郷では、昔から、あァしというんです」

ですからねェ、昔は、江戸ッ子のことばといったって、みんなおんなしわけじゃァない、本郷は本郷、神田へ行けばまた違うし、芝はまた違う、日本橋は日本橋という……その土地のことばというものがあって、ちゃんと区別がついたんだそうで……そういうことを聞きました。

それから、もうひとつ、この佐原さんで思い出すのは、昔の小圓朝さんのことで……この人は、芳村忠次郎といいまして、このあいだ亡くなった小圓朝さんのおとっつァん。もちろん、圓朝の弟子ですから、よく人情噺をやりました。ところが、どうも噺にヤマがかからない……てえのは、つまり、噺に起伏がない、平坦におんなしようなテンポで行くから、噺が陰気だし、どうも盛りあがらない、まァはっきりいやァうまくないんで。

うまい人じゃァなかったが、小圓朝も大看板ですから、たまには、本郷の若竹のトリをとることがある。

と、ここのあるじは、申しあげたように、ハネますと、ちゃんと楽屋へあいさつにくる。これァ感心なもんで、かならず、芸人にあいさつをしにきました。

「どうも、ご苦労さまでげした」

といって、はいってきて、その晩の噺について、どうこうという話をする。

「エエ……今晩は『塩原』でげしたな」

なんて、あるじがいうと、小圓朝さんが、

「へえ、これァまアご承知のとおり、あたくしのお師匠さまのお得意もんでして、あすこをお師匠さまがやりますと、こうやって、ああやって……」

といって、いろいろ能書をいう。するてえと、あるじが、

「そうですかなア、うゥん……しかし、なんですなア、あすこを圓喬がやると、うもうがすなア」

ってえと、小圓朝さんが、

「では、さよなら」

ってんで、こそこそっと支度して、すゥッと帰っちゃう。

それァ橘家圓喬という人は、失礼ながら、小圓朝さんとはくらべものにならない。人情噺をしても、落とし噺をさしても、実にうまい、大した名人で……。小圓朝さんのほうでは、圓喬をライバルだと思っていたんでしょう。しかし、第三者から見れば、ライバルでもなんでもない、それァ大へんな腕の相違というものがある。けれども、小圓朝にしてみれば、圓喬をほめられると、これァおもしろくないことなんで……それを、若竹のあるじときた日にゃア、そういうところは、遠慮なく、面と向かって、

「圓喬はうもうがすなア」

という。と、片っぽじゃア、あ、これはいけないと思ったんで、すゥッと体《たい》をかわして、帰っちゃったという……ま、話でございますけれども。

若竹も、大震災で焼けてしまいました。その後、再建するという話もありましたんです。佐原さんてえのは、なかなかの資産家で、金のないうちじゃァないんですから、建てようと思えば、建ったんでしょうが、まァ申しあげたような倹約家で、いろいろそろばんをはじいたんでしょうねェ。

これだけの土地で、金利がいくらで……って、計算をしていってみると、寄席をいくらくらで建てたところで、客がいくらいくら来なければ、なかなか採算がとれないし、それほどにしても、どういうものか……といったようなことで、とうとう寄席はよしてしまったわけなんです。

なるほど、寄席なんてものは道楽稼業なんで、頭ッから、月いくらの利益になって、どうこうというような、そろばんに合う話ばかりにはいかないもんです。それで、寄席をよして、あすこの地所を、なにか自動車会社に貸したんですか、なんでもひとしきり、自動車の陳列なんかをしていたように思いますが……。

その後、佐原さんは、うちの先代《おやじ》ンとこへ遊びに来たことなんぞもありましたがね。のちにはどうなりましたか……とにかく、若竹という席は、残念ながら、震災までで、なくなってしまいました。

本郷区内でも駒込のほうへまいりますと、まず、西片町《にしかたまち》に、駒込鈴本という席がございました。これは、ただいまの東大農学部の前から、左のほうへ折れて、白山《はくさん》のほうへ抜ける道

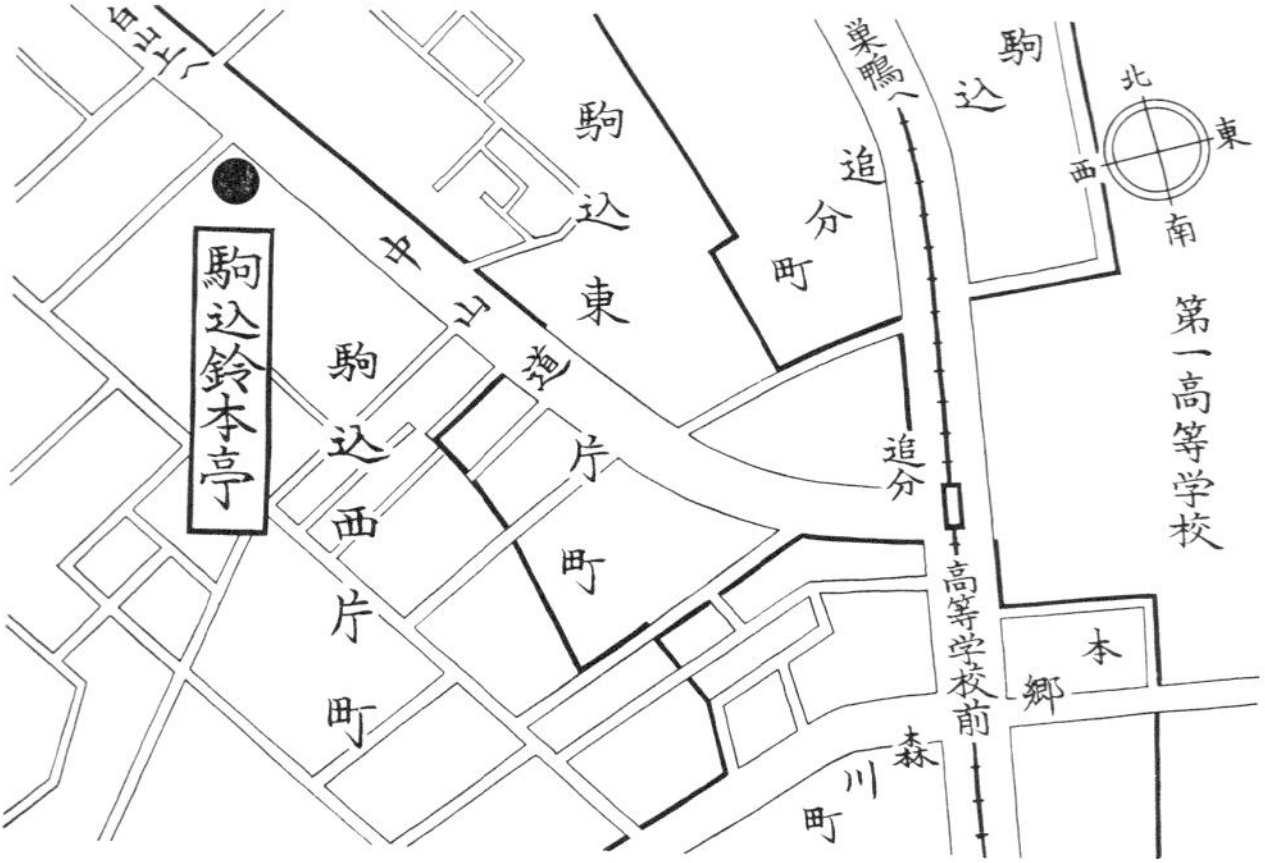

があります。あれをはいって、百メートルぐらい行った、左ッかわにありました席で、これは、上野の鈴本の直轄のようになっておりました。なかなかお客さまも来ましたし、そうわるくはない席でした。震災前からありまして、震災後も、しばらくはありましたと思います。

それから、動坂亭《どうざかてい》というのがありました。いまは電車がないので、見当をつけにくいけれども、以前、上野から根津を通って上富士《かみふじ》前《まえ》のほうへ行く市電があって、動坂という停留所、そのすぐそばで、上野のほうから行って右がわの裏どおりにあった席でございます。

平屋寄席《せき》で、見たところはチャチな普請の席なんですが、ここは、端《はし》のほうの席としては、平均的に、よくお客さまが来た席でございまして、むろん震災後から、そうですねェ、

戦争のはじまる、すこし前までありましたでしょうか。この席では、思い出があります。

あたくしが、もう圓蔵になっておりましたから、やはり昭和初年のことだと思います。この動坂亭のトリをあたくしがとったことがありまして、ある晩のこと、ハネてからおもてへ出てきますと、

「あのゥおそれ入りますが、ちょっと、つきあっていただけませんか」

と、こういう人があるんで、見るてえと、年のころは、もう四十を出ていようという、あんまり風采のよくない男の人ですから、これァたかりかなんかかなァと思って、

「なんです?」

ったら、

「まことにおはずかしくて、申しあげにくいんだが、ちょっと、おそばをたべたいと思うんですが、ひとつ、つきあってくれません

か」

と、こういう……別に、たかりでもなんでもないんで。ですから、こっちも素直に、

「あァ、さようですか。じゃァごちそうになりましょう」

「じゃァおそれ入りますが……」

ってんで、むこうは大へんに恐縮をしましてね、それから、近所のそば屋へ行きまして、

「なにを召しあがります？」

てえますから、

「あたくしァおそばが好きなほうで……あのぅもりをいただきたいんです」

「……いや、なにかもっとほかのものを……」

「いえいえ、あたくしァもりがいちばんいいんで……」

って、そういいましたら、

「そうですか。それじゃァおことばに甘えて、もりを……」

自分も、もりを……ひとつずつとって、これをたべながら、

「いや、あたしは落語が好きで、ずいぶん聞いてますが、失礼ながら、あなたは、将来かならず大看板になるかただと思っております。まァ、あたしなんぞは、貧乏をしておりまして、なんといっても応援らしいことはできません。けれども、これから先あなたの芸がどんどん伸びていくということを、あたくしァたのしみにしてえる。どうか、一生けんめいやって、りっぱな噺家になってください」

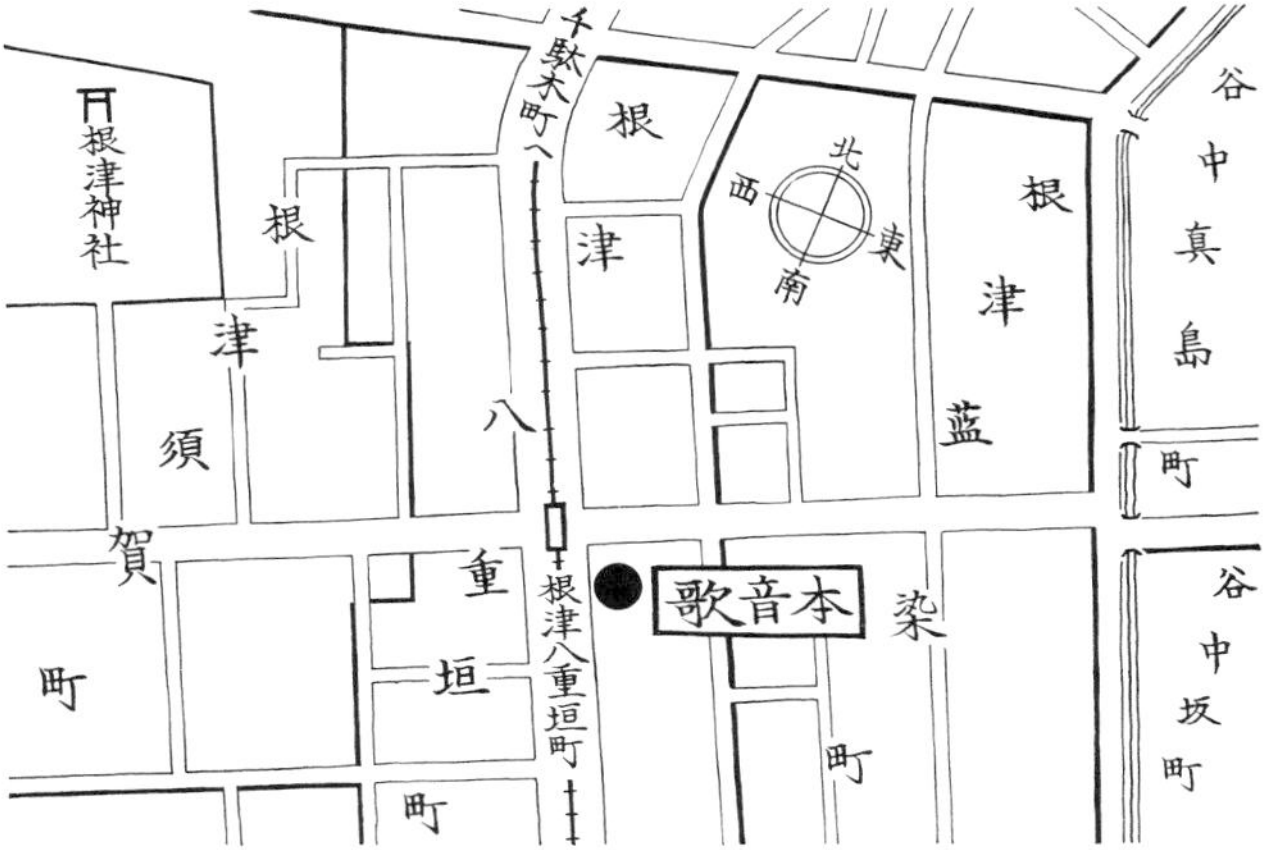

という……激励のことばですねェ。

それで別れて、それっきり、このかたとは会ったことはないんですけれども、あたくしは、時おりこのことを思い出します。お金のある人が、芸者をあげ、ご祝儀をくれ、ご馳走をしてくれた……そんなことは忘れてしまいますが、ああして、しみじみと、将来の望みがあるからといって励ましてくれ、もりそばを一ぱいずつたべて別れたという、その思い出は、なにかあたくしに深い感銘を与え、うれしいなァと思って、いまだにその人のことは忘れません。

それから、根津の歌音《かね》本《もと》という席もありました。池之端のほうから動坂のほうへ向かって行くと、根津宮永町、あすこに逢初橋《あいそめばし》という電車の停留所がありまして、その次が、八重垣町といいましたが、そこまでは行かない、ちょいと手前の右ッかわにありましたのが、この歌音本で、震災後、ここを勤めるようになりました。なかなかいい席でございましたけれども、やはり、昭和七、八年ごろまででしたでしょうか、ま、内実は存じませんが、席をやめてしまいました。

そのほかでは、白山上……あのゥ本郷追分のほうから行きまして、吉祥寺前よりもすこし手前、あのへんの右ッかわを浅嘉町《あさかちょう》と申しましたが、そこにありましたのが、浅嘉亭という、これも震災前にはございません、震災ののちにできて、しばらく勤めたことがあります。歌音本と、おなじようなところになくなったかと思います。

本郷三丁目のそば、ちょっと裏ッかわで、梅本という席もおぼえております。ここは、浪花節か、義太夫かなんかをやっていたんだと思います。それが、震災後、落語を打つようになりました。あたくしも出たことはありますが、ここは、あんまりお客が来ませんでしたねエ。そのためか、いくばくもなくやめてしまったように思います。

ま、本郷区は、このくらいでございます。

牛　込

牛込で有名な席と申しますと、古くは、藁店《わらだな》という席がございました。あたくしは、義太夫を語っていた時分に勤めたおぼえがありますが、噺家になってからは、もうおぼえがありませんので、明治末年まであったろうと思います。もっとも、そのあとが牛込館という映画館になりまして、これはずっとのちまで残っておりました。

場所は、神楽坂《かぐらざか》をあがって行って、毘沙門《びしゃもん》さまの前を通ると、田原屋という洋食屋がある、その前を、もうちょっと行って左ィまがった、その右ッかわにありましたんで。大きさは、どのくらいありましたかねエ、そう狭くはないほうでしたが……。

あるじが佐藤さんという苗字で、これは、当時の寄席の席亭としては、よほど頭の新しい人だったんですね。なんでも、洋行したこともあるんだってえことを聞きましたが、明治四十年ごろに、寄席の地下を掘って、そこィ喫茶部だとか、食堂だとかをこしらえた。

「これからの寄席は、こういうふうにならなくちゃァいけない」

といったんで……今にしてみりゃァなんでもないことですよ。演芸場で、喫茶部があり、食事をするところもあるというのは、まことに結構なことなんですけれども、すこゥし、時

代が早すぎたんですね。だから、

「なにも寄席の下へ、あんな食いもの屋をこさえることァねえじゃァねえか」

なんてね、少々突飛だというんで、みんながおどろいていました。もちろん、座席はまだ畳ですし、中売りは中売りで、やってたんでしょうけども、お芝居だってまだまだ、お茶屋から送られて行くという時代ですから、寄席の地下へ食堂をこしらえるなんてえことは、思いもつかない時分なんで。

まァそんなふうで、いくら欧米ではこうなってるといったって、あんまり、時代とかけはなれたことをやってみてもうまく行かない。お先ッ走りで、失敗をしちゃったわけなんでしょうが……。

あたくしがまだ義太夫を語っている時分に、この藁店でおぼえがあるってえのは、この席に娘さんがありましてね、そのころ、十七、八ぐらいだったんでしょうか、あたくしは、まだ、七つか八つの本当の子どもの時分でございます。

いま、谷中《やなか》の全生庵《ぜんしょうあん》という、三遊亭圓朝師のお墓のあるお寺でございますが、そこに、佐藤さんのお墓がありまして、藤浦富太郎さんにうかがったら、佐藤の娘というのが、義太夫語りで、ちょいと売れたんですが、若くして死んでしまったという……その娘さんが、このお墓にはいっているというお話なんで。

考えてみると、あたくしが子どものときに会ったのが、その人なんですね。

そうすると、むこうも義太夫語りだったからなんでしょう、この娘さんが、あたくしを大

牛込亭
柳水亭
わら店《だな》
神樂坂演芸場
善国寺
毘沙門堂
この辺一帯江戸時代の俚俗に藁店という
肴町
本多横丁
神楽坂
岩戸町
通寺町
白銀町
筑土八幡町
袋町
上宮比町
津久戸前町
若宮町
神楽町三丁目
神楽町二丁目
神楽町
揚場町
西
北
南
東

へんにかわいがってくれまして、ある時、あたくしが楽屋で出番を待っていたら、ちょうど、毘沙門さまのご縁日だったもんで、すぐそばですから、

「縁日、ちょいと見に行こうよ」

ってんで、連れて行ってくれた。そうしたら、こっちには「一《ひと》つ家《や》のおばあさん」、こっちには「ろくろッ首」というような、いろんな見世物が出ています。子どもの事《こッ》てすから、そういうのを見ると、もう商売のことなんか忘れちゃって、あれが見たい、これが見たいってんで、中へはいってなにか見たんですね。それで帰ってきたら、もう出番が終っちゃってたんです。そうしたら、この娘さんが、

「あたしが悪かったんです。すみません、すみません」

と、そういって、一生けんめいあやまってくれた。それで、おふくろも、まァ小言は言わなかったという、そういう思い出があります。

その後、これァ噺家になってまもなくのころと思いますが、藁店で、『お伽劇《とぎげき》』というものを見たおぼえがあるんで……。これは、巌谷小波《さざなみ》さんとか、天野雉彦《きじひこ》さんとかいうかたがたが、「お伽噺の会」というものをこしらえて、お話だけでなく、実際に形にして見せたほうが、子どもにはよくわかるだろうというので、童話劇をやったわけなんでしょう。

この時に、あたくしは『桃太郎』のお伽劇を見て、大へんおもしろいなァと思った。で、あとで聞きましたら、その時、桃太郎をやったのが、のちに剣舞をやりました源一馬《みなもとかずま》、あの人だったらしいんですよ。

そんなわけで、それを見に行ったことはおぼえておりますが、噺家になってから、勤めたおぼえはないんです。ですからその時分に、人手に渡っちゃったかなんかで、映画館になったんでしょうと思います。

神楽坂では、もう一軒、神楽坂演芸場という、これは、のちには東京では屈指の、お客の来る、いい席でございました。神楽坂上、本多横丁のちょいと手前を左へはいって、左ッかわにあったんですが、これァあたくしは、初めは石本亭《いしもとてい》といったと覚えておりますけれども、浪花節の席だったんじゃないかと思うんですねェ。それがのちに……と申しましても、震災よりは前のことですけれども、神楽坂演芸場となり、そうして、昭和の十年前後は、大変によくて、四谷の喜よし、上野の鈴本なぞと並んで、東京一流の席とされておりました。

そのころ、この席はよく、有名会だとか、名人会というものをやっておりましたね。永田錦心《きんしん》だとか、高峰筑風《ちくふう》なんという、琵琶《びわ》の大家《たいか》でございますが、そういう人とか、若松若太夫という源氏節の人なぞをよく使っていました。講談では、六代目の一龍斎貞山、大島伯鶴、落語では、三升家小勝、柳家三語楼、あたくしの先代《おやじ》の圓生、そういうところが出て、有名会というようなことでやりましたもんで。

千葉博巳《ひろみ》という人が席主で……ところが、この人は、なにか、政治屋さんみたいな人で、おだやかに商売をするんでなく、いろいろわざをして、あっちを突っつき、こっちを突っつき、波風《なみかぜ》を立たしてよろこぶというような、困った人ですねェ。つまり、なんの事件もなく、平和にやっていたんでは、席がもうからない、それよりも、なにか新聞に載《の》るような騒動でもおこせば、それにひかれて、好奇心でお客が来るだろうという、計算なんですか、妙な策をほどこして、二派に分かれさしてみたり、またもとのようにしてみたり……大阪の吉本と組んで、東京をかきまわそうなんというようなこともしたんで。

それから一時、東宝が落語家を専属にしたことがありましたが、このときも、千葉さんがからんで、いろいろ、ややこしいことがありました。

昭和九年ですか、東宝劇場というものができまして、その五階の東宝小劇場で、東宝名人会というものが始まった。亡くなった三代目金馬、四代目小さんなどが、ここへたびたび出るようになりました。すると、寄席の席主のほうでは、けしからんというので、東宝へ出演するものは、寄席へは出演させないとか、罰金をとるとかいうような話になってきた。

あたくしたちンところにも、契約書を作って、調印しろといってきました。それをみたらば、まず第一に、十五カ年の契約だってんで……。それで、中味を読むと、なんでもむこうの利益になることばかりで、こっちに利益になることはなんにも書いてない……よそへ出演したものは、制裁をするとか、罰則ばかりが書いてある……だから、あたくしァね、

「こんな十五年なんという、無期懲役みたいな契約書に、判こは押せません」

ってそういってことわった。そうしたら、

「あなたのおとっつァんが判こを押したんだから、あなたもお押しなさい」

と、こういう。

「おやじはおやじ、あたくしはあたくし。おやじはそれでも利益があるから押したんでしょうが、あたしァいやです。たって押せとおっしゃるなら、あたしをおやじとおンなし看板にして、おンなしだけ給金をください。そうしたら、いますぐ押しますが、そんなことはできないでしょ」

ってぃったんです。

それというのが、当時の三笑亭可楽、本名を玉井長之助という、この人が東宝へ行っちゃったんですね。席主のがわにしてみたら、この可楽だとか、あたくしぐらいのところは、はじめは問題にしていなかったらしい。あいつらァ動くわけはない、と思っていたんでしょう。ところが、あにはからんや、この可楽なるものが、ぱッと東宝に引っぱられた。そうして、毎日々々、東宝名人会の新聞広告に、別枠でもって、〝かくれたる名人、三笑亭可楽〟というんで出したもんですから、みんなおどろいたんで。

もっとも、これは、亡くなりました評論家の安藤鶴夫さん、あの人が〝可楽びいき〟で、これを機会に、なんとか可楽を売り出そうという、策動をしたんですが、しかし、あまりどうも成功しなかった。可楽ってえ人は、それで芽が出るくらいなら、もっともっと前に出世をしていなくちゃァならない人なんです。

震災後、神田の白梅亭の席主の妹と、この玉井さんが、関係ができまして、そこへまたいろいろなことがからんで、当時の頭取でいちばん勢力のあった、五代目の左楽さんに頼んだ。そこで、左楽さんが、

「よろしい」

ってんで、請けあって、小左楽という名前をつけて、今の柳橋さん、この前の文楽さん、そういう人達の上へ看板を持ってって、一気にぱァッと売り出そうとしたんですね。ところが、役者ならば、いい役をつけてやれば、それが人気のもとになるってことがありますけれども、噺家のほうは、そうはなかなかいきません。こいつが、どうもうまく行かなくて、そのまゝまましぼんじまった。

この東宝の時も、毎日々々広告を出して、あおったんですが、やっぱりうまくいかなかったというわけでございます。

それでも、可楽が動いたってんで、席主のほうは、あわててみんなに契約書に判を押させたわけですけれども、あたくしァとうとう押しませんでした。そのうちに、判を押した人も、ぐずぐずになって、東宝のほうへ出たりなんかするようになりましたが、とにかく、この千葉さんてえ人は、なにかしら、事をおこしちゃァ、いろいろかきまわした人です。

柳家権太楼なんてえ人も、あれは、千葉さんが一時、月給でかかえていたんですね。それで、いろいろ策動して、ひっぱって、やっと売り出したわけなんで……。ところが、この権太楼も、のちには東宝へ行ってしまいました。そうして、この人は、東宝でもって、たいへんに人気を博した。なにか、非常に特異なしゃべりかたで、ひところは大そう売れました。

しかし、あたくしは、うまい噺家だとは思いませんねェ。それに、あのくらい仲間にきらわれた人間というものはない……とにかく妙な性格で、ひととは決して合わしていけない、自分の敵は、足をもって引きずりおろしても、自分がえらくなりたいというような……なにか気ちがいじみた考えの持ち主で……晩年は、頭が変になってしまって、とうとう、再起できずに、亡くなってしまいましたが……。

神楽坂演芸場というものは、ひところは大変によかったわけですが、終戦でなくなり、席主の千葉さんてえ人も、晩年、やはり頭がおかしくなって、死んだということを聞きました。

次に、牛込亭《うしごめてい》という席、これは、神楽坂のほうから、肴町《さかなまち》の交叉点を越して、さらに矢来《やらい》のほうへ、すこし行った右ッかわにあった席で、お相撲さんが持っていたらしいんですね。昔の大関で、鬼面山《きめんざん》という、その関取の、なにかつながりになっているんだってえことを聞きました。

あたくしが子どもの時分から、震災後もしばらくありましたが、しじゅうここは勤めておりまして、出入りをしているお相撲さんにも、よくあいました。おかみさんというのが、未亡人で、おばあさんですけれども、きれいな人で、関西の人らしく、大阪ことばでしたのをおぼえております。

あたくしがはじめて独演会というものをやりましたのが、この牛込亭でございます。

圓好という名前で、真打の看板をあげて、まだまもなくのころだったと思いますが、牛込亭の下足《げそく》番の人が、まァあたくしがひいきなんでしょう、

「あんた、独演会をやらないか」

といってくれたんですけども、その時には、あたくしァびっくりした。真打になりたてで、大して自信もなし、決して自分でもいいともなんとも思っちゃァいない、まだまだ独演会なんてものができるわけはないと思っていたら、だしぬけにそういわれたんで、

「あたくしに？」

「そう。やってみたらどう？」

「それァやらしていただけるんなら結構だけども……」

では、ぜひひとつ、お願いしますってんで、たしか、その年の十月でしたろう、十月三十一日。三十一日というのは、われわれのほうでは、普通の興行はお休みでございますから、その日に明いている席を借りて、独演会をやるというのが、定法《じょうほう》でございます。

いまでもおぼえていますが、この時に、あたくしがひどい下痢をいたしましてねェ。真打になって、はじめての独演会で、大体お客が来てくれるかどうか、それが心配でしかたがないところへ、体がわるい、熱もすこしあるようだし、これァ困ったことゝなったなァと思ったが、しようがありません。

なんにもたべられませんから、重湯《おもゆ》のようなものを無理に流しこんで、やっとのことで楽屋へはいりました。お客さまは、なんでも、七、八十ぐらい来てくれた……ま、ひょろひょろ真打が初めての独演会で、七、八十人もお客が来てくれたてえことが、自分としてはふしぎなくらいで、本当にその時は、うれしいと思いました。で、どうにかこうにか、三席でしたか、やりまして、その時分、あたくしは踊りを踊っておりましたから、いちばんしまいに

踊って、帰ってきたら、夜っぴて、なにかうわことを言って、あばれていたそうですが、腹がからっぽのところへ、全身をふりしぼって、やったんで、非常に疲れたんでしょう。

これが、牛込亭の初めての独演会の記憶でございます。

そのほか、牛込では、やはり肴町の交叉点の近くで、飯田橋のほうから、もとの電車通りを来まして、交叉点の手前の左ッかわ、家数《いえかず》で、四、五軒目ぐらいのところに、柳水亭《りゅうすいてい》という席がありました。ここは、震災前ですが、落語をかけたことがありまして、あたくしも出勤したおぼえがございます。

牛込で、おぼえておりますのは、そのくらいでございまして、次は、小石川へまいります。

小石川

小石川では、それほど有名な席というものはございませんでしたねェ。

あのあたりで、古い席と申しますと、江戸川亭というのがありました。あたくしが子どもの時分に、勤めたことがありますが、ずいぶん古い寄席には違いないが、まず、端席《はせき》のほうでございます。

江戸川橋のたもと、あの護国寺のほうからおりて来ますと、橋を渡るすぐ手前で右へまがり、ちょっと行った川っぷちにあった二階寄席《よせ》ですが、席の上手《かみて》に、〝どんどん〟といってる水の落ちぐちがありましてね、噺をしておりますと、その、水音が、ごォ…ッと聞こえてくるという……なんか騒々しい席だなァと思ったことがあります。しかし、やはりそれが、機械の音やなにかと違って自然と流れる滝のような音ですから、演っているうちには、じゃまになるというほどでもなく、まァなんとか芸はできるわけなんで……。

この席では、二代目の三木助さん、本名を松尾福松という、あの人がまだ若い時分の噺をよく聞いたことがありました。あの人は、明治の末に、東京へ来て、住吉町の圓喬さんがいろいろ面倒をみたらしいんですね。ですから、一時は、桂三木助でなく、橘家三木助でもっ

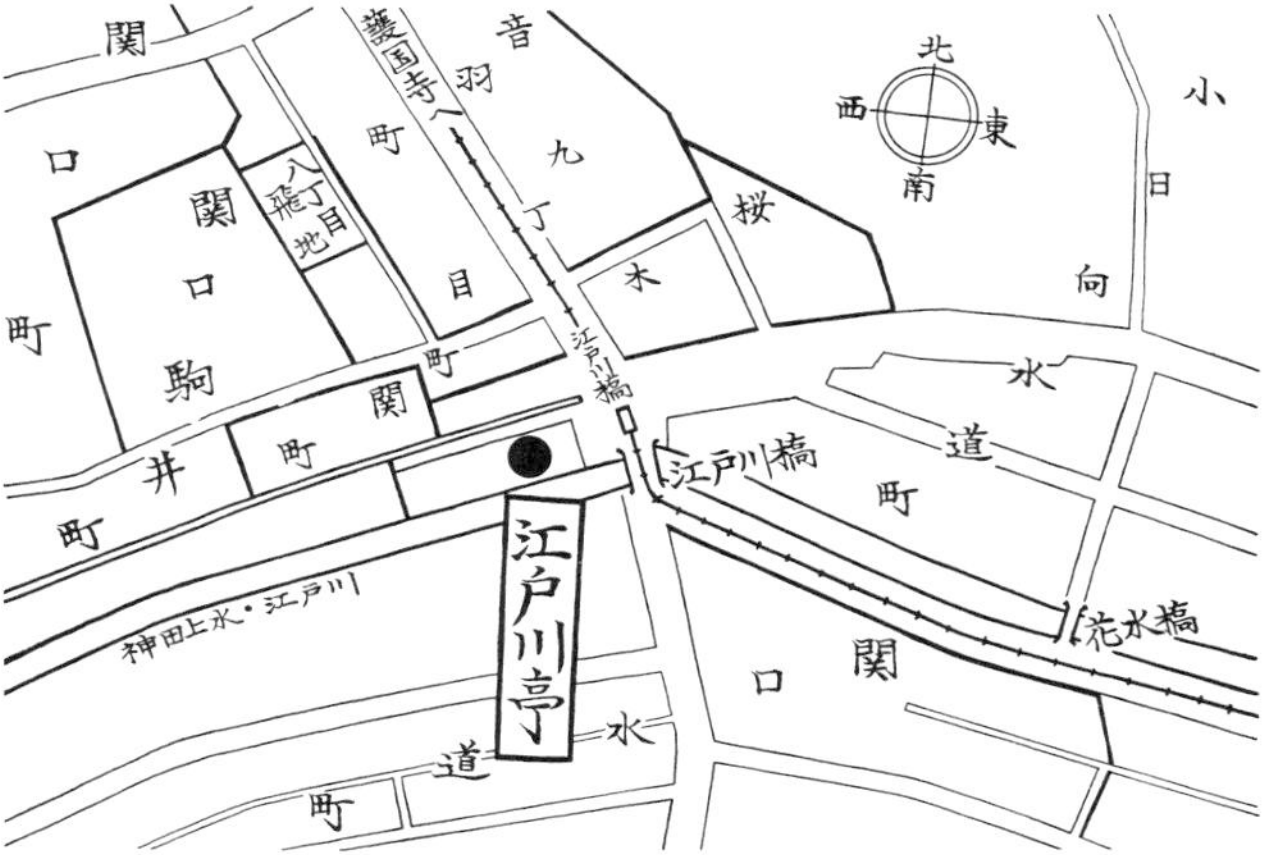

て、名簿やなんかにものっているという……あたくしが江戸川亭で聞いたのは、そのころだろうと思います。

江戸川亭ってますと、もうひとつ思い出すのは、江戸家猫八……本名を岡田信吉と申しまして、いまの猫八のお父《と》ッつァん、あの人のことで……。

あれは、やはり、あたくしが圓童のころ、江戸川亭がうちの師匠の圓蔵のトリで、ハネてから、師匠といっしょに、江戸川橋の電車の停留所で待っていたんで……そのころは、江戸川橋が市電の終点で、飯田橋のほうから来た電車が、ここで折り返して、もとのほうへ帰る、その折り返しを待っていたら、飴《あめ》の箱を右の肩から斜《はす》にしょった人が通りかかって、うちの師匠に、

「師匠、どうも……」

とかなんとかいって、あいさつをしている

んです。あとで師匠に、

「あの人はなんなんです」

って聞いたら、

「あれは、もとは、はん馬という噺家だったんだが、いまはあんなからだになって、飴を売ってるんだ」

ってえ話を聞きました。これが、のちに猫八になったんです。

はん馬って、だれの弟子なんだか、字もどういう字を書くんだか、よくはわかりません。噺家をよして、一時、役者になったんだそうですが、卒中《そっちゅう》で半身不随になって、役者もやっていられなくなったんで、とうとう大道飴屋《だいどうあめや》になったわけなんですね。そのたおれた時も、なんでも、役者の仲間で、お祖師《そッ》さまを信心しようってんで、お灯明をあげているところで「お祖師さまがなんだ」って、くるッと尻をまくって、木像に屁《へ》をひっかけた。そのあくる日にたおれたんで、みんなが、あれはお祖師さまの罰《ばち》だといったそうです。

大道で、客寄せにものまねをやって、飴を売ってたのを、三代目の小さんという人が、大道芸には惜しいからってんで、ひろいあげて、江戸家猫八という名前でものまねをやった人が以前いた、その二代目をつがして、寄席へ出したわけなんです。

ものまねは、虫の声とか、鳥のなきごえとか、いろいろやりましたが、あたくしが本当にうまいなァと思ったのは、〝あげひばり〟ですねェ。あれは、

「ぴィ…ぴィ〳〵〳〵〳〵……」

てんで、息が長く続かないといけない。それに、うぐいすなんぞでも、いまの猫八よりも段違いにうまかったと思います。なにしろ、いちばん盛んだったころは、猫八独演会というものをよくやりました。ものまねで独演会ができるのかと思いますが、もちろん、虫や鳥のなきごえのほかにも、いろいろ芸があったわけなんでございます。唄もうたいましたしね。『縁かいな』なんぞをやりまして、

〽玉屋が、とォりもつ……

とまで唄っといて、

「しゅしゅしゅ…ぽンッ」

と、花火の音のまねをして、

〽縁ン……かいな

と、唄いきるという……その間《ま》が、実にうまくて、なかなか味なもんでした。それに、噺家の声色《こわいろ》もうまかったもんで……とりわけうまかったのは、三代目の小さんのまね。それから圓右といったところでしたが、もともと噺家だったくらいですから、噺もちゃんとおぼえていまして、小さんなら小さんの声色で、一席ちゃんと、十五分でも二十分でも噺をするわけなんです。そうして、独演会のキリは、たいていは、あの、問答というやつをやりました。つまり、「一まいでもせん(千)べいとは、これいかに」「ひとつでもまん(万)じゅうというがごとし」という、あれですね、これァなかなかみごとなもんで、客に題を出させてやるわけなんですが、問答に勝った客には、景品を出すってんで、景品の米俵を積

んで置く。と、これがまた、大へんな人気を呼んだというようなわけで、ひところは大したもんでした。

ま、江戸川亭ってますと、この猫八の飴屋姿を思い出しますが、これが、やはり、明治末年のことでございましょうねェ。この江戸川亭は、演芸会社時代もありましたが、あんまりお客の来ない席でした。そののち、講談の大島伯鶴さんが、この席を買いまして、「講談道場」と名付けて、やっていたことがありましたけれども、大震災でなくなりました。

あのへんでは、ほかに、関口台町《せきぐちだいまち》でしたか、目白坂をあがったところに、目白亭《めじろてい》というのがありました。明治の末ごろまであったのを知っておりますが、なくなったのもそのころでしょうか。あとはあまりおぼえがありませんし、この席では特別思い出というようなものもございません。

それから、これは本郷区のほうになるかもしれませんが、白山下《はくさんした》に紅梅亭《こうばいてい》という席がございました。

白山から、春日町《かすがちょう》のほうへ向かって、坂をだらだらっとおりたところの左ッかわにありました席で、震災前にもあったのかもしれませんが、あたくしが勤めたのは、震災後でございます。そう永くはなかったように思いますけれども、この席で思い出すのは、六代目の正蔵になりました今西久吉という人のことで……。

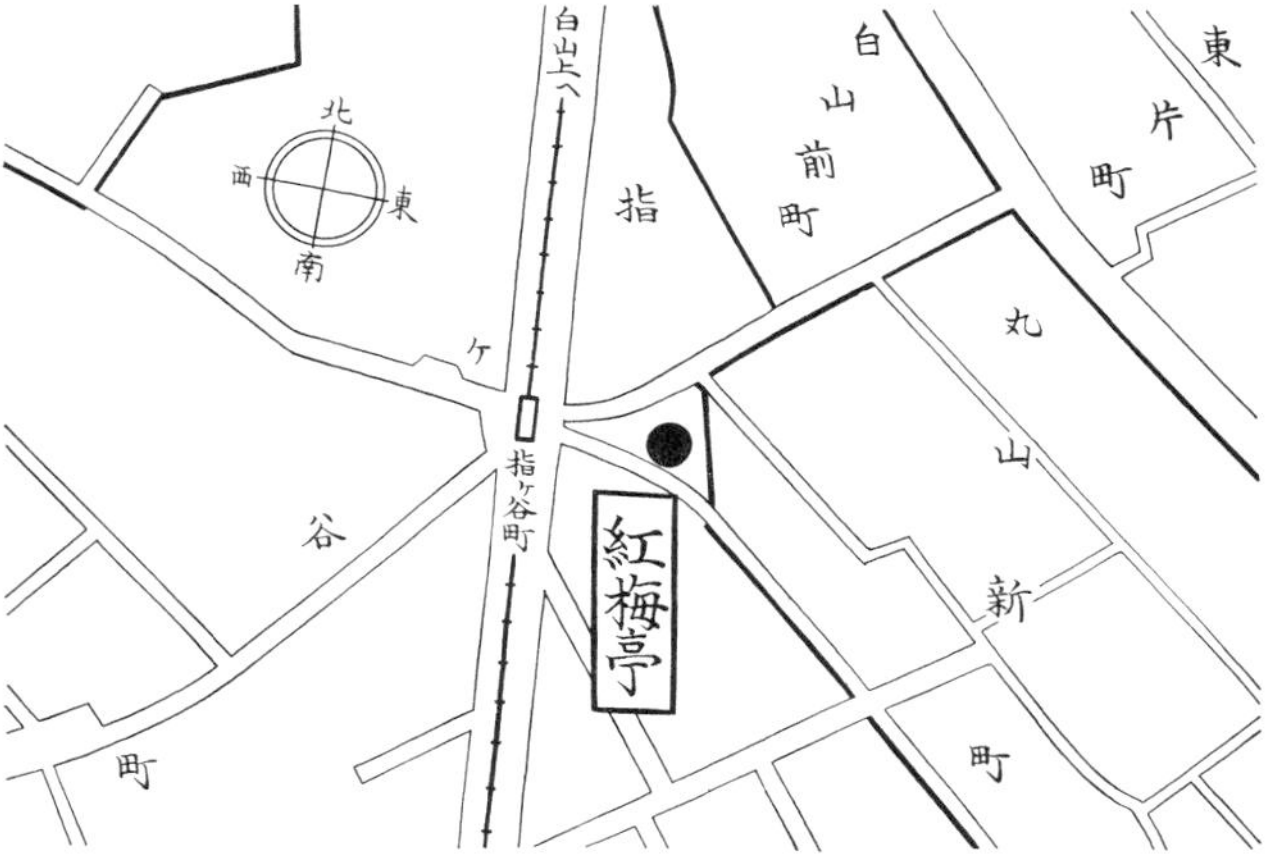

この人は、当時の噺家のなかでは大へん新しがりやで、ちょうどそのころ、オートバイというものを買ったんです。まッ赤《か》に塗ったインデアンという輸入のオートバイ、それを千二百円で買ったという……いまの千二百円じゃァありません、震災後まもなくですから、どうして高いもんですが、かけもちにあるくのに、これに乗ってまわれば早いからってんで、得意になっていたんで。

と、ちょうど二月の寒いさなかのことで、あたくしの二つ前の出番が正蔵さんなんです。正蔵さんが一席勤めておりて、次の人があがる……その人も終って、次にあたくしがあがって、すんで、おりてきました。それから帰り支度をして、木戸口のほうへ出てきたら、脇のところで、

「かたッ、かたかたかたかたかた……かたッ、かたかたかたかたかた……」

ってんで、音がする。なんだろうと思って見たらば、この正蔵さんが、一生けんめい、オートバイのエンジンをかけているんですが、寒いのにおもてへ出しといたんで、すっかり冷えちゃったんですね、なかなかエンジンがかからない。あたくしより二つ前を勤めて出たんだけども、まだ、そんなところにいて、それでもう、まッ赤《か》ンなって、くわァッ……てんで、むきになってやってるんですがね、さらにかからない。

オートバイは早い早いって、ご自慢だけども、こんなに手間がかかるんなら電車のほうがよっぽど早いなと思って、あたくしァ腹ンなかで、おかしくってしようがなかったことがありました。

そんなことで、この紅梅亭という席をおぼえております。

それから、巣鴨のほうに近くなりますが、駕籠町《かごまち》の交叉点……ただいまでは、千石《せんごく》一丁目とかいうらしいんですが、あすこに、寿々本《すずもと》という席ができました。これは、震災後にできましたんで、たしか松岡さんとかいいました、洋服屋さんが経営をして、落語定席《じょうせき》としてやりました。一時、お客はよく来たんですけれども、終りは、あんまりよくなくなっちゃったようで、戦争がだんだんはげしくなってきたころ、やめてしまいました。

戦争ちゅうに、大塚鈴本というのができました。大塚の駅の近くに、天祖《てんそ》神社というお社《やしろ》が、いまもあります。そのすぐそばにありまして、落語の席で何年かやってましたけども、やはり具合が悪くなって、終戦前にはやめてしまったというわけでございます。

小石川は、まずこのくらいで、次に四谷・新宿へうつります。

四谷

四谷では、まず喜《き》よしでございます。これは明治時代からの古い席で、戦争ちゅうに、疎開というやつでなくなるまで、ずうッと続いておりました。

位置でございますが、四谷見附《よつやみつけ》のほうから新宿へ行く通り……あれを市電が走っておりまして、四谷見附の次に、以前は麴町十三丁目という停留場がありました。それよりちょっと手前で、左の横丁にまがり、四、五軒行って左ッかわに、この席がありました。

かなり大きな席でございましてね、一階席のまわりに、ぐるり桟敷があって、うんと詰めれば、千人ぐらいははいりましたでしょう。なかなかいい席で、戦争前、昭和のはじめごろから、戦争ちゅうまで、東京で第一流の席として、お客さまもずいぶん来ましたもんで……。

ここは、やはり、消防の頭《かしら》がやっておりました。あたくしどもが知ってからは、喜よしの大頭《おおがしら》ってまして、もう、相当の年輩でしたが、この人は、江戸消防の各組の総取締《そうとりしまり》をやっていたんですね。なかなか人望のある人で、大震災のときには、新宿、四谷、麴町の半分くらい……それを助けたのは、この頭《かしら》だということで、東京市から表彰を受けたという……それアなんだってえと、もうその、大正十二年くらいになると、江戸時代の火事なんてえものは、

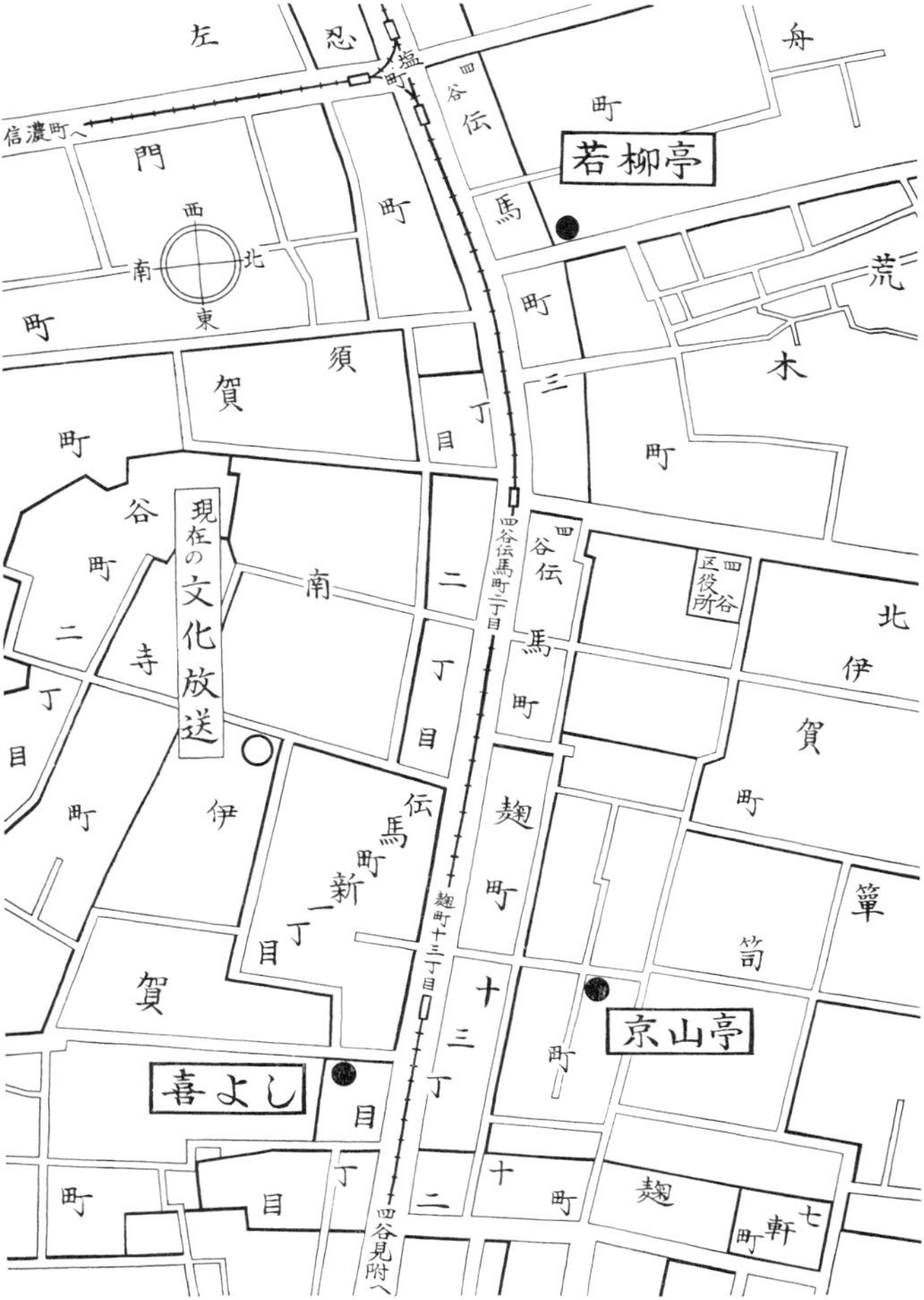
若柳亭
京山亭
喜よし
現在の文化放送
四谷区役所
信濃町へ
塩町
四谷伝馬町三丁目
麹町十三丁目
四谷見附へ
左門町
忍町
舟町
四谷伝馬町
荒木町
須賀町
南寺町
谷町二丁目
南伊賀町
北伊賀町
伝馬町新一丁目
麹町
箪笥町
麹町十三丁目
麹町十二丁目
七軒町
西
南
北
東

たいていは知ってる人がすくない。で、震災の時には、水が使えなくなった、このときに、この頭《かしら》が、江戸時代の消化法、つまり、家《いえ》をずゥッと間引《まび》きをする、こわしてしまうんですね、そうして、そこで火を止める……江戸時代には、もちろん水で消すなんてえわけにはいかない、家をこわして、そこで延焼をとめる、それでなければ、火事は消えなかったわけなんで。

ところが、その方法を知っている者が、もはやいなかった。と、喜よしの大頭《おおがしら》は、年もとっているし、なかなか心得ている人だから、これァこれでなければだめだ、というんで、やったところが、みごとに的中して、火を止め、これがために、四谷・新宿というものは、類焼をまぬがれた。

これァ大へんな功績でございます。あれがもし、四谷へ移れば、新宿から中野……どこまで焼けたか、続いている限り焼けちゃったんでしょうからねェ。

ですから、この大頭《おおがしら》が亡くなったのが、大正の末でしたか、そのお葬式なんてえものは、それァもう大へんなもんでしたな。東京じゅうの消防から、噺家はもちろんのこと、役者、芸者、そのほかあらゆるところから参列をして、非常に盛大なもんでした。

そのあとは、引き続いて、そのせがれさん……みんな若頭《わかがしら》といってましたが、若《わか》い頭《かしら》といっても、あたくしなんかよりは、大分年も上ですけれども、このかたが、喜よしのお席亭になったわけで……。

この喜よしというちは、ずいぶんやかましかったですねェ。なにかの事情で、自分の出

番をほかの人に替わってもらったりすると、それだけで、もうしくじってしまう。それも、だまって替わったんではなく、

「これこれの事情でございますんで、どうかひとつ、お願いいたします」

といって頼んで、

「あゝあゝ、ようござんす」

といっておきながら、やはり、その芸人は、喜よしへ出ないようになる。というのは、

「ああいうその、替わってくれなんてえ芸人は、うちじゃァもう使わない」

というわけなんです。それなら、はじめっから、いけないといってくれりゃァいいのに、なにかこう、妙に陰険なようなところがありまして、芸人のほうからは、あまり好感を持たれないというところがありました。

申しあげたように、戦争末期に、強制疎開でとりこわしになって、とうとうなくなりました。もうその時分には、さすがの喜よしも、大分、傾いておりましたけれども……。

この喜よしの近く、四谷箪笥町《たんすまち》というところに、京山亭《きょうやまてい》というのがありましたが、これは、たしか浪曲の席でございまして、あたくしは、勤めたことはありません。

それから、四谷塩町《しおちょう》のほうへ行って、あすこに杉大門《すぎだいもん》というところがありますが、新宿へ向かって右がわでございます。震災前には、伊勢虎という、東京でも有名なお料理屋があり

ました。その二、三軒さきに、若柳亭《わかやぎてい》という席があったわけで。塩町交叉点のほうから申しますと、麴町へ向かって、二つ目の横丁にありましたんです。

これは、以前は別の名前だったんですが、三代目の小さん師匠が買い取って、若柳亭という名前にして、せがれさんの豊島亀太郎という人に経営をやらした。当時、圓右のせがれの沢木松太郎……のちに二代目圓右となりました、この人と、小さんのせがれの豊島亀太郎、この二人はどっちも、すこし抜けているという仲間うちの評判で、口の悪い一柳斎柳一が、川柳をよみました。

沢《さわ》の松《まつ》、豊島《とし ま》の亀《かめ》はおめでたし

若柳亭は、昼間は講談をやり、夜は落語をやりまして、あたくしどもも、ここへはよく出演をいたしました。それに、大正十年三月、新宿の大火で、あたくしども一家が焼け出されたときに、一時立ちのいたのが、この若柳亭でございます。

その後、須賀町《すがまち》へ家を買ったわけなんですが、須賀町といえば、もう、すぐそばですから、昼間、たいくつなときなんぞは、よくこの若柳亭へ行って、講釈を聞いたりなんかしたこともございます。

しかし、これもしまいには、だんだんお客さまが来なくなるし、三代目の師匠が引退をしてしまわれると、やはりどうもいけない……それやこれやで、とうとうこの席もつぶれてしまうようなことになりました。

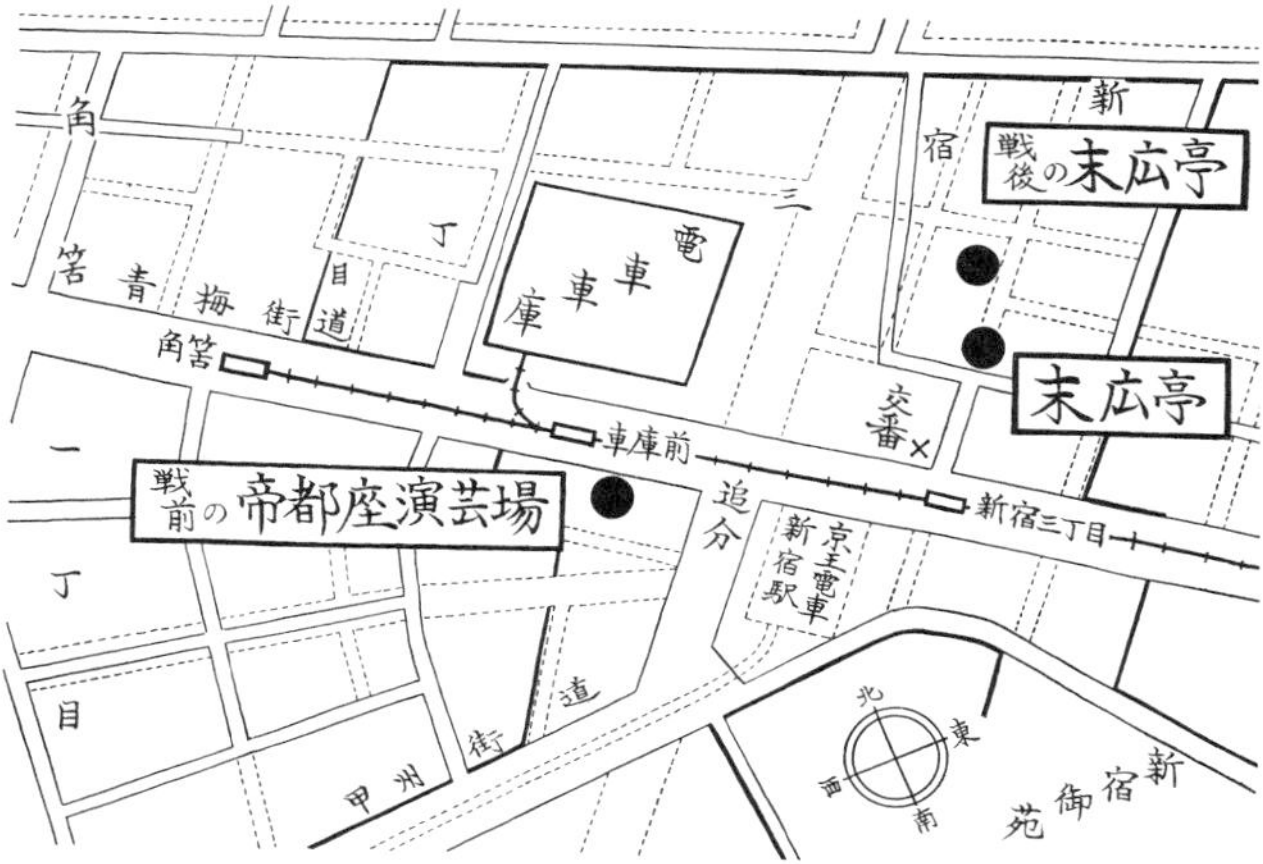

新宿へまいりますと、末広亭《すえひろてい》というものがございます。

浪曲のほうで、末広亭清風《すえひろていせいふう》という人、これは、関西というか、名古屋の人らしいんですが、もとは一心亭辰丸《いっしんていたつまる》といったそうで……それが末広亭清風と改めた。そうして、以前堀《ほり》江亭《えてい》といったのを買い取って、末広亭という名前にして、経営をしたというわけでございます。

この末広亭清風という人については、『寄席育ち』でもお話をいたしておりますが、なかなかおもしろい人でした。

あたくしがまだ義太夫を語っている時分、よく新宿行きの電車でいっしょになるんですね。あたくしどもも新宿に住んでおりましたし、むこうも新宿で、寄席がハネて帰ろうってんで、電車へ乗ってくるんですから、まァたいていおんなしような刻限になるわけなんで……。

あたくしがおかっぱ頭にして、電車へ乗っていると、

「かわいい子だ、かわいい子だ」

なんて、そういって、大へん子どもの好きな人なんです。それに、落語も好きで、よくその当時、喜よしなんぞへ、客になって来ていましたよ。と、あたくしが、豆仮名太夫で出ている。ですから、

「豆ちゃん、豆ちゃん」

といって、よくかわいがってくれました。

その後、大正のはじめごろに、あたくしンとこが、新宿三丁目、そのころ末広亭のちょうど筋向こうに越したことがあります。そうすると、まァ芸人同士のことでもあり、そのまえから知ってもいたんですし、近所へ越してきて、よかったねというようなことで、ますます懇意になりました。

この清風という人は、お花札遊《はなあそ》びが大好きでございまして、あの〝八八《はちはち》〟というやつ……あたくしの母が、またこれが好きなもんですから、よく末広亭へ行っちゃァ、いっしょにお花札《はな》をひいていたんで。と、その当時、この前亡くなった木村重松のおとっつァんの重松《しげまつ》という人がいまして、まことに江戸ッ子で、歯切れのいい浪花節をやって、大そう人気がありました。阿部川町《あべかわまち》に住んでいたんで、仲間では「阿部川町、阿部川町」と呼んでいたそうですが、大へんに相撲が好きで、自分のうちの庭に土俵をこしらいて、自分でよく相撲をとっ

たりなんかしてえたというくらい……。

この重松が、やはりお花札《はな》が好きなんですね、それで末広亭へ、よくお花札を引きに来る。もちろん清風のほうが先輩なんですから、重松のほうでは、やはり相手を立てて、「おじさん、おじさん」といっていたそうです。

で、あるとき、なんでも雪の降った日に、清風と、重松と、あたくしのおふくろと、ほかにまだひとりかふたァりで、その、お花札《はな》を引いてたんだそうで……そうしたら、なにかで清風と重松と、けんかになった。

だんだん、声が大きくなって、

「なにをッ……」

ってえと、ふたりが立ちあがって、取ッくみあいが始まった。とめようとしたけれども、申しあげたとおり、重松てえ人は、相撲が好きで自分でとるくらいですから、いきなりつかむてえと、庭にこう雪が積もっているそヶなかへ、清風をおッぽり出した。そうしたら、清風さんが、

「もうかんべんできん」

てんで、台所へ行って、出刃庖丁を持ってきたってえんで……。

冬のことで、どてらを着てえるのが、おッぽり出されたから、前がもう、すっかりはだけてしまいましてね、ところが、この清風って人は、妙な潔癖症で、膝へ手を置かないで、しじゅう手を中途まであげてる……どういうわけだってえと、手が着物につくと汚ないと、こ

ういう。そのくらいですから、紙幣《さつ》なんかさわったら、必ずあとで手を洗う、おッそろしく癇症《かんしょう》なんです。で、それがために、ふんどしってえものを締めない。あれはその、体《からだ》へついたりなんかして、きたないというんで。じゃァどうするかってえますと、あの、さくら紙というやわらかい紙でもって自分の男根《なんこん》を包んで、これをかんじよりで上のほうでしばっておく。で、一度小水《しょうすい》をするてえと、そいつをぽんと捨てて、また、新しい紙でもって結《ゆ》わいておくという……変な人があるもんで。

これがその、おこって、台所から出刃庖丁を持ってきて、

「殺してやるッ」

てんで、振りあげた。と、前をおッぴろげたから、その紙で結《い》わいたやつが、ぶらぶらしているってんで……どうも、締まらないことおびただしい。そうしたら重松が、

「なんだ、切るんなら切れ。べらぼうめ、おどろくんじゃァねえんだ。第一《でえち》、手前《てめ》ンところァ、おてんばかりきりゃァがって、ろくなものは食わせやがらねェ、このしみッたれやろうッ」

って、たんかァきった。あんまりいいけんかじゃァないってんですね、えゝ。

おてんてえのは、つまり、博奕場《ばくちば》の税金のようなもので……永くやってると、腹もへりますから、やれ天丼をとるとか、うな丼をあつらいるとか、あるいはお酒の好きな人だったら、ちょいとのみながらやるとか、いうような、そういう金の出どこは、ほかにはないんで、勝った者から、いくらいくらずつ、おてんといって、つまり税金みたいに取るわけなんで。だ

から、

「おてんばかりきりゃァがって、ろくなものは食わせやがらねえ」

てんですけどもねェ、どうもいやなたんかがあったもんで……。

とにかく、清風さんてえのは、ばくちが好きで、すっかり取られちまって、六月になって着るものがない。紫色のようなどてら……これァなんでも、客にもらったうしろ幕を染めてこしらいたやつなんで、そいつを着て、

「きょうは、どうも暑いなァ」

って……それァ六月の声を聞いて、どてらを着てちゃァ暑いでしょうよ。みんなが、くすくす笑って、

「まるで、勘平だねェ」

ってんですけどもね、なるほど、あの五段目の勘平ってものは、あとの平右衛門のせりふで、

「六月二十九日の夜《よ》、人手《ひとで》にかかって、お果《は》てなされた……」

てえのがある、ところが、五段目で出てくるときは、格子縞《こうしじま》のどてらを着てるんですから、六月になってどてらを着てるから、勘平みたいだという、まことに芸人らしい悪口なんです。

それで、欲ばっているようでいて、欲のないようなところがある。

なにか見るとすぐ欲しくなって、買いたがるんですね。「売ってくれ、売ってくれ」ってんで、もう欲しくなるてえと矢も楯もなくなる。で、買うてえと、こんどはしばらくすると、

もういやになって、また、売りたいから、「買ってくれ、買ってくれ」という……どうも、子どもッぽいんですね。

いつかも、どこかで、ひょうたんを買ってきたんです。ひょうたんといったって、なまやさしいもんじゃァない。いくつもいくつも、大きいのや小さいのや、さまざまの形のひょうたんが、ずゥッとぶらさがっている……そいつを買って帰って、おかみさんにおこられてる。

「おまいさん、一体全体どうするつもりなんだ」

って、つまり、持って帰るべき金を、みんなひょうたん買っちゃって、一文も持ってこないんで、おかみさんに、さんざっぱら絞られて、

「困った、困った……」

ってんですけどもね、もうどうにもならない。それで、

「豆ちゃん、豆ちゃん」

って、あたくしを呼んで、

「なんです？」

「すまんが、このひょうたんを売ってきてくれ……こいつはいくらいくらで、これだったらいくらでいいから……売れたらお礼はするから、なんとか売っておくれ」

ってんで……へへ、で、あたくしァそのひょうたんを持って、かけもちをしましてね、楽屋でもって、

「ひょうたん買ってくれませんか」

って、いくつか売ってあげたことがありましたよ。なにしろ、この末広亭清風て人は、実におかしい。ほかにも、おかしい話がいろいろございますが『寄席育ち』などでも申しあげておりますので、このくらいにしておきます。

芝の三光亭のところでも申しあげましたように、一時、あたくしの先代《おやじ》が、末広亭を買うという話があったんですが、その話がつぶれて、そのあともずっと、この清風さんが末広亭をやっておりました。ところが、戦争がひどくなって、あれは昭和二十年の春でしたか、末広亭が空襲で焼けてしまいました。どこかへ立ちのいて、まもなく、清風さんは亡くなったということでございます。もう、その当時のことで、いつ何時《なんどき》、頭のうえへ爆弾が落っこってくるかわからないという時分で、お葬式にも行っていられない、そのうちに、あたくしは、満洲のほうへ行ってしまうということになりましたわけで。

清風さんには、せがれさんもあったんですが、そのかたは、戦後、寄席はやらずで、今の席主である北村銀太郎というかたが、戦後の末広というものを経営するようになりました。

北村さんてえかたは、もとは土木関係のかたなんですが、芸人が好きで……ま、ごひいきの旦那ですね、島田勝巳の柳枝のおとっつァんの、柳家枝太郎なんて人がごひいきで、それからまァおいおい、いろんな芸人と懇意にするようになった。と、五代目の左楽さんが、戦災で焼けて上野の動物園の裏手のほうに住んでたころ、左楽さんの娘のおせいちゃんというのが、嫁《とつ》ぎさきから戻ってきていたわけなんです。おせいちゃんは、あのぅ松坂屋の番頭かなんかしていた人と結婚をして、女の子もあったんですけども、結局、不縁になって、子どもを連れて、左楽さんとこへ帰ってきていた、それと、知りあって、北村さんが、世話をするというような関係になったんでしょうね。

おせいちゃんてえ人は、昭和五十年に亡くなりましたけども、まことによくできた、いい人でしたねェ。北村さんには、ご細君があったんですが、このかたは前になくなって、おせいちゃんが、そのあとへはいった。先妻のお子さんがあって、姉のほうが、これも亡くなりましたが、杉田憲治という……ペンネームを真山恵介といった、あの人といっしょになっていた。それから弟さんのほうが、北村一男さんという、末広のいまの若旦那と、こういうわけなんです。

それから、昭和十年すぎ、淀橋に、光風亭《こうふうてい》という席がありました。いまで申しますと、首都高速道路からおりてくると、まっつぐに青梅《おうめ》街道へ突き当たります、あの突き当たりの見当にありまして、一時はお客も来たんですけれども、やはりいけなくなったのか、その後映画館になりまして、大分永くやっていました。しかし、いまでは、その映画館もなくなってしまいました。

ほかに新宿では、戦災前ですが、帝都座演芸場というのがありました。いまでは丸井という月賦販売のデパートになってしまいましたが、新宿伊勢丹のまッ向こうに、帝都座という映画館がありました。昭和十七、八年ごろでしたか、その五階に、寄席をこしらえて、帝都座演芸場としたものでございます。映画のほうは日活系でしたが、演芸場は東宝関係で、支配人も東宝の人でした。

戦時中のことで、エレベーターというものがないので、五階まで階段で上がりおりをするのは、かなり骨が折れたもんです。それに戦争で、若い者はみんな兵隊にとられていますから、前座がいない。若い人で噺家なんぞには、とてもなりてもないし、なれもしない時分です。しかたがなくて、本名を百江勝次郎といって、当時四十五、六になっていましたかね、もと、神田の立花で中売りをしていた男……噺はまるッきりできないが、太鼓は器用にたたいたんで、この男を前座にたのんで、太鼓をたたかせました。

四代目小さんの内輪のようになって、柳家正吉《しょうきち》という名前になったんですがね、噺のまるッきりできない前座ってえのも妙なもんで……それでもなんでも、前座がいなきゃァ困るから、頼んでそうしたわけなんです。戦後になって、若い前座がぞろぞろできるようになってからも、依然として寄席へ出て……といっても、噺はできないんですから、楽屋を勤めて、昭和四十五、六年ごろでしたか、死ぬまで、落語協会でめんどうをみましたが……実に、戦争が生んだ、ひとつの奇妙なはなしでございます。

この帝都座演芸場は、昭和二十年に、あたくしが満洲へ行く、それまでずっと勤めました。戦後、戻ってきたときには、もうなくなっておりました。帝都座は復活をいたしましたが、五階のほうは、名画座といって、やはり映画をやるようになった。それも、数年前にやめて、丸井になったというわけでございます。

麻布

麻布には、十番というところがございますね、あすこは、以前はなかなか盛んなところで、したがって、寄席もありましたし、劇場もございました。

この麻布十番にありました席では、まず、福槌亭《ふくづちてい》という、これは、一《いち》の橋のほうから十番どおりをずうっとはいって行きまして、いまあすこに、永坂の更科《さらしな》そばの店がありますが、あれよりももうすこし先の右ッかわにあった席で、二階寄席《せき》でございました。

もと学校だったとかいう建物で、おッそろしく頑丈に建てられておりまして、柱なんぞもふとい……客席も大きいんですけれども、古い建物で、掃除が行きとどかないから、なにかこの、うすよごれたような感じでしたねェ。この席は震災のときは助かったんで、震災後もしばらくは、やっておりました。

福槌のすこし先に、末広座というのがありまして、これは芝居の劇場ですが、やはり震災に焼け残った。そこへ、五代目の中村歌右衛門が出たことがあります。震災後は、やはり劇場がみんな焼けてなくなったもんですから、歌右衛門がそこへ出たんだろうと思います。

福槌まで行かないで、ちょっと右へはいったところに、震災後になって、麻布十番倶楽部という席ができました。あたくしは、福槌のほうは、あんまり出ませんでしたが十番倶楽部のほうは、三語楼協会のころに、よく出ました。一時は、なかなかお客の来た席でございます。

この十番倶楽部の席主というのは、酒屋さんでございましてね、二階が寄席で、階下《した》は酒屋の店なんで……それで思い出すのは、その当時に、合成酒というものが、はじめてできて、その酒屋さんで「新進《しんしん》」という名前の合成酒を売り出した。あるじから、その合成酒のことを、

「噺のなかへ入れてくださいよ」

なんて……つまり宣伝ですね、そんなことを頼まれたりしたことがありました。

この十番倶楽部は、戦争ちゅうまでありました。しかし、やはり戦災で焼けたんでしょうね。それで戦後になって、またあらたに、十番倶楽部というものができましたが、これは、もとの場所ではなくして、反対がわの横丁をはいったところにできた……昭和二十七年ごろと思います。

これは、株式でやったらしいんです。ひとり席主がはじめたんではなく、あのあたりの人たちが集まって、戦争前にもあったんだから、寄席をやったらどうか、というなにで、株式で参加をして、やったところが、ひとしきりは、かなりお客がはいったんで。

あたくしも、昭和二十八年十二月、ここで独演会をやりました。満洲から帰ってきて、それまでにも、神田の立花で、何回か独演会をやったこともございました。しかし、どうも、お客さまの入りが、もうひとつぱッとしないんで、しばらく独演会というものは、やめておりましたが、この十番倶楽部でやりましたときに、はじめてお客さまがいっぱい来てくださいました。この時の出したものは、『三十石』『文七元結』『百川』の三席でございます。

この席も、昭和三十年ごろまでで、そのあとは、映画館になってしまった……てえのは、やはり、株式組織で、みんなでやっているから、「船頭多くして……」というやつで、仲間のなかから、

「寄席ではどうも、なんだから、映画館にしたほうが……」

とかなんとか、ぐずぐずいう人が出てきて、とうとう転向をしてしまったというわけでございます。いまでは、その映画館も、なくなってしまったようですが。

それから、十番の通りへはいろうという、とッつきの右の路地をはいったところに、一之《いちの》亭《てい》という席がありました。

これは、もともと講釈の席だったんですが、今の山陽の前の神田山陽、あの人がこの席のあるじになって、落語をかけるようになりました。

この山陽という人は、あたくしども仲間では「としちゃんとしちゃん」と呼んでおりましたが、本名を石村利兵衛といって、三代目伯山のお弟子でございます。大へんに、あしの早

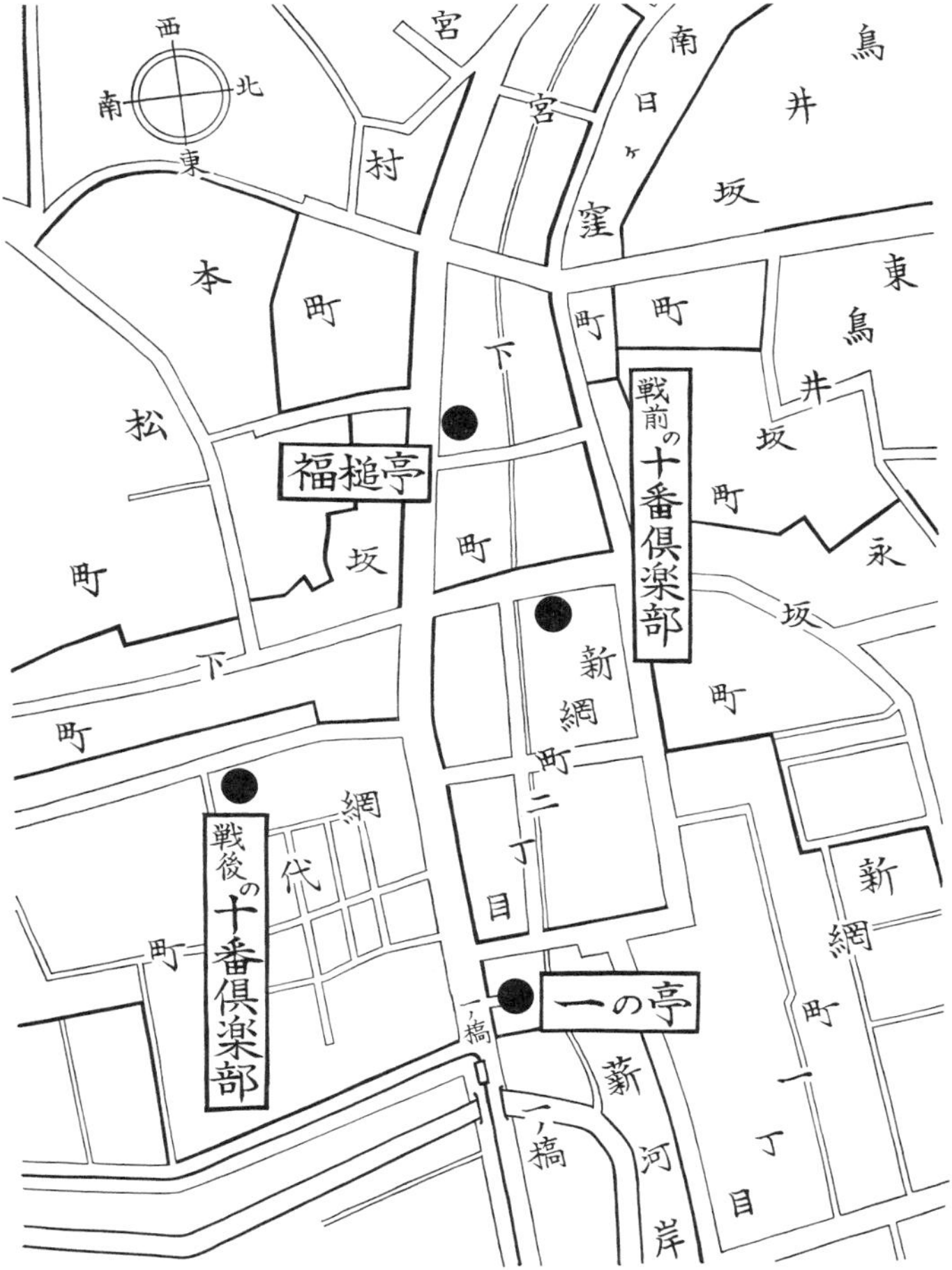
西
南
北
東
宮村町
宮下町
南日ヶ窪
鳥井坂
東鳥井坂町
永坂町
本松町
坂下町
福槌亭
戦前の十番倶楽部
新網町二丁目
網代町
戦後の十番倶楽部
一の亭
一ノ橋
一ノ橋
薪河岸
新網町一丁目

い……つまり、軽くつッつッと語っていくという口調で、しかも、なかなかその、情緒も出し、うまい講釈師でしたけども、病いを得て、戦後まもなくでしたかに、五十そこそこくらいで、亡くなりました。

山陽が席亭になって、たしか、席の名前もなんとか変えたと思いますが、落語色物席になった。これを始めるについて、あちこちへあいさつまわりをするわけなんですけれども、あすこには、山元町《やまもとちょう》という花柳界がある、そこへ顔出しをしなくちゃいけないってんで、なんの因縁かわからないが、あたくしが頼まれて、いっしょにまわったことがあります。たぶん、先代《おやじ》に頼んだけれども、先代《おやじ》は歩くのが苦手でしたから、あたくしが代わりに行ったんだろうと思います。それが昭和十二、三年のころでしょう。しかしまァこの席も、いずれそう永くはやっておりませんでした。

麻布六本木には、第二金沢亭という席がありました。あの六本木の交叉点から、ちょっと狸穴《まみあな》のほうへ行って、はじめての横丁を左へまがった右ッかわだったと思います。

この席は、もとはほかの名前だったんでしょうが、京橋の金沢亭の席主の池田さんが経営をするようになって、第二金沢亭としたもんでございます。二階寄席《せき》なんですけども、おッそろしくだだっぴろい席でしてねェ、それでお客は来ない……ですから、がらんとしている。ところが、ここは震災の時に助かって、残った。そうして、震災直後に興行をしたときには、いっぱいのお客で……ふだんはだだっぴろくて困っていたんだが、その時には、その広い席

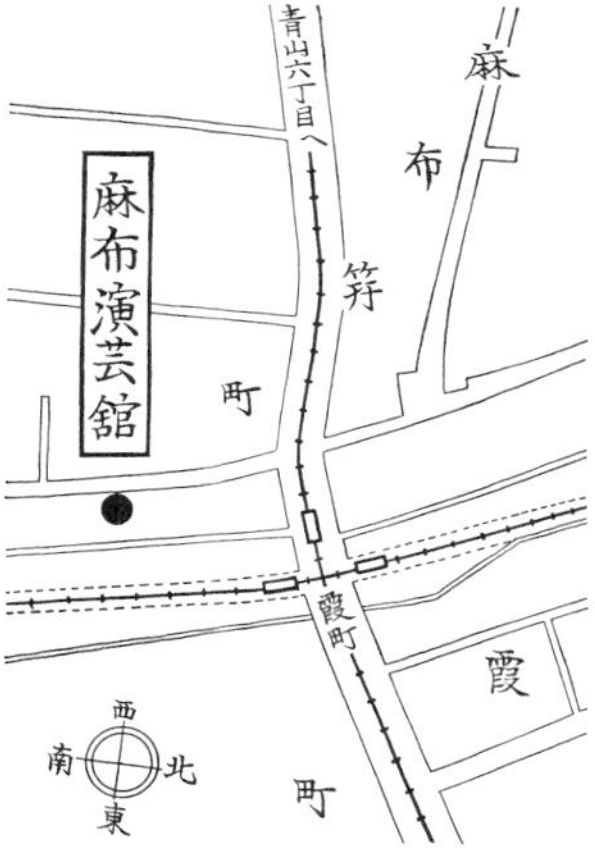

が割れんばかり。あたくしも出演しましたが、われわれは歩《ぶ》制度で商売をしているんですから、お客がよけいはいれば、それだけよけいお給金がいただけるんで、なるほど、大は小を兼ねるということわざがあるけれども、こういう時は、やっぱり広いところのほうが得《とく》だなァと思って、おかしかったことがありました。

そのほか、あたくしども笄町《こうがいちょう》の寄席といっておりましたが、六本木から、渋谷のほうへ行くもとの電車通りを、くだって行くてえと、霞町《かすみちょう》の交叉点があります。あれを行き過ぎて、次の横丁を左へはいったところに、席がありました。名前はねェ、麻布演芸館でしたかねェ……震災後はまた別の名前になったのかどうか、なにしろ、あたくしは、ただ笄町だけでおぼえておりますが。

ここは、震災のあくる年、大正十三年の初席を勤めたおぼえがございます。そのときのトリが、五代目の三升家小勝《こかッ》つァんでございましたね。

あと、まだ、とびはなれたところに……まァ大崎だとか、目黒とかにあったことはあったんですが、これらは、いずれも、端席《はせき》と申しまして、長期間にわたって、毎月きちんと興行をやったというところではございませんし、申しあげるほどのこともないと思います。

赤　坂

赤坂というところは、どういうわけですか、昔ッから、寄席は成功しない……お客さまが来ないんですね。

豊川稲荷《とよかわいなり》に近いからでしょう、豊川亭《とよかわてい》という寄席がございまして、ここは、あたくしの師匠の圓蔵が、買い取って、経営をしたことがありましたが、お客の来ないことでは、定評のある席で……どうもそんな定評はないほうがいいけども……師匠もここでは大分損をしたらしく、のちに他人に譲ってしまいました。

所在でございますが、豊川稲荷のほうから一ツ木の通りへはいりまして、二つ目ぐらいの横丁を左へ曲がって、その左ッかわにありました。あんまり大きな席ではございませんでしたな。

師匠のおかみさんのねえさんてえ人が、吉原で引手《ひきて》茶屋《ぢやや》をしていたのを、他人《ひと》に譲り渡して、そのお金を持っていた、それを多少融通してもらったのかどうか存じませんが、師匠がこの席を持っていた時に、そのねえさんが、しばらく豊川亭にいましたよ。それで、客が来ないもんですから、ちょいちょい〝楽屋入り〟に金を足さなくちゃァいけないんで、大分つぎこんだらしいんですね。

　それでもどうしてもだめで、手ばなすことになりまして、牛込亭の下足番《げそく》をしていた、鶴《つる》さんという男に譲りました。なんでも、八百円で売った。それもいっぺんには払えないというので、月二十円ぐらいの月がけで売ったんだそうで……。

　師匠が持っていたのは、あたくしが噺家になって間《ま》もなくのころでしたでしょう。圓童時分に、あたくしももちろん、ちょいちょい勤めました。しかし、うちの師匠の持ち席だったのは、ほんのわずかの間《あいだ》でして、牛込亭の鶴さんの手に渡ってからは、鶴梅亭《かくばいてい》という名前になりました。鶴梅亭になってからも、たまさかは勤めたことはございますが、やはり、お客は来ませんでしたねェ。


　豊川亭の近くには、梅《うめ》の家《や》という席もございました。一ツ木の通りよりも、ひとつ外濠《そとぼり》寄りの通りで、もうすこし山王下のほうへ行ったところの左ッかわにありました。これは、古い席で、あたくしも、ごく子どものころに出たことはあります。豊川亭同様、客の来ないことでは有名なもんで……。

　この梅の家については、四代目圓生の逸話が残っておりまして、あたくしもよく噺のなかでこれを用いておりますが、四代目圓生といえば、あたくしの師匠の圓蔵の師匠で、圓朝師亡きあとの三遊派を統率をした、噺のほうでも、落とし噺では、師匠の圓朝が舌を巻いたという、名人でございます。

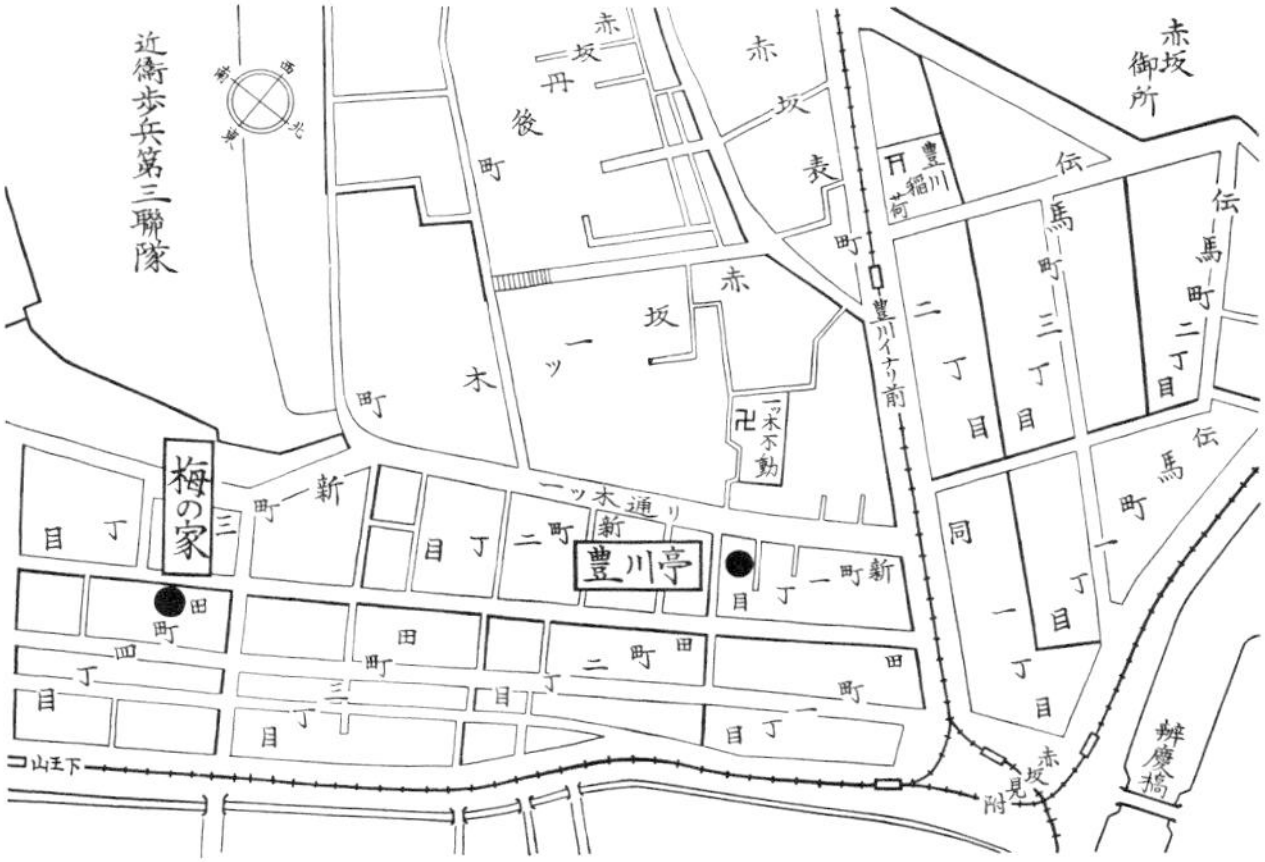

この圓生が、かけもちが多くって、どうしても、梅の家か、でなければ本郷の若竹、二軒のうちどちらかを抜かなければ、トリ席に間に合わないという……そのときに、若竹を抜いて、梅の家を勤めるんだそうです。申しあげたように、本郷の若竹といえば、市中一等の席で、お客はどっさり来る。それにひきかえ梅の家のほうは、もうそのころから、客の来ないことでは指折りの席だったんですね。

　さすがに圓生はえらい、客の来る席を抜いて、来ないほうを勤めるというのは、弱きを助ける心意気で、見上げたもんだといって、ほめたそうですが、それが、へへ、そうばかりでもない、ひとつのわけがある。

　というのは、梅の家では、圓生が楽屋へはいって行くと、席亭のほうで、お盆の上へ、お銚子を一本つけて、ちょっとしたつまみものを小皿へ入れて、

「お師匠《しょ》さん、どうぞ、召しあがってください」

といって、持ってくるんですね。圓生という人は、酒が好きだったそうで、大酒《たいしゅ》をする人ではないが、途中、ちょいちょいッと、こう、のみたいんです。

で、楽屋でそれを、ちょいといっぱいのんで、そして、お客はすくないけれども、高座へあがって、ちゃァんと勤めて帰るという……と、どうしても、若竹のほうは、ヌキになるわけなんで……。

片々《かたかた》はお客の来ない席、片々は大入りの席……だから、そろばんづくで言えばですね、大看板の圓生ですから、若竹を勤めれば、それだけのお金がはいる、それで、一本どころじゃァない、何本でも酒はのめるんですから、若竹のワリを取ったほうが、はるかにいいわけなんです。

ところが、そのワリのことは考えずに、梅の家では、おれが酒が好きだってことを知って、ちゃんと一本つけてくれる、だから、おれは金の取れる本郷のほうを休んでも、こっちを勤めるという……それは、やはり酒のみの意地きたないところもありましょうが、それだけまた、自分というものを大事にしてくれる、その志を買ったというところもあったわけなんですね。

これが、梅の家のはなしでございます。

それから、ずっとはなれて、青山三丁目に、富岳座《ふがくざ》というのがありました。これは、坂本

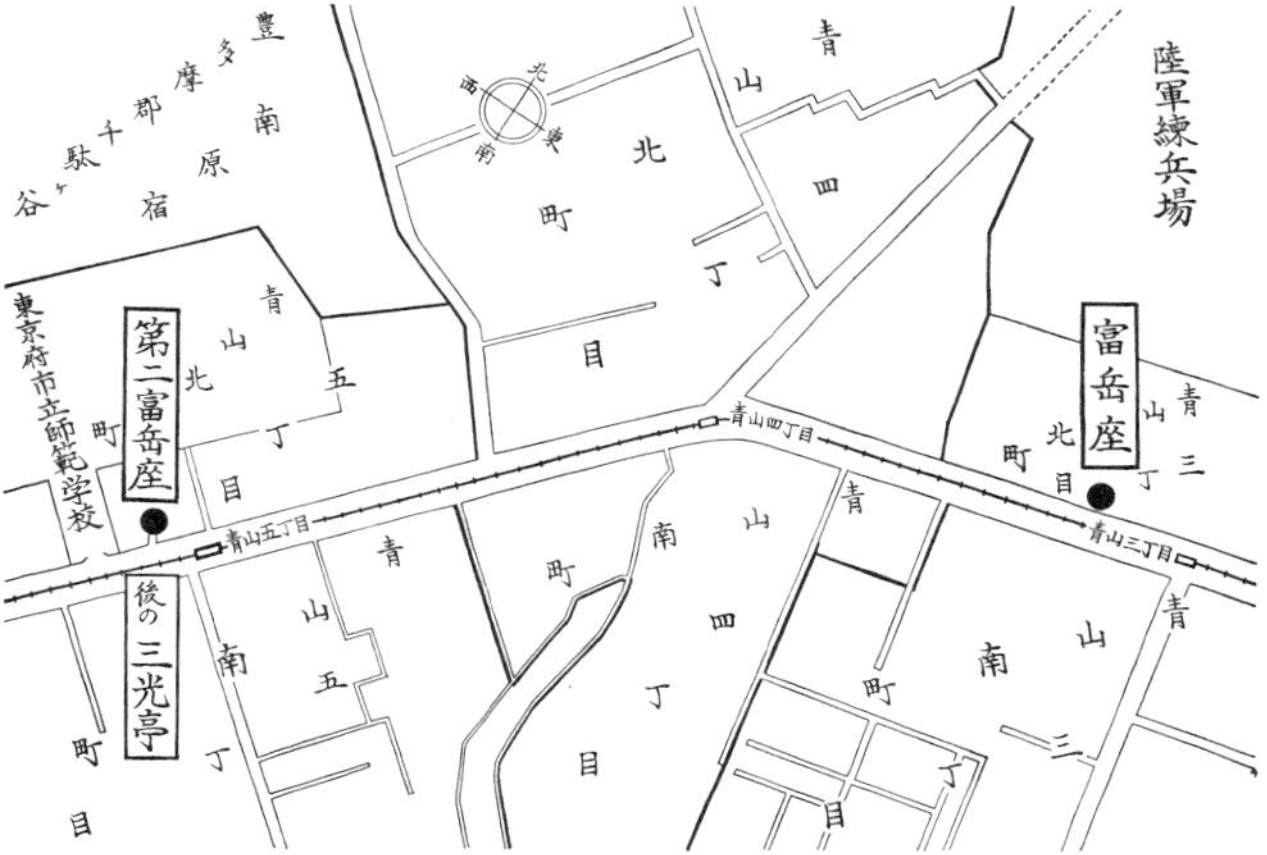

富岳という講釈師がおりまして、その人の席だったわけで……。坂本富岳という人は、本名を坂本忠一郎、前名の桃川燕林から、坂本中洲《ちゅうしゅう》と改名し、さらに富岳となった。

この人が、もとは別の名前だったんでしょうが、その席を手に入れて、自分の名前をつけて富岳座として、経営をしておりました。さらに、青山五丁目のほうにも、もうひとつ席を作って、第二富岳座といっていた、こっちのほうを、あたくしの先代《おやじ》が借りて、青山三光亭という名でやったわけでございます。このときの家賃が、ひと月千円でした。

この青山三光亭のことも、『寄席育ち』で申しあげておりますが、大正十五年九月から、昭和三年の十一月までの、たかだか二年とすこしのあいだでございます。先代《おやじ》のほうは、芝の三光亭をやっておりましたので、青山のほうは、あたくしども夫婦が住まって、万事をやるということになったわけで。

　場所を申しあげますと、青山の大通り……これも、道はばにしても、なににしても、以前とはすっかり様子が変わっておりますが、あの大通りを渋谷のほうからずうっと来ますと、神宮球場方面へ行く道が分かれます、あれよりすこし手前の左ッかわで、通りからちょっと路地をはいった、その突きあたりにありました。神宮球場への分かれ道のところから、さらに青山通りを一丁目のほうへ行って、やはり左ッかわ、これも大通りからすこゥしひっこんだところにありましたのが、富岳座というわけでございます。

　青山三光亭は、二階寄席《せき》でございまして、階下《した》は玉突きですね、撞球場《しょうきゅうじょう》という、あれになっておりました。その撞球場の向かって右端のほうが、寄席の木戸になっている、その木戸をはいると、下足があって、正面に梯子段があるというわけで……。

　梯子段をあがると、右側、つまり玉突場の上になる、そこが客間で、大通りとは反対がわに高座があり、その奥が楽屋、そのさらに奥に、ちょっと部屋があって、そこに下足番の男が住みこんでおりました。木戸の上というか、梯子段のあがりくちの上に、六畳でしたかなア、一部屋だけ住居がありまして、そこで、あたくしども夫婦と、そのころは次男の佳男がいっしょにいたと思いますが、一家が寝起きをするわけで……その住居と反対側の客席のうしろのほうに、茶番がありまして、そこに台所がありますから、炊事はそこでするわけなんで……。

　便所は階下《した》でしたね。木戸をはいって、梯子段をあがらずに、まっ直ぐ行く廊下があって、そこに便所がある、その廊下の先がまたせまい梯子段で、これをあがって楽屋へはいるという具合になっておりました。

客席は、もちろん畳で、二百人か二百五十人で、ほとんどいっぱいになる、うんと詰めて、四百人か、五百人という、まァそのころとしたら、普通の大きさでしょう。高座へ向かって左がわは窓になっておりまして、外は、学校の庭に面しているわけなんで……。昔のことで、校庭には樹木や下草が生いしげっていますから、夏なんぞ、夜席をやってると、じィい……ってんで、虫の鳴く声が、かなり大きく聞こえるんですけどもね、やはり、自然の音だからでしょう、噺をしていて、さのみじゃまにはならなかったもんでございます。

ところがねェ、ここもご他聞にもれず、お客の来ないところで、いろいろ、あれこれとやってみましたけれども、落語の興行では、しじゅう損ばッかりして、ここであたくしどもは、素《す》ッぱだかになっちゃった。素ッぱだかになったってえことは、まァいくらか持っていた着物なんぞを、どんどん、みんな質に入れて、〝楽屋入り〟へ足してしまったわけなんで……。

お客が来ないから、木戸銭はあがらないけれども、あんまりみっともない金は、楽屋へは渡せないというような、その、悪い芸人根性で、見栄ッぱりなところがありますから、これへ足すんですが、先代《おやじ》のほうへもねェ、そうそう、足りません、足りませんというわけにもいかないし、いってみたところで、むこうも金があるわけじゃァない。芝の三光亭のほうだって、借金で火の車でやってる……しょうがないから、あたくしの着物を一まい脱《ぬ》ぎ、家内の着物を一まい脱ぎで、とうとうみんな〝楽屋入り〟につぎこんじゃったン。

しまいにゃァもう、どうにもこうにもやり切れなくなった。

そうしたら、四谷の若柳亭のおかみさんから、十銭芝居ってえのをやってみたらどうかといわれたんですね。

十銭芝居ってえのは、歌舞伎……といったって、そんな大《だい》それたもんじゃァないが、そういう旧劇をやるもの、また新派劇をやるもの、それに喜劇だとか、剣劇、浪花節劇とか、いろんなものがあって、浅草へ行きますと、そういう事務所というものが、もう門並《かどな》みといっていいくらい、あったそうです。そこへ行っては、何何の一座を十日間てんで決めてくる。

それで、木戸銭は、表向きは、当時五十銭という、ちゃんとした入場料を払ってもらうことにしてあるが、そんな、五十銭も、まともに払ってこようというお客はないわけなんで……そこで、新聞社へ頼みこんで、読者慰安てえやつで、割引切符をくばってもらう。そいつを持って来たお客は、表向き五十銭のところを、一人十銭で入れるわけなんですね、それで〝十銭芝居〟と、こういう。

これは大変もうかるから、やってみたらどうかといわれて、あたくしァ商売のほうは、みんな家内にまかしてありますんで、家内にいったら、

「じゃァやってみようかしら」

ってんで、やったわけなんです。

そのときに、ちょうどあたくしは、横須賀の高倉亭というところへ、十日間の興行……そのころですから、泊まりこみで行った。その留守に、はじめて〝十銭芝居〟というものをか

けて、あたくしが帰ってきたら、

「どうも、おとうちゃん、大変だ」

と、家内がこういうんで、なにが大変だったら、お客が来て大変なんだってんですね。なにしろ、六時ってえと、もう客留めになってしまう……申しあげたように、二階寄席《せき》で、そんなにたくさんははいらない、そこへ、あなた、七百人ぐらい客が来るってんで、

「えゝッ？」

てんで、あたくしァびっくりした。

「そんなに、ここィはいるのかい？」

ったら、もう、木戸をしめてもなんでも、構わず、入れろ入れろってんで、はいってくる……大変なもんだというわけなんで。

その当時、この歩金《ぶきん》がどうなるかってえますと、二分八《にぶはち》といって、十銭とって、八銭は楽屋へ入れなくちゃならない、二銭だけがこっちへ取れる。すると、かりに五百人《ごそく》はいると、十円ですね。七百人《しちそく》はいったところで、十四円、それだけしか、席のほうはもうからない。そのほかに、席のもうけになるというのは、ふとんを貸します、一まい五銭でしたねェ、一まい五銭で座ぶとんを敷かせる。それから、中売りといって、休憩時間に、お茶とかおせんべいを売ります。それらで、席は利益を得るわけでございます。

お茶は、売れば大変もうかりますし、お菓子なんぞでも〝折れ〟といいまして、五銭の元《も》値《と》で仕入れたものを十銭で売りますから、五銭はこっちのもうけになる……数で売れれば、

これがなかなか馬鹿にできない。

だから、歩《ぶ》のほうは、五百人はいったところで、わずか十円しかはいらないが、その余分の収入というものが大変なんです。いままで、落語の興行では、とてもそんな金はとれなかったが、この〝十銭芝居〟をやったら、はじめのうちは、これァまちがいなく金が取れた。

ところが、これァやはりその、注射みたいなもんでございましてね、体の衰えたところへ注射を打つてえと、一時はたしかによくなるけれども、それだけでいつまでも保《も》たせるわけにはいきませんよ。はじめはいいが、何回もやって慣れてくるてえと、あすこは十銭ではいれるんだと、お客がそういう頭《あたま》になってくるんですね。だから、こんど普通の落語の興行を打って、五十銭だ八十銭だといったところが、そんな高い木戸銭を払っては来ないようになってしまう。

なんでも十銭でなければいけない。十銭ならば、そういう芝居を打つよりしょうがない。そればっかりやってれば、だんだんまた客が来なくなる、そうなってくると、いよいよだめってえことになって……つまり、注射ばっかり打っているうちに、心身ともにおとろえるというようなわけなんですね。

十銭の木戸でも、だんだんお客がすくなくなって、一百人《いっそく》を割る……七、八十人なんという入りになった日にゃァどうにもならない。それで、とうとう席も経営していられなくなりまして、

「じゃァいよいよ、来月いっぱいで席を明け渡しますから……」

ってんで、おかげであたくしどもは、すっかりものがなくなっちゃって、席を出て、原宿のほうへ借家を見つけて、引っこしたという、次第でございます。

どうも、概して、赤坂・青山というところは、お客の来ないところで、したがって、これはというような席が出来なかったんでございましょう。

あと、渋谷のほうに近くなりますと、宮益坂の上のところに、二山亭《ふたやまてい》という席がありました。これは、もとは浪曲の席だったと思いますが、落語も時にかけたことがあり、あたくしも、出演をいたしたことがあります。このあいだ、偶然に、渋谷であるおそば屋さんにはいりましたら、そこが、もと二山亭を経営していたかたがやっているおそば屋さんで、そんな話を聞いたことがありました。

本所・深川

あとは、川向こうへまいりまして、本所・深川……まず、本所のほうから申しあげますと、ここで古いのは、広瀬という席でございます。

これは、両国橋を渡ってまッすぐ行きますと、三つ目ぐらいの電車の停留所、そのころは亀沢町《かめざわちょう》と申しました……ただいまで申しますと、緑町《みどりちょう》一丁目の交叉点ですね、あれから南、森下町《もりしたちょう》のほうへちょっと行って、右の横丁をはいったところにありました。

あたくしは、義太夫を語っていたころから、この席を勤めておりますが、ここは、お相撲さんがよく来ましたね。やはり、国技館が近いから、ふだんでもそうですが、場所が始まると、もう大変でした。

あたくしァ、常陸山《ひたちやま》谷右衛門という、明治末から大正のごく初めまでの名横綱、あの人にご祝儀をもらったことがあります。七つか八つの時でしたでしょう、当時のことですから五円札《さつ》をもらったんだと思う。お礼に行かなくちゃァいけないからっていわれて、楽屋でちゃんと着物を着かえてから、客席へ行って、

「ただいまは、ありがとうございます」

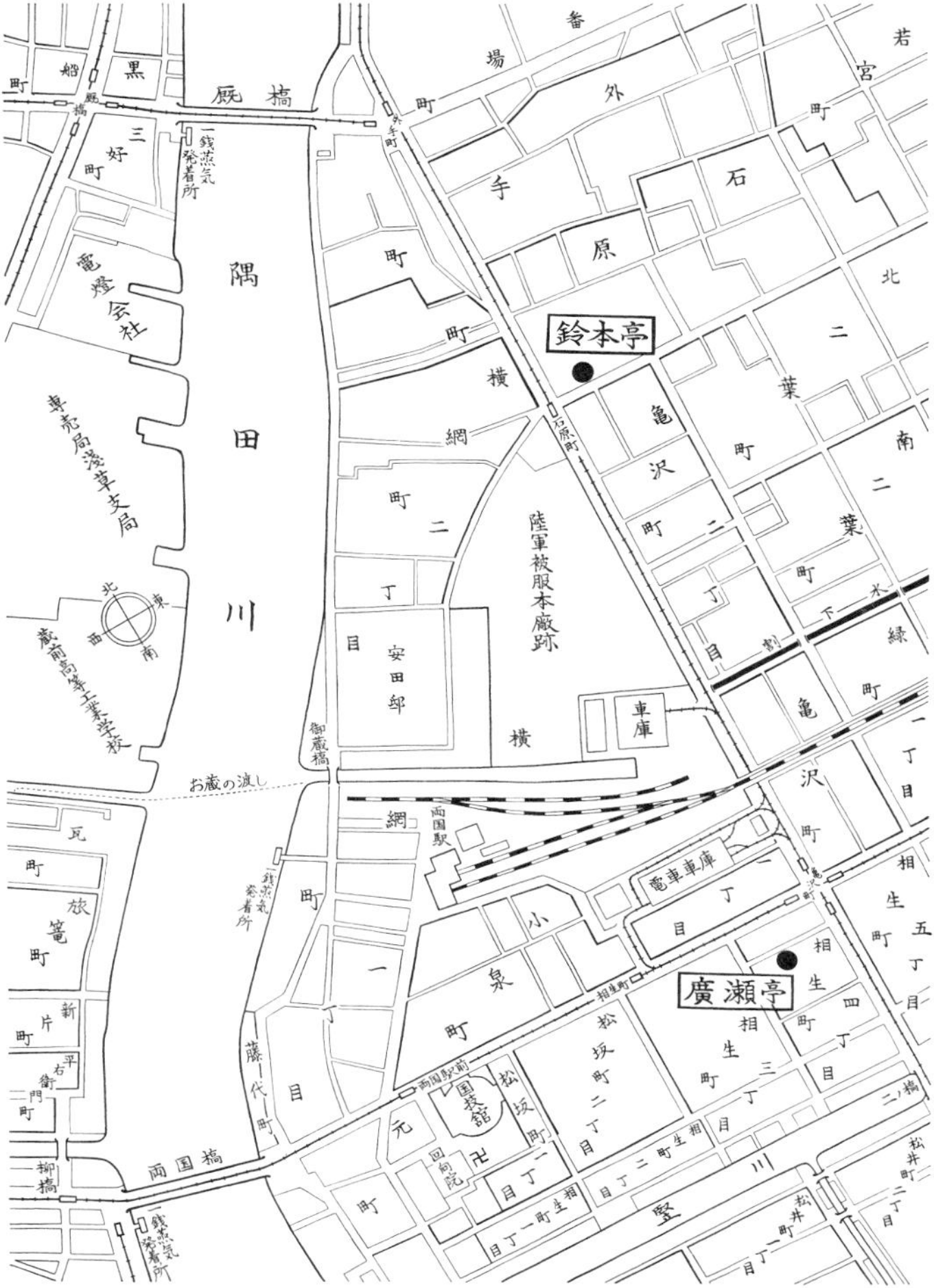

厩橋
三好町
一銭蒸気発着所
番場
若宮町
外手町
石原町
電燈会社
隅田川
鈴本亭
北二葉町
横網町二丁目
亀沢町二丁目
石原町
南二葉町
専売局浅草支局
北
東
西
南
蔵前高等工業学校
陸軍被服本廠跡
安田邸
下水
割
緑町一丁目
車庫
横
御蔵橋
お蔵の渡し
網
両国駅
亀沢町
電車車庫
一丁目
瓦町
旅籠町
一銭蒸気発着所
小泉町
相生町五丁目
相生町四丁目
廣瀬亭
相生町
新片町
平右衛門町
松坂町二丁目
相生町三丁目
藤代町
両国駅前
国技館
松坂町一丁目
元町
回向院
卍
両国橋
柳橋
相生町二丁目
相生町一丁目
竪川
二ノ橋
松井町二丁目
松井町一丁目
一銭蒸気発着所

ってんで、お礼に行きました。そうしたら、まわりにたくさんお相撲さんがいる、そのまンなかに、どでんとすわっているのが、横綱の常陸山。そばで見て、びっくりしましたねェ、

「大きな人だなァ……」

と思って、子どもながら、感心したことがありました。

それから、この席には、例の寄席の〝三婆《さんば》ァさん〟のひとりがいたわけなんで……人形町の末広、神田の白梅とならんで、広瀬のおばあさんといえば、うるさいことで有名でしたが、なんか、ふとったおばあさんで、見たところから、おッそろしく怖《こ》わらしい、ががらした声を出す人だったという記憶がございます。

あたくしが噺家になってからも、よく勤めましたが、そのうちに、ここは、あんまり落語をかけないようになったんじゃァないんでしょうかねェ。演芸会社ができる前後からは、あたくしどもも、出ていないように思います。席としては、もちろんもっとのちまでありましたけれども、浪花節とか、そういうものを、多くやっていたように思います。

本所《ほんじょ》ゥあたりで、あたくしがいちばんよく勤めたのは、石原《いしわら》の鈴本亭《すずもとてい》でした。

これは、厩橋《うまやばし》を渡ってすぐの電車の停留所が、その当時は外手町《そとでまち》といっていましたが、それを右のほうへ曲がって、次の停留所が石原町、その手前を左へはいったところあたりにあった席で、あたくしどもでは、〝石《いし》すず〟と、そういってましたね。石原町にある鈴本だから〝石すず〟というわけで……。

ここへよく出たというのは、あたくしの先代《おやじ》が圓窓のころ、この〝石すず〟が先代《おやじ》の初席でございました。つまり、一月の元旦から十五日間、先代《おやじ》がトリを勤めるわけなんで……だからあたくしも、正月はかならず、ここが、かけもちのいちばんしまいになる……正月ばかりでなく、そのほかのときも、この席は、わりによく出演をいたしました。

この席へは、石谷華堤《いしがやかてい》さんというかたが、よく見えていたのをおぼえております。この人は、国民新聞の記者だったんですか、相撲記者ですね、相撲にかけたら右に出る者がいないという通《つう》で、なんでも、住居が近所だからでしょう、よくこの鈴本に来ていました。落語も大変くわしくて、第一次研究会ができたときに、岡鬼太郎、森暁紅《ぎょうこう》の二人と並んで、顧問ということになったかたでございます。

〝石すず〟も、震災のすこし前には、もう出ないようになったと思いますから、やはり、落語以外のものに転向したのかどうか……以後のことは、よく存じません。

〝石すず〟の近くに、若宮亭《わかみやてい》というのもありましたね。石原町の東どなりが若宮町《わかみやちょう》という町名で、そこにあった。これは、震災前にもあったんですけども、その当時は、睦会の席でございまして、したがって、あたくしは勤めたことはありませんでした。

しかし、震災後、新築をいたしまして再開をした、それからは、あたくしもよく勤めて、知っております。ひところは、相当に、お客さまがよくはいった席でございましたけれども、しかし、それもそう永いあいだではなかったと思います。

それから、押上のほうに、押上亭《おしあげてい》というのがありました。市電の押上終点のそば、こっちから行って右ッかわで、表どおりに面してあった席で、ここは、震災前、あたくしが東西会にいたころ、トリをとったりして、よく勤めたことがあります。震災後は、なくなったようでございましたが……。

そのほかにも、本所区内の席というものは、あったでしょうが、これという思い出のあるようなものはございません。

次に深川へまいりますが、ここで古い席というと、三ッ木亭《みぎてい》というのがございました。これは、町名で申しますと、西森下町《にしもりしたちょう》という……新大橋《しんおおはし》を渡って、まっすぐに来て、森下町の交叉点、あのそばにありました。

この席へは、あたくしもずいぶん子どもの時から勤めております。義太夫から転向して、噺家としての初めての高座は、おそらく、この席ではなかったかと思うんですが……なにしろ古いことで、はっきりとはおぼえておりませんけれども、たぶん、そうだったろうと思うんです。

式多津の西川たッつァんは、昔、この三ッ木亭の近所に住まっていたんだそうで、三ッ木亭へは、よく聞きに行ってたってことを言っておりましたね。

それから、三ッ木亭で思い出すのが、橘家花圓蔵という男のことで……。この人は、本名を田中六太郎といいまして、もとは三代目小さん師の俥ひきをしていたんだそうです。噺家になりたいというんで、小さんの弟子になって、燕花という名前をもらった……が、なにかしくじりがあったのか、柳派を出て、三遊へまいりまして、あたくしの師匠の弟子になって、花圓蔵となった。あたくしが義太夫でやっていた当時は、まだおりませんでした。そのころは、まだ柳にいたのか、あるいは、上方のほうかなんかに旅に行っていたんでしょう。あたくしが噺家になったころか、または義太夫を語っていたごく末のころかに、はじめてこの人にあいました。

入谷に住んでいて、いつもほっぺたが赤いってんで、うちの師匠が〝入谷の赤顔《あかがお》（朝顔）〟というあだ名をつけた。なにしろ淫乱というのか、そっちのほうにかけては、もう仲間うちでも有名で、いろいろな逸話を残しておりますが、この花圓蔵なるものが、大正の三年ごろでしたか、橘家圓幸という名前で真打になった。

そうして、この深川の三ッ木亭のトリを打ったんですね。まァ真打とはいうけれども、噺のほうは、あんまりうまくはない。すると、この人は、上方へ行っていたことがあるんで、むこうでいう〝入れ込み噺〟といって、前座がサラにあがって演る、旅の噺で、おしまいが『軽業《かるわざ》』という噺になる、あれをよくやったんです。

そうしたところが、三ッ木亭のお席亭がいうのに、

「おまいさんは、ほかの噺よりも、あれがいちばんいいから、あれをやっとくれ」

ってんで、圓幸がトリへあがって、この噺をやった。いやどうもトリでもって入れ込み噺

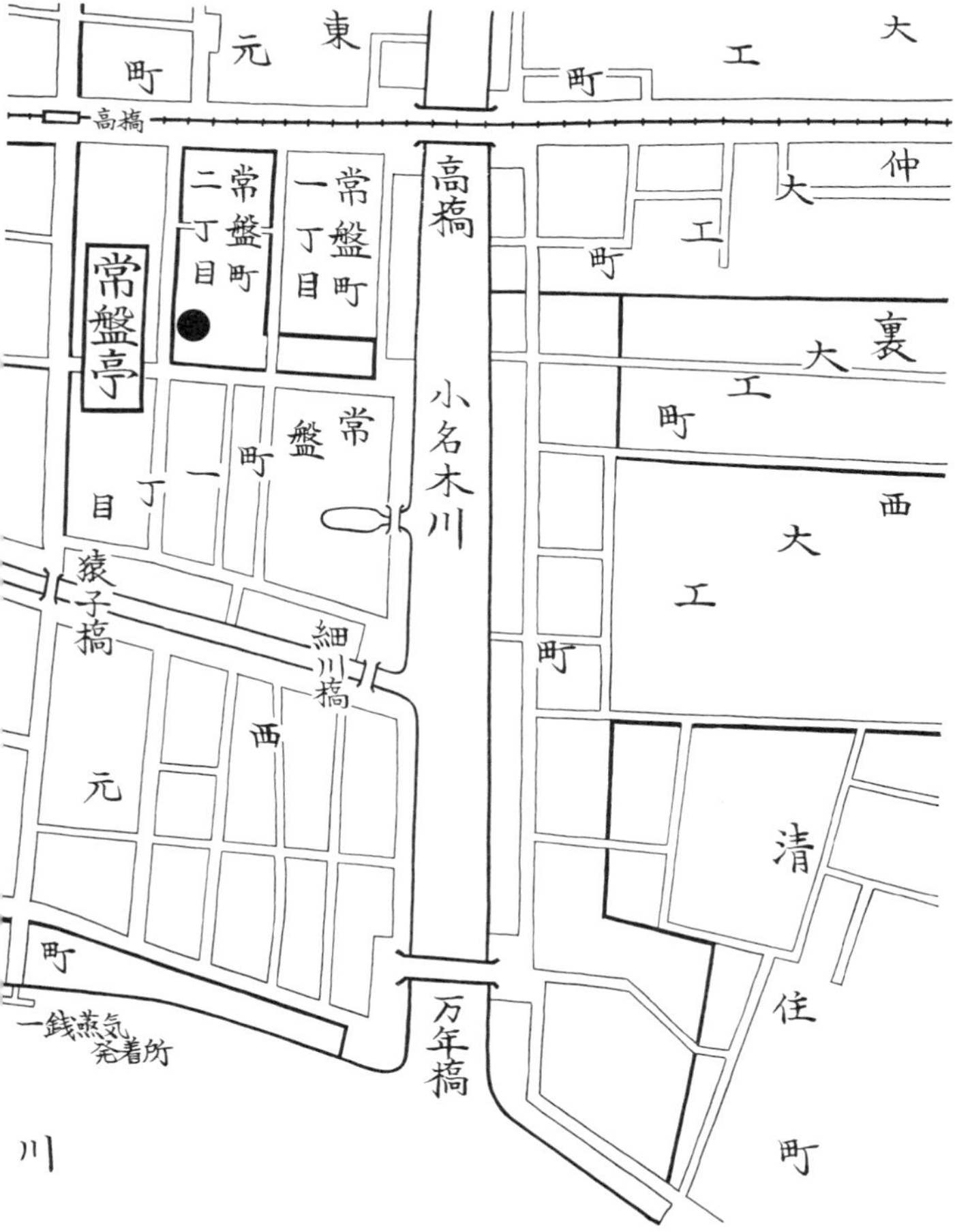
東元町
大工町
高橋
常盤町二丁目
常盤町一丁目
常盤亭
高橋
仲大工町
裏大工町
常盤町一丁目
小名木川
西大工町
猿子橋
細川橋
西元町
一銭蒸気発着所
万年橋
清住町
川

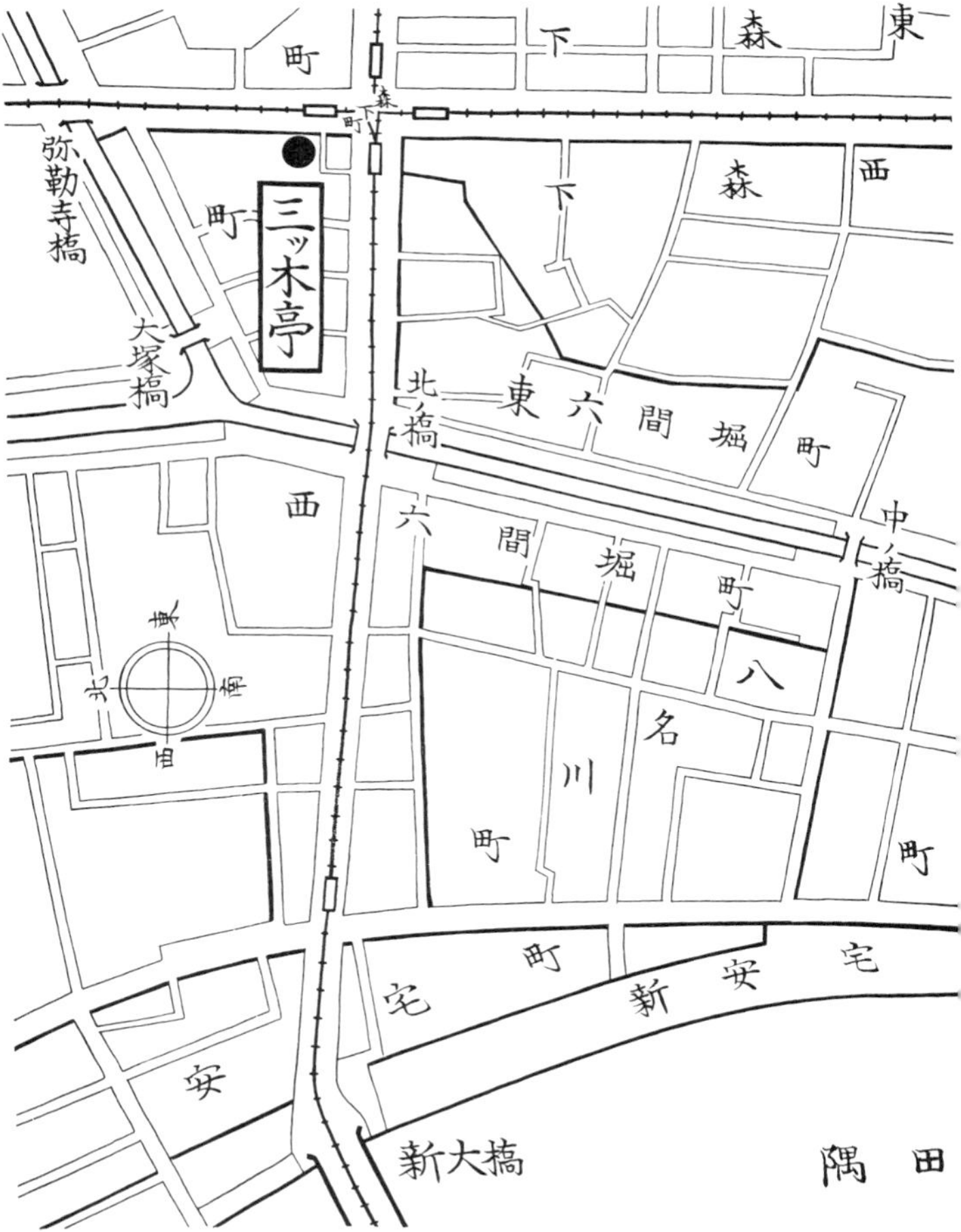
東森下町
森下町
西森下町
町
三ッ木亭
弥勒寺橋
大塚橋
北ノ橋
東六間堀町
中ノ橋
西六間堀町
八名川町
町
東
南
西
北
新安宅
町宅
安
新大橋
隅田

をやったってえのは、これがはじめてだといって、みんなが大笑いをしたことがございます。この寄席もたしかそのころまで……大正五、六年ごろまでで、なくなったんではないかと思います。

森下町からちょっと南へ行くと、小名木川《おなぎがわ》で、これにかかっている橋を高橋《たかばし》といいます、深川高橋《たかばし》。そのそばに、常盤亭《ときわてい》というのがございました。これも古い席なんでしょうが、昔は色物でなく、女義太夫のようなものをかけていたんだろうと思います。なにしろ、三ッ木亭のある時分は、落語はやっておりませんでしたね。

この常盤亭のことを、若いころの川口松太郎さんがお書きになった文が、大正六年の『講談雑誌』というものに載っているのを見つけましたので、ちょっと、ここへ引用させていただきます。

寄席雑記　常　盤　亭　　川口松太郎

深川の高橋《たかばし》で電車を降りると、すぐ右がわの露次《ろじ》ぐちに、常盤亭のつるし看板がぶらさがっている。燕枝、小燕枝、今輔、トリが馬生という顔ぶれで、わきに大きく「柳連芸演競《やなぎれんげいえんくらべ》」と書いてあった。

一体、深川は寄席のすくないところである。ことに色物席は、この常盤一軒きりで、あとは、たいてい浪花節の定席になっている。木場《きば》の兄《あに》い連が、夜ふけて帰る道すがらうなりだす『赤垣』の一節《せつ》こそ、すなわち、浪花節の多いゆえんである。

水に浮いているような深川の町を歩いていると、なんだかこう忘れていたものにひょっくり出会ったような、淡いなつかし味《み》を感ずる。東六間堀《ひがしろっけんぼり》だとか、徳右衛門町《とくえもんちょう》だとか、富川町《とみかわちょう》なぞ、町の名前そのものが、もうすでに嬉しいものになってしまう。「ところもちょうど閻魔堂《えんまどう》……」と、『髪結新三』の名ぜりふにある、その閻魔堂橋も、すこし先の亀住町のまンなかにある。菊五郎《おとわや》の新三や、吉右衛門《はりまや》の源七、のっぺりした勘弥《きのじや》の才三なぞが、ふと私の頭を通りすぎて行った。〈圓生註・才三は誤り。正しくは忠七〉

常盤亭の出来たのは、いまから約二十五年前。隅のほうのうすぐらいところに町内の若い衆が集まってくる昔の寄席の、渋い面《おも》かげの失《う》せた寄席の多いこのごろ、私は常盤亭のあることをよろこぶ。

ほんのわずかではあるけれど、ここには定連《じょうれん》もある。二十五年以前の、まだ文明の中毒もすくなかった時代の建物が、そのまんま(すこしは手入れもしたであろうが)だから、表《おもて》がかりから高座のもようなぞの古めかしいのが、第一にうれしい。隅のほうに坐っていると、妙に陰気だが、落ちついた気持ちになれていい。二階もあるが、両方へ突きだしていないため、すこししかはいれない。木戸ぐちの紺のれんをくぐると、大きなついたてが置いてある。奥行きのせまいわりに間口《まぐち》が広いから、よけいに落ちつける。

かかあと畳は新しいのがいいと人はいう。私は、まだかかあの味は知らないが、畳の新しいのは、いつ、どんな場合でも、気持ちのいいものだと思う。常盤亭の新しい畳を見て、いまさらのようにそんなことを思った。黒く光っている建物に、青白い畳の色が調和して、掃除が行きとどいている。

ただひとつ、馬鹿に癪《しゃく》にさわったのは、客あつかいの悪いことである。木戸番の男から茶売り女まで、たれもかれも愛嬌のない顔をしているばかりか、その不親切なことおびただしい。客の来た場合には、衷心からよろこぶ色を顔にうかべることが必要だと、なにかの記事に出ていたことをおぼえているが、実際、あれだけは席亭の監督をうながしたいと思う。

小燕枝が、あわただしい噺をする。二つ三つ数《かず》がはこんで、式多津《しきたつ》が高座へあがる。

「よいしょ、おひさしぶり……」

「こんばんは……またどうぞ、ごひいきに」

すこし痩せの見えた丸顔に笑《え》みをうかべて、魅力をもって、瞳をふっとわきへそらした。

式多津は、今年二十二である。このごろ、また美しくなったようだ。歌子のほうが美人ではあろうが、式多津は、いかにもいじらしく、すべてがしとやかである。こんな意味で、私は式多津を好む。常磐津のあとで、『梅にも春』を踊った。三味線も踊りも、めきめき上達したのに感心する。

ちょいとお客のようすを書く。定員は二百五十とあるが、すこし無理であろう。ご定連は、二階の左手に陣どって、神妙に聴いている。ここは、女義太夫《たれ》を四分、色物六分の割合にやっているので、お客も複雑しているが、女客の多いにすこしおどろかされる。半分以上女だ。それも、種々さまざま……が、どうも下町式な、そして川むこうの情緒が出ていないのは、どうしたわけであろうか。たまたま、桃割れに紅い花かんざし、黒繻子の襟のかかった娘さんを見ることがあっても、それは、はなはだまれである。ハイカラ髪《がみ》に、薄い絹の肩かけをした女、ここでそんな女を見かけようとは、夢にも思わなかった。もう情緒もくそもない。

馬生の高座は、十一時に近かった。まくらに、小さん、圓右のまねをする。この人が、仲間のまねに妙を得ていることは、いまさらいうまでもないが、どうも、その巧妙なこと、下を向いて聴いていると、そっくりそのまま。噺は『三人旅』。泣き上戸《じょうご》に怒り上戸、笑い上戸の三人が旅をするだけの話だが、ただわけもなくおもしろい。宿へ着くと、女中が、相宿《あいやど》をひとり入れてくれという。女と聞いて、よろこんで承知をすると、これが八十近いばばあさん……なんぞのあたり、お客はむやみによろこんでいた。

〔『講談雑誌』第3巻9号(大正6年8月)〕

さすがに、そのころの寄席のようすが、実によく出ております。式多津《しきたッ》つァんのことも出ておりますが、そのほかで、小燕枝というのは、この後まもなく六代目正蔵になりました今西久吉、トリの馬生というのが、のちに四代目志ん生となった鶴本勝太郎という人のことでございます。

この席は、久松《ひさまつ》という、ばくちうちの親分が持っておりました。これは、なかなか有名な親分だったんですが、のちにこの親分が亡くなると、そのおかみさんだった人と、曲芸の春本助次郎……これが関係ができまして、一時はまァ夫婦同然で、いっしょになっていたことがありました。

久松の子分だった連中がおこって、とやこういったりなんかしたんですけれども、あたくしの先代《おやじ》が口をきいて、どうやらこうやらまとめて、そうしていっしょになっていたわけで……。このおかみさんが、大分お金を持っていたらしくて、それを貸して、その利息でくらしているというような身分ですから、助次郎も金まわりがよくなった。

この助次郎てえ人はやはりばくちが好きで、席亭やなんかといっしょにばくちを打つ。その時に、四谷の喜よしとか、あるいは人形町の末広、そういったところが負ける、と、やはり金に困る。で、助次郎のかみさんが金貸しをしてるってことは判ってますから、

「助《すけ》ちゃん、ひとつ、金をこのくらい……」

「あゝ、ようござんすよ」

ってなことで、金を借りるという……これがために、春本助次郎というものは、席亭に対して、一時はその、隠然たる勢力を持っていたということでございます。

ところが、そののち、助次郎は、上野の鈴本の鈴木孝一郎さんの娘さん……いまの本牧亭のおかみさんですね、あの人といっしょになる。その時は、この常盤亭のおかみさん、たし

か苗字を黒瀬といいましたね、これが血まなこになって、助次郎を追っかけて歩いた。

このときも、うちの先代《おやじ》が、あいだへはいって、まァまァってんでなだめて、

「おまいさんが、いくら追っかけても、当人の助次郎が心変わりがしちまってるんだから、おまいさんも、もうあきらめたらいいじゃァないか」

というようなことで、まァやっとこさとあきらめさした、なんてえことがありましたんです。

そういったわけで、この常盤亭というものも、そう永くはありませんでした。もちろん、戦争前の話でございます。

そのほか、深川では、桜舘《さくらかん》というのがありました。これは、永代橋を渡って、深川の八幡さま、お不動さまあれよりはもっと手前でございます、ただいまでは、永代二丁目となりましたが、以前は黒江町といった、その市電の停留場のすぐそば、こっちから行って右がわの表どおりにあった席で、はじめは浪花節の席だった。それがのちに色物席になったわけですが、場所がらもいいんでしょうか、大変お客が来まして、まず深川では、この桜舘というのが、いちばんお客さまが来たように思います。

麴町

麴町区というものを、申しあげるのが抜けてしまいましたが、ここはもうほとんど、あたくしども知っては、色物席は少なかったもんでございます。

やはり、時代のうつり変わりで、麴町というところは、過去の町といいますか、住むにはいいけども、興行なぞをやるには、あまりぱッとしないってえことになっちゃったんですね。

それでも、ずうッと以前はよかったんでしょう。幕末から明治初期にかけては、麴町の万《まん》長《ちょう》という、大変いい席があったと申します。

これはもちろんご一新《いっしん》前のことでございましょうが、圓朝師がまだ売り出し前に、おとっつァんの圓太郎が、どうかしてせがれに、この万長を打たしたいというので、席亭にいろいろ頼んだが、そんなものはかけないといってことわられた。その後、圓朝師がえらくなってから、ほかの席へはかかっても、この万長だけは出ない。席亭のほうから頼みに来たけれども、意地をはって、とうとう万長へは出なかったというような話を聞きました。それだけ有名な席でございますが、あたくしども話に聞くだけで、どのへんにあったものか、まるっき

り存じません。
　あたくしどもが知っていると申せば、青柳《あおやぎ》亭《てい》というのがございます。これは、どのあたりにあったかというと、四谷のほうから来まして、あれは麴町……三丁目になるんですか、左へまがると、日本テレビの前をとおって市ヶ谷見附のほうへ出る道があります。あれを通りこして、そうですね、家数《いえかず》にして十五、六軒行ったところで、左へはいる横丁が、当時ありまして、それをはいったところにあった席でございます。
　これは、その以前はどうなっていたのか存じませんが、三代目の小さん師が買い取りまして、青柳亭という名前で、せがれの豊島亀太郎という人に、これをやらしたわけなんで。ところが、そのうちにまた、四谷の杉大門というところにあった席を買って、こっちのほうがいいからというんで、亀太郎さんはそっちへ行く。すると、青柳亭があきますから、そこへ、亀太郎の弟の留《とめ》さんというのがはいって、経営をするようになった。この留さんのほうは、兄さんとは違って、まことに実直な人でして、一生けんめいにやっていましたが、申しあげたように、麹町というところは、もうすでに、商売には向かない土地になっていたわけで、お客もどうも思ったように来ない、というようなことで、とうとう、この青柳亭は、わずかの期間で、震災前にはなくなってしまいました。

それよりも市ヶ谷寄りで、三番町でしたか、山市場《やまいちば》といった席がありまして、これは浪曲の席だったのが、すこしは色物を打ったこともあったんですが、あたくしが子どものときに、出たおぼえがあります。やはりお客が来ない席で、あんまり永くはやらなかったと思います。麹町で知っているというと、まァそんなところでございます。

これで、東京市内の寄席は、ほとんどお話を申しあげたわけでございます。
あとは、東京以外……地方の寄席で、名前の知れ渡った席というものを、あたくしの知っております範囲でお話し申しあげておきたいと存じます。

横　浜

まず横浜から申しあげますが、ここには、有名な新富亭という席がございました。この席は、『寄席育ち』でもお話ししましたように、あたくしがまだ義太夫を語っているころ、高座でアナがあいたときに、はじめて『箱根山』という噺をやって、まァいってみれば、のちに噺家に転向をするきっかけになったようなことがありましたし、また、あたくしの師匠の圓蔵が、最後にトリを勤めました席で、師匠が死んだときに、あたくしが代理《だい》バネをしたという……とにかく、大変に思い出の深い席でございますので、すこしくわしく申しあげておきたいと存じます。

伊勢佐木町という、当時、横浜ではいちばんの繁華街にありましたんですが、あたくしの子どもの時分には、まだ市電というものもありませんで、ただいまの国電の桜木町駅、あすこから歩いたもんでございます。そのころは、あれが「横浜駅」だったんです。それで、鉄道の線路は、ここまでしきゃない。どうするかってえと、汽車は、また引っ返して、現在の横浜駅のところから、東海道線にはいるというわけで……へへ、なにしろ古いことですねェ。

昨年〔昭和五十一（一九七六）年〕の十月から、横浜市の教育文化センターというところで、月一回、横浜落語会というものが開かれておりまして、あたくしも毎回出演をいたしておりますが、先日、ちょいと時間がありましたんで、あのあたりを歩いてみました。

伊勢佐木町へはいるところは、川があったのが埋め立てられてしまって、工事をやっております。あすこは、〝鉄《かね》の橋〟〝鉄《かね》の橋〟といってました、日本ではじめて鉄《てつ》でこしらえた橋があって、それを渡ると、伊勢佐木町の通りになるわけなんですけども、その橋もなくなってしまうみたいですねェ。

伊勢佐木町の通りは、いまでもさかんでございます。おもて店《だな》の様子は、すっかり変わっちゃってますけれども、昔からのお店《みせ》もいくらか残っているし、道はばは、戦争前と変わってはいないようですから、行ってみたらば、あゝ、ここだなってことが、すぐにわかりました。

〝鉄《かね》の橋〟のあったほうからはいって、ちょっと行きますと、右がわに、いまは横浜松坂屋となっておりますが、以前は野沢屋といったデパートがあって、その先に、ひとつ、左右に交わる横丁があります。そこを越して行って、次の横丁、その手前の左かどが、亀楽《きらく》せんべいという、これも古くからのお菓子屋さんがある。その向かいッかわ、つまり通りの右ッかわの、かどから二軒さきに、いま、ハマ楽器店という、かなり大きな楽器屋さんがあります。このハマ楽器店のところが、確かに、新富亭のあとなんです。

間口《まぐち》からいいましても、ちょうど、あのくらいだったと思います。なんか、表から見ると、土《ど》蔵造《ぞうづく》りのような、三階建ての建物でございましたね。ですから、当時としては、かなり大きな建物で……あのころ、伊勢佐木町の通りで、三階建てというのは、そうはなかったわけでしょう。

大通りに面した一階の、向かって右のほうが、寄席の木戸口、左のほうは、なんの店でしたか忘れましたが、床見世《とこみせ》のようにして貸していたんでしょう、ほかの店屋《みせや》になっておりました。

木戸口をはいると、正面に梯子段があって、それをあがると、二階がずうッと客席になっておりまして、左なめ奥のほうに高座が見えるわけで……それで、三方《さんぽう》に桟敷《さじき》がありました。ですから、入れものとしては、相当大きいほうで、本郷の若竹なんぞよりも大きかったかもしれません。まず四、五百人ぐらいは軽くはいる。階下《した》……といっても二階のわけなんですけども、つまり高座のあるところ、そこだけでも、そのくらいは、まず楽にはいる。それで、三方桟敷、これもみんな畳ですからぎっちり詰めれば、上下で千人から、もっとはいったんじゃないでしょうか。

横浜の新富で、客留《きゃくど》めをしたってのは、あたくしァ存じませんね。はいる限りはどんどん入れますから、大入りになったてえことは、いくらも知っておりますけれども、客留めというのは、もうこれ以上は、はいれないからってんで、木戸を留めてしまうことなんで……それだけはいったという記憶は、あたくしァ一ぺんもありません。だから、いかに大きかったかってことなんで。

高座も結構広かったですねェ……しかし、そんなに間の抜けるほどの広さじゃァない。楽屋は、高座の上手《かみて》がわから奥へはいって、高座の裏をまわって、下手《しもて》のがわに、お囃子《はやし》部屋がありました。舞台と同じ高さに、お囃子の台があり、その下ンとこに太鼓があって、こいつを前座がたたく。そこンところは少ゥし広くなっていて、そこに芸人がみな、たむろしてえるわけで……すると、その上に、つまり三階にあたるわけですけども、お囃子の脇に梯子《はしご》段《だん》があって、これをあがると、さのみ広くはないが、四畳半くらい……六畳まではなかったでしょう、ふつうのたんすの半分くらいの巾のたんすが一棹置いてある、これが真打の部屋になっている、というところが、ほかの席の楽屋とは、ちょっと趣きがちがっております。

上手のほうにも、これとちょうどにらみ合わせに、三階の座敷があって、そこがお席亭の住居になっておりました。

あたくしの子どものころは、横浜ってえと、もうたいてい泊まり込みです。あたくしの師匠なんぞもやっぱり泊まります。そうすると、師匠は、その三階の座敷に寝る。ほかの連中はみんな、楽屋とか、客席に寝るわけで……楽屋ったって、申しあげたように、決して広くはない、ふとんを敷くってえ段になれば、まァふたァりも寝ればもういっぱいです。そんなにきゅうくつな思いをしなくったって、客席は広いんですから、桟敷もありますし、そっちを使えば、何人でも泊まれるわけなんです。

そのころは、十五日興行ですと、十五日ずうっと泊まる。師匠なんぞは、ときどき東京へ帰ることもありましたけども……まァそれは、大正もなかばごろになってくると、おいおいに鉄道のほうも便利になってきて、時間も短縮されてきたという関係もあったでしょう。東

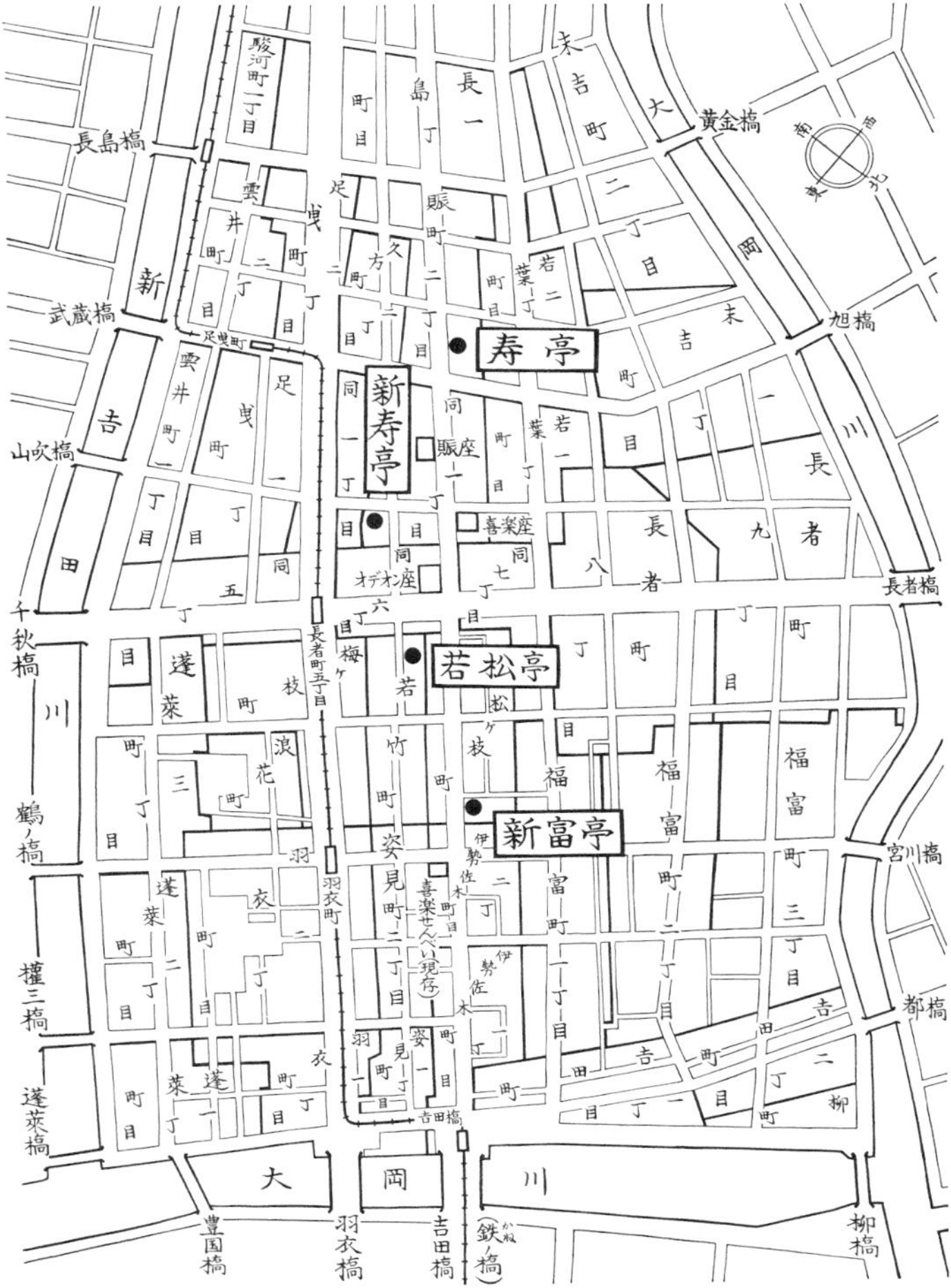
寿亭
新寿亭
若松亭
新富亭
長島橋
武蔵橋
山吹橋
千秋橋
鶴ノ橋
權三橋
蓬莱橋
豊国橋
羽衣橋
吉田橋
(鉄《かね》ノ橋)
柳橋
都橋
宮川橋
長者橋
旭橋
黄金橋
大岡川
中村川
吉田川
新吉田川
足曳町
長者町五丁目
羽衣町
喜楽座
賑座
オデオン座
喜楽せんべい(現存)
駿河町一丁目
長島町
末吉町
若葉町
伊勢佐木町
福富町
蓬莱町
羽衣町
姿見町
吉田町
柳町
南
北
東
西

京の席をはやく勤めて、横浜のトリへはいるとか、こっちをはやくすまして、東京へ帰るというような場合もありましたね。けれども、それァもちろん、大真打《おおしんうち》でなければできないことで、二つ目なぞはみんな、泊まりッきりでございます。

寄席で泊まりますのに、当時は、ふとんを貸すんです。ふとんなんてえものは、宿へ泊まれば、そこィついてるもんなんですがね、この新富では、ふとん代は、みんな自弁《じべん》だったんで……当時のふとん代を覚えておりますがね、あたくしが覚えてからですから、明治……そう、四十二年以後でございます。その以前は、もし泊まったとしても、義太夫をやっていて、おふくろが一緒ですから、そういうものは、みんな母が払っていたから、こっちァわからない。しかし、噺家になってからは、ひとりで行って、自分でやらなくちゃァならないんで、ちゃんと覚えてます。敷《しき》が二銭で、掛《かけ》が三銭でしたね。

冬なんかですと、掛《かけ》が一まいじゃ寒いんですねェ。新富は、一月の下席《しもせき》てえと、きまってうちの師匠のトリなんで、それが、のちには二月の上席《かみせき》になりましたけども、いずれにせよ、ちょうど寒いさなかなんです。で、六銭払って掛を二まい借りる。三まい掛けると動けなくなる、重くッて……。なんで重いのかってえますと、永年のあいだ使っているふとんですから、これをその、まめに干したりなんかしてれば、中の水気《すいき》がとれて、ふわっとするんだけども、朝起きたら、すぐにたたんでしまっちゃうというような、なにですから、永年の湿気で、綿は固まっちゃって、目方のあることといったら、もうおそろしいもんで、寝返りを打とうと思ったら、上のほうへぐっとふとんを持ちゃげなくちゃァ動けない、へへ、なんのことァない、戸板のすこしやわらかいのを掛けてるような……おッそろしいふとんでしたね、えゝ。

おっ師匠《しょ》さんのほうは、また別のふとんを出してくるんですか、いくらか違って、ましなふとんで、それに、かいまきなんぞも貸しましたね。

二銭、三銭というのは、ひと晩の貸し賃なんです。だから、敷《しき》一まいに掛《かけ》を二枚借りると八銭ですねェ、一日に……それを何日分とかためて、これァ自分のふところから払うわけなんで……。ですから、それはそれで横浜を勤めるときは、東京とは違って、お給金も高かった。つまり、東京にいれば、二つ目で、すくなくて二軒、あるいは三軒くらいはかけもちをするけれども、横浜へ行けば、それもないし、ふとん代も払わなくちゃァならないというわけですから、やはり多少はお給金のほうをよくしてもらわなければやり切れないわけなんです。

そのころで、ひと晩どのくらいになりましたか……いま思い出せませんが、客数にして、三百や四百は出たでしょう、ほかよりは、大分、収入《みいり》がいいわけなんで。

食いもののほうは、これァ九兵衛《きゅうべえ》さんという、雑用屋《ぞうようや》がありまして、これが三度々々、大きなお鉢ンなかへご飯を入れて持ってくる。盛りッ切りのどんぶりめしじゃァないんで、それで、七人や八人は泊まってますから、大飯食いもありゃァすくない人もいる、そこは融通で、うまい具合にいくんです。ただし、おかずのほうは、ひとりひとり、ちゃんと皿に盛ってくるから、そういうわけにはいきません。

ですから、よく、シューマイを買ってくるとか、

「おい、チャーシュウ買ってこい」

なんてんで、これァみんな自分《てめえ》のふところで買ってくる。あのころのチャーシュウっても
のは、うまかったですねェ。そのかわり、そんなに安くはない、明治の末で、二十銭出して
買ってきても、そう幾切れもはないくらい……ところが、いまは、それがないんです。この
あいだも、中華街へ行きまして、さがして、これならってんで買ってきましたが、まるっき
り味が違う……あんなもんじゃァない。

そのころ、焼いているところを見ましたがねェ、往来でもって火を焚いているんですよ。
ちょろちょろした火を焚いて、その上へ、五、六尺のところへ木を渡して、そこィ肉をぶら
さげて、あれで何時間もかけて焼くんでしょう……だから、食べるときに、ぷゥんと、ちょ
いっと焦げくさいようなにおいがするが、食べちゃァこれがとてもうまいんですねェ。

九兵衛の雑用は、これが安くて、一日三食付いて、二十二銭とか二十三銭、これは確か、
めいめいに払ったんでないように覚えています。ワリから引かれるってんでもなく、楽屋の
かかりとして頭《あたま》っから払っちゃってたものか、どういう勘定になってたんですか、そのへん
はおぼえがありませんが。

この、旅興行ってえと、そこにはいろんな掛けひきがありまして、〝天引《てんび》き〟とか〝天切《てんぎ》
り〟ってまして、歩《ぶ》の興行でやる場合、必要経費をまずあたまから引いてしまって、残った
あがりを席と楽屋とで割るという、これが原則なんですね。だけども、席のほうが強くって、

芸人のほうが弱いときには、席と楽屋とで歩を分けたうえで、楽屋のほうで経費を持つという場合もある。また〝売り〟といって、客の入りに関係なく、芸人のほうには、いくらいくら払って、それっきりという興行もあるわけなんで……。ただ、汽車賃、足代ってものは、〝乗《の》り金《ぎん》〟といって、はじめに送ってきてくれるが、これは、たいてい、むこうが総あがりのなかから引いて、支払うべきものなんです。

この新富の雑用なんかも、〝天切り〟で払ったのか、楽屋のほうで払って、その分だけワリのほうへ食いこんでいたのか、そのへんは、あたくしもはっきりしていないんですけどもね。でも、その雑用のねだんが、一日二十二、三銭だってことは、おぼえている。

それァねェ、ひとしきり、あたくしァからだの具合を悪くしまして、別雑用《べつぞうよう》てえものをあつらえたことがあるんです。

十八、九の時でしたが、栄養のあるものをたべなくちゃァいけないってんで、一日五十銭払って、特別に頼んだんです。そうすると、配達するのはいっしょだけども、ひとりぶんだけ、ちゃんと別に、みんなには付かない、小鯛の焼いたのやなんか、相当うまいものを持ってきてくれる。二十二、三銭と、五十銭ですからねェ、それァ大変な違いなんで……しかし、いま考えてみますと、一日五十銭で、三度々々、そうやっていろいろつけてくるんですから、やはり、ものが安かったんですね。

鉄《かね》の橋のほうから行って、新富亭を通り越したところで、右にはいるわりに大きな路地がありまして、裏へ抜けるようになっている、その抜けたところに、港屋という旅館がありました。ここは、すこゥしいい芸人とか、別あつかいをしなくちゃならない芸人で、楽屋へは泊められないというようなときに、この港屋へ泊めたもんです。

あたくしが十四ぐらいの時でしたね、戸塚芸者《とつかげいしゃ》で、三十六貫あるという大女《おおおんな》が出たことがありました。その人が、この港屋旅館へ泊まっていたんで、そんなことでおぼえておりますが……。

その小路へ、飴屋《あめ》が来たことなんぞもおぼえております。それで芝居をやったんです。あたくしァもう噺家になっていましたが、まだ子どものころで、それを見て、おもしろいなァと思ったおぼえがあります。

新富の楽屋が、二階ですから、ちょうどその小路を見おろすようになるわけなんですよね、と、頭のうえへあの盤台《はんだい》を乗っけた、飴屋が三人ぐらい、連れだって来まして、だれか、銭《ぜに》をやった者があるんでしょう、

「なんか演《や》ってくれェ」

とかなんとかいってね、そうしたら、『箱根霊験躄仇討《はこねれいげんいざりのあだうち》』という、あれを演ったんです。この時に、あたくしは、はじめて、飴屋の芝居ってものを見た。

東京では、もうそんなものは見られませんでしたよ。でも、飴屋さんてえものは、時折は来たもんなんですがね、

「どどン、どンどこどンどン、すとどン、どン……」

という、太鼓の打ちかたで、町をまわって、割り箸の短ッかいようなやつィ、ごォく固い

水飴のようなものを、くるくるッと巻きつけて、五厘とか、そんな値段で売る……それがたべたくてしようがないんですよ。だけども、

「あんなものたべちゃいけない」

ってんでね、おこられる……それでも、いっぺんたべましたがね、うまかった。子どもンときは、そういう駄菓子のほうがうまいんです。駄菓子屋へ行きますとね、小さなびんにはいったみかん水《すい》なんてのがある。

「そんなものをのんじゃァいけない。サイダーをおのみ」

ってえけれども、サイダーなんかはうまくないんですよ。みかん水《すい》のほうがずっとうまい。それで、飴屋の芝居ですが、これァ実にふしぎなもんで……。ひとりが、女形《おんながた》のせりふで、

「もゥし、勝五郎さん」

てえと、どどどンどどンどン……と太鼓を入れます。

「ここらあたりは山家《やまが》ゆえ……」

どどどンどどンどどン……

「もみじのあるのに雪が降る」

どどどンどどンどどン……

「さぞ寒かったでござんしょう」

ってえと、どンどンどン……てんで、そのひとことひとことに太鼓を入れるんで……これが見ていて、実におもしろいなァと思いましてね。そんなぐあいに、ひとくさり演って、行

ってしまいましたけども。あとにもさきにも飴屋の芝居ってえものを見たのは、これいっぺんきりでございました。

それから、このあいだあのへんを歩いてみて、オデオン座ってのを見たら、思い出しました。あれは、洋画の封切館でしてね、あすこで、『名金《めいきん》』だとか『レッドサークル』だとかいう、続きものですねェ、当時、『怪盗ジゴマ』とか、切れ場へくると、

「いかが相成りましょうや、この続きは、また来週……」

ってんで、四回、五回と続く……オデオン座の跡を通って、そういう続きものの映画を、ここで見たんだなァと思って、大変なつかしく思いました。

新富のお席亭は、苗字を竹内さんてえましてね、でっぷりふとった、りっぱなかたで、おとなしい、あんまり口もきかないというような、木戸へすわっていて、われわれがなんかいっても、

「へえ、へえ」

ってんで、非常にその、芸人にもやさしくって、あの旦那のおこったたってえのをみたことがない。あの旦那はいいかただ、いいかただって、みんながそういってました。

それで、お便所のお掃除は、きまってこのご主人がするんです。木戸口の正面に梯子段があって、その裏っかわが、お客さま用のお便所になってるわけで、その時分、ずいぶん汚《よご》したりなんかする人がある、それを、決して奉公人にさせないで、ご主人が自分でやる……これにはねェ、びっくりしました。

息子さんがいましてね、あたくしよりは年は上ですね、当時、中学生でしたか、それであたくしが退屈をしていたら、本を貸してくれました。あたくしも、本は好きだったんですけども、お金がないから、そうそう買えない。そうしたら、『イソップ物語』とか、『千一夜物語』というような、りっぱな本でしたよ、もう上の学校へ進んで、そんな本は読んじゃったあとだから、

「これ、貸してあげる」

ってんで、借りて読んだおぼえがあります。申しあげた、高座の上手《かみて》のほうの三階の、お席亭の部屋には、よほどの用でもなければ、われわれ、めったにあがって行くこともできませんけども、その、本を借りるんであたくしァその部屋へあがってったこともありました。

新富亭の息子さんで、いま、金沢高校でしたか、なにかの先生になっていらっしゃるかたがありまして、もちろん、もう年配のかたですが、しばらく以前に、お目にかかったことがあります。

「あなたにご本をお借りしたことをおぼえてます」

って、そういいましたら、

「あァ、それァうちの兄貴でしょう」

なんて、いっておられました。だから、そのかたは弟さんのほうなんで。

新富亭は、震災のちょいと前に、吉本へ売っちゃったんです。それで、横浜花月になって、間もなく、一年かそこらで焼けちゃった。ですから、いえばご運がいいんですねェ。あの時

は、焼けたって保険料はとれませんし……吉本とは、どういう交渉になったのか知りませんけども、とにかく焼ける前に金に替えちゃったんだから、

「やっぱり、運のいい人なんだねェ」

なんて、みんなでそういってたことをおぼえております。

吉本のほうでは、買うわ、とたんに焼けるわで、損もしたかも知れないが、もともと土地柄もよく、お客の来る席でしたから、すぐに建て直して、花月でずっと営業をやっておりました。あたくしも、花月になってからも、行って勤めましたけれども、まことにもう、昔とはまるきり趣きも違ってしまいまして、そのうちに、また建て直して、椅子席にしたんでしたか、いつとはなく、映画館にでも転向したんだと思います。

しかし、とにかく、新富亭のころは、あたくしにとっては、まことに思い出が多いんでございまして、あたくしの師匠、四代目橘家圓蔵が、最後に勤めましたのが、この席でございます。

大正十一年の二月、申しあげたように、そのころ新富の二月の上席というのは、きまって、師匠のトリ席で、この時も、師匠がトリ、〝書き出し〟があたくしの先代《おやじ》の、当時、圓窓。あたくしが、圓好で、〝中軸《なかじく》〟という〝三枚看板〟でございます。

それで、師匠が三日間勤めて、なんでも三日目が『宮戸川』をやりましたか、これが、師匠の最後の舞台になった。四日から、具合がぐっと悪くなって、気管支喘《ぜん》しゅうという、急性喘息《ぜんそく》みたいな病気で、入院てことになりました。突然の事《コツ》ですから、代演といっても、間

に合わないから、あたくしがお客さまに口上を言って、おわびをして、二日間か三日間、代《だい》バネをいたしました。

師匠は大看板ではあるし、あたくしがトリをとるんでは、看板が違いすぎるんで、だれか頼まなくちゃいけないってんで、先だって亡くなった小圓朝さんのお父《と》っつァん小圓朝さん、このかたに代演に来てもらって、二月十五日まで勤めていただいた。

ところが、八日の朝がたに、師匠が亡くなりました。この時ァ実に、あたくしァ親が死んだとき以上に悲しかった。それで、日の都合がありまして、十一日にお葬《とむら》いが出たんです。と、八《やア》、九《この》、十《とお》と、三日間お通夜《つや》をした……おどろきましたねェ、三日間のお通夜。

その間《かん》、新富亭のほうは、一ン日《ち》も休むわけにはいかないし、それに、いまのお通夜みたいに、二時間でおしまいなんてんじゃァないんですから、席を勤めて、すむと大急ぎで、横浜から品川の師匠のうちへかけつける。そうして、夜明けまでちゃんとお通夜をして、四谷須賀町《すがまち》のうちへ帰ってきて、すこゥし寝て、このときは、東京の席も何軒か、かけもちをしてましたから、それを勤めて横浜へ行く。その晩また品川で、夜明けまでお通夜……これが三日続いたんですから、おどろいた。

それでも、気が張ってるから、なんとか保《も》ちましたが、十一日にいよいよお葬《とむら》いが出て、その晩、新富を勤めて、横浜から帰ってくるときには、もう前後不覚に、電車ンなかで寝てしまいましてね、東京へ来て、駅員にゆり起こされて、

「あなた、ここは終点ですよ。東京駅ですから、この先はもう行かないんですよ」

って、いわれて、あわてて降りたんですけども、四谷のほうへ行く電車は、もうないってんですね。品川どまりの電車があるってから、有楽町まで戻って、いまの日劇のあるところに、タクシー会社がありました。タクシーったって、その時分は、いまみたいに流しているんじゃァありません、ちゃんとあつらえなくちゃいけないんで、その会社へはいってって、四谷まで行ってくれって頼んで乗りました。そのときに、おぼえていますが、あすこから四谷まで、三円なにがし取りましたよ。当時の金で三円てえば、かなり高価なもんですが、ちょうど雨がざァざァ降ってましてね、あすこからうちまで、あのどしゃ降りッなかを歩いて帰ったら、どうなるだろうと考えたら、金を出しても安いもんだな、と思ったことがあります。

それから、思い出したついでにお話を申しあげますが、横浜の弘明寺《ぐみょうじ》というお寺に、師匠の碑が立っております。どういうわけで、圓蔵の碑がここにあるのかと申しますと、関内《かんない》の芸者で、お千代さん、お千代さんっていってましたが、本名を中山千代という、つまり、うちの師匠の愛人でございます。この人が建てたものなんです。

このお千代さんには、うちの先代《おやじ》もあたくしも、横浜へ行っては、しじゅう世話になってますから、病院やなんかでも、おかみさんと鉢合わせをしちゃァ具合が悪いってんで、おかみさんのいないときに、ちゃんと連絡をとって、師匠ッとこィ呼んだりなんかしてえた。

と、師匠が亡くなりましたんで、大変に歎いて、自分が横浜だから、碑でも建てて、なんとかして自分のそばへ置いておきたいということを考えたんで。

いよいよ十一日にお葬《ともら》いを出して、桐《きり》ヶ谷《や》の焼場《やきば》へ持ってって焼いたんですが、そうしたら、お千代さんが、

「碑を建てるにしても、ただ空《くう》なところへ建てるんでは、まことに頼りないから、どうかして、お師匠《しょ》さんの分骨《ぶんこつ》をしてもらいたい」

てんですけどもね、へへ、これァ実に容易ならざることで。

分骨ってものは、これ、おかみさんが承知をしなきゃァできるもんじゃァない。ほかに身寄りの人もあることですし、あたくしと先代《おやじ》が頼まれて、

「弱ったな……」

って、あたまァかかえた。なんとかしてくれってんで、これから、師匠の骨を盗むという、ひとつの犯罪をおかすんですね。

「弱ったなァ、どうしよう」

ってんで、先代《おやじ》と相談をしまして、まァなんでも隠亡《おんぼう》にいくらかやって、頼むよりしようがないというんでむこうへ行きまして、先代《おやじ》が耳ッこすりをしたんで。

「こういうわけで、分骨するんだけども、いまの細君に知れると、具合が悪いんだから……」

そうしたところが、

「へえへ」

ってんで、隠亡も心得て、骨《こつ》あげンときになりますと、竹の箸と木の箸で、ふたァりずつ

でもって挟みっこをする……骨《こつ》あげのときは必ず、対《つい》の箸は使わない。ですから、あの、箸の一本ずつ違うのを持ってはいけないとか、ふたりで挟みっこをするのをいやがるのは、みんなあれは焼き場から出たことなんですね。

そうして、ふたァつみっつ、お骨を取って、骨壺《こつつぼ》へ入れたら、

「あ、あとは灰を払いますから、ちょっとおもてへ出てくださいまし」

と、こういう。で、みんなが出ていっちゃったあとで、ぱッぱッと、取りわけて、

「へ、これをどうぞ」

って、骨壺《こつつぼ》を渡してくれる。それで、ちゃんとわからないように、

「へい、こちら、分骨……」

ってんで……これァ金《かね》の力ですね、

「こちらへね、あのゥ咽喉《のぞ》ぼとけのいいところを入れておきました」

って、へへへ、

「いいとこ入れといたって、まるで魚《さかな》買うようだ」

っていって、あとで笑いましたが、そのときは笑うどころじゃァない、真剣そのもので、

「もし知れたら、えらいことンなる」

と思って、本当になにか大泥棒をしたような気がしましたねェ。

それで、お千代さんに渡してあげましたら、大変によろこんで、あの弘明寺へ碑を建てましたんで。

人のたけよりも、まだもうちょっと高い、立派な碑でございますが、あの碑の石が、当時千円でしたよ。

それから、字を誰に書いてもらったらよかろうってんで、いろいろ選定をいたしましたが、やはり噺家に書いてもらったほうがいちばん記念になるだろうというわけで、三代目の柳家小さん師匠に頼みました。あの師匠は、売り出す前に、貧乏でしょうがないんで、ちょうちん屋をやってたことがあるってえます。それで、ちょうちんの字や、ビラの字を書いたことがあるんだそうで。ですから、商売で書いてたんですね。

頼みましたところが、気持ちよく承知をしてくれましてね。それァ頼まれたほうは、筆だって買わなくちゃァいけないでしょうし……あんな大きな字を書くには、ふつうの筆じゃァ書けっこないんですから。いろいろ大変でしょうけれども、よろこんでちゃんと書いてくれました。なかなか立派な字で、

「四代目橘家圓蔵之碑」

と、してあります。

そういうわけで、あたくしが生涯に、大泥棒をしたという……いまここで白状をいたす次第でございます。

新富亭のあった伊勢佐木町の界隈には、ほかにも何軒か寄席がありましたし、芝居小屋もありました。

落語色物席では、新寿亭《しんことぶきてい》という席があって、ここは、やはり品川の師匠のトリ席のときに、あたくしも勤めたことがありますので、おぼえております。そのほか、寿亭《ことぶきてい》という席もあったんですが、どのへんにあって、どうだったたって聞かれますと、あたくしも、もうろうとして、よく思い出せない。

それで、橘右近さんの、寄席文字のほうのお弟子で、橘右京という人がある、これは、横浜在住で、かなりの年輩の人ですから、聞いてみたら判るかと思い、手紙でたずねましたら、さっそく返事をいただきました。ところが、ご本人は、大正時代は横浜に住んでいなかったので、古いことは判らないということなんですね。それでも、いろいろ調べてくだすって、『横浜市史稿』という本のコピーなどを送ってもらいました。

そのなかに、新富亭のことは、次の様に書いてあります。

新富亭と花月　明治二十年、松ヶ枝町三十二番地、現伊勢佐木町二丁目四十一番地なる繁栄の中心地に、甍高く八間四面の二階家を建築し、落語席を開場し(亀次郎弟寅吉経営)、色物席として唯一の評判を持続し、明治三十二年関外大火の際、焼失したが、更に再築して旧態を浮かべ、愈ゝ繁昌を呈して居たが、活動写真の全盛に圧されて、次第に凋落の有様となって来たにも拘らず、猶、最後迄、唯一の色物席として踏み止まって居た。然るに大正十一年、大阪吉本興行部の経営に移り、花月と改称して、諸演芸場と為り、震災後の復活もいち早く、今日に至って居る。

これで思い出しましたが、いまでこそ町名も伊勢佐木町ですけれども、あのころは、松《まつ》ヶ枝町《えちょう》というのが正式の町名なんです。話をしているときは、みんな伊勢佐木町といってるが、手紙やなんかを出すときは、伊勢佐木町では届かないわけなんで、松ヶ枝町と書かなくちゃアいけない。あたくしも、はがきを書いて、あて名のところに「松ヶ枝町」と書いたおぼえがございます。

つまり、東京の「人形町」とおんなしで、「伊勢佐木町」というのは、あの通りの通称だったわけなんですね。

『風俗画報』増刊の『横浜名所図会』のなかにも、

「左れば、東京にて蠣殻町も葭町も境町も総べて人形町通といふが如く、松ヶ枝町も賑町も一般に伊勢佐木町とは総称するなり。勧工場も、芝居も、寄席も、見世物も、吹矢も、玉突も、射的も、大弓も、楊弓も、釣堀も、総ての飲食店も、家台店《やたいみせ》も、露店も、其外有らゆる商売を集めて、一も備はらざるはなし」

と書いてあります。

新富亭のありましたところが松ヶ枝町、もっと先へ行って、のちに電車通りになった通りを、ひとつ越したあたりのところが、賑町《にぎわいちょう》といったんでしょう。はじめの右角が、洋画専門のオデオン座、ちょっと行った右がわには、喜楽座《きらくざ》という芝居があり、横丁をひとつ越した左がわに、賑座《にぎわいざ》という、やはり芝居小屋がありました。

喜楽座では、田圃《たんぼ》の太夫《たゆう》、沢村源之助の『鏡山』を見たおぼえがあります。源之助の岩藤《いわふじ》で、お初が楽之助……のちに尾上菊右衛門となった役者でございます。

この喜楽座のほうは、寄席も、桝《ます》が切ってありまして、ちゃんとした芝居小屋でしたが、それから見ると、賑座のほうは、前のほうが桝席ではなく、なにか、そのころにもう椅子席だったのかどうか、あたくしァうしろの立見席でしか見たおぼえがないんで、はっきりしたことは申せませんけれども、なにしろ、あんまりちゃんとした小屋ではない。

ここでは、市川荒二郎という人が、座頭《ざがしら》で、人気がありました。市川荒次郎なら大歌舞伎《おおかぶき》の役者ですが、これは全く別人で、荒二郎と書く。一種の珍優ですねェ。あたくしァ、この人の『塩原多助』を見て、びっくりしたことがある。

賑座で『塩原』が出ているから、どんなもんだか見に行こうってんで行きました。そうしたら、この荒二郎が多助で、「馬の別れ」をやるんです。

あおを立木へつないで、わかれを告げて、多助が行きかける……ここンところは、お客を泣かせるところですからねェ、あたりまいならば、竹本（義太夫）でもって、ぐっと締めるとこなんですけども、いきなり、

〽ちゃちゃちゃりん、ちゃりん、ちち、とちちりン……

てんで、『米洗い』みたいな三味線になって、鳴物がにぎやかにはいる……へへ、それじゃァちっともあわれっぽくないんですよ。

「あれあれ……」

と思って、見てると、多助が、右足をとんと踏んで、左足をうしろへ跳ねあげる……と、そのわらじを、馬がくわえて引っぱるんで、とんとんとんと、さがってくる。くわえているのを、ぽんとはらって、その左足をとんと前へ出すと、左肩ンところへ、馬の首が出てくるやつを両手でかかえるてえと、からァん、と、つけがはいって、大見得を切るんですねェ。するてえと、見物はもう、わァわァというかっさいで……いや、あたくしァ実にどうも、おどろいた。あんな「馬の別れ」は、あとにもさきにも見たことはありません。

そんなことを思い出しましたけれども、右京さんの調べでは、寿亭、新寿亭のあり場所などは、あまりはっきりわからない。それに、あたくしの記憶では、寿亭が講釈席、新寿が色物席のはずなんですが、『横浜市史稿』では、寿亭は浪花節、新寿は義太夫の席ということになっているんですね。

それで、ふっと思いついたのは、いまの橘家圓蔵で……あの人は、横浜で生まれ育っているんですから、きっとおぼえてるだろうと思って、聞いてみたらば、だいぶ、いろんなことがわかりました。

新寿亭は、これァあたくしが勤めて、知っているんですけども、どうも場所がはっきり思い出せなかった。なんでも、伊勢佐木町の通りではなく、ひとつかふたつ左がわの通りだったような気がするんだが、といって、聞いたら、オデオン座のもうひとつさきの横丁を左へはいったところだったそうで。

左へはいって行って、伊勢佐木町通りと平行している、つまり裏通りをひとつ越して、次が、いまは地下鉄が通っている……もとの電車通り、その通りへ出る手前の左ッかわにあったと、こういうんで。いわれてみると、おぼろげな記憶ですが、あたくしのおぼえているのと、およそ合うわけなんですね。

しかし、寿亭のほうは、圓蔵の話でも、浪花節の席だったということで、場所は、賑座のななめ向かい……新富亭のほうから行くと、賑座よりも少しさきになるんだそうです。そうして、講釈の席というのは、寿亭ではなく、オデオン座の角を、新富から行って左へまがり、次の裏通りを左へはいって、ちょっと戻った左ッかわに、若松亭というのがあったから、それだろうというわけなんで……そういわれると、たしかに講釈の席は、表通りではなくして、裏通りに面していたようにも思いますから、これァ圓蔵のいうのが、確かなんだろうと思います。

ただ、『横浜市史稿』で見ますと、若松亭という名前の席は、あるにはあるが、戸部町にあって、浪花節の席としてある。そして、富松亭というのが、怪談・電気仕掛の席として、賑町二丁目あたり、若竹亭という講談席が若竹町にあるとしてあります。若松、富松、若竹……と、なにかよく似た名前ですから、どっかでこんがらかっているのかも知れませんが、一応、圓蔵の記憶にしたがって、「若松亭」としておきます。

なお、ご参考に、『横浜市史稿』に載っているところを、次に抜き出しておきましょう。

寄席興行の最高潮期であり、又、席亭数の最多と認むべき明治三十五年に記録されて居る寄席の数は、左の如くである。

富竹亭	義太夫	真砂町四丁目、現今中区
新富亭	色物	松ヶ枝町、現今中区伊勢佐木町一丁目
日吉亭	講談	賑町一丁目、現今中区伊勢佐木町三丁目
長島座	をどり	長島町三丁目、現今中区伊勢佐木町七丁目
萬竹亭	浪花節	松影町、現今中区
寿亭	同	賑町二丁目、現今伊勢佐木町三丁目
富松亭	怪談・電気仕掛	同上、同上
横浜亭	同	松影町一丁目、現今中区
松福亭	講談	寿町二丁目 ｝現今中区
高橋亭	同	戸部町 ｝現今中区
喜久廼家	かっぽれ	松ヶ枝町、現今中区伊勢佐木町二丁目
色川亭	色物	野毛町三丁目
若竹亭	講談	若竹町、現今末広町三丁目
若松亭	浪花節	戸部町 ｝現今中区
清港亭	色物	戸部町 ｝現今中区
新盛舘	講談	久方町 ｝現今中区
松影亭	同	松影町 ｝現今中区

橘樹亭	色物	青木町埋地	現今神奈川区
青木亭	講談	同	
神奈川亭	同	同	
金石亭	色物	同	

かくて、大正の年に入り、更に左の各席が増加した。

福聚舘	色物	北方町、現今中区
新寿亭	義太夫	賑町、現今中区伊勢佐木町三丁目
都亭	同	不明
本牧亭	同	本牧町、現今中区
森下亭	講談	不明

以上の内、明治末年頃以前既に廃業したるもの、又は、大正の年に入りて閉場したもの三、四あるも、席名・年代とも明かでない。

こうして見ますと、ずいぶんたくさん席があったもんで……もっとも、あたくしが横浜へ出演をしましたのは、明治の末から、大正の震災前が主《おも》ですから、この記録の時代より、やや新しくなるわけで、そこには、やはり、移り変わりもございましょうし、席名なども変わったり、場所が変わったりしたものも、あったことだろうと思います。

そのなかで申しあげた、新寿亭と、若松亭については、思い出がございますので、お話を申しあげておきます。

新寿亭は、あたくしの師匠も、よくトリ席を勤めましたし、圓蔵・橘之助の二枚看板で興行したこともあり、なかなかよい席でした。二階寄席《せき》で、三方に桟敷があったと思います。京橋の金沢のお席亭だった池田さん、あの人が、一時、ここの席亭をやったこともありました。

新富とは、うってちがいで……つまり、新富を柳派で打つときは、三遊は新寿を打つ……というぐあいに、ひとつ派が重ならないようにして、打ったもんでございます。

師匠のトリ席で新寿へ行きましたときのこと……もちろん、これも泊まりこみで、昼間はひまですから、ぶらぶら遊びに出て、新富亭のおもてを通りかかった。見ると、春風亭柳枝の看板です。

この柳枝は、四代目、本名が飯森和平、当時は牛込神楽坂下に住んでいたので、仲間うちでは牛込の師匠といわれた人。のちに華柳と改名し、昭和二年でしたかに、放送局で放送をしている最中に倒れて亡くなったかたでございます。

あたくしは、この師匠はよく知っているので、木戸から二階へあがって、ずかずかと楽屋へはいって行き、あいさつをしましたら、

「あァ坊やかえ、よく来たねェ。こんど、あたしンとこへも、子どもの弟子がきたから……金坊《きんぼう》や、ちょいとおいで……こんど出た柳童というんだよ。子ども同士だから仲よくし

とくれよ」

と、引き合わせてくれた、これが、現在の春風亭柳橋さんです。

柳橋さんに電話して聞いてみましたら、この時が初高座で、明治四十四年、十三歳のときだそうです。ところが、あの人の『高座五十年』という本をみると、新富亭の初高座は、明治四十二年三月上席のように書いてある。これでは、勘定が合わないんですね。これァその『高座五十年』が出たのが昭和三十三年で、それから数えてちょうど五十年前が、明治四十二年になる……だから『高座五十年』というのに合わせるために、サバを読んだんじゃァないかと思うんです。

三月上席というのも、すこゥしあやしい。てえのは、あの人は、あたくしとは違って、小学校はちゃんと、本郷の誠之《せいし》小学校というところを卒業しているんですから、明治四十二年三月なら小学校三年生、四十四年でも五年生で、在学中のはずなんです。そうすると、三月の上《かみ》に、横浜へ泊まりこみで行っていられたかどうか。それに、あたくしの師匠は、その時分一月の下《しも》が新富のトリですから、いくら新寿《しんことぶき》で、席が違うといっても、三月の上《かみ》に、また横浜というのは、すこしつきすぎる……だから、圓童・柳童の初対面が三月では、話が合わないわけですね。

そこで、あたくしが考えるに、新富で初めて会ったのは、夏場ではなかったか……それなら、学校も夏休みだし、話は合う。この初対面のときは、楽屋で会っただけで、高座へ出てどんなことをやったのかは知りません。あたくしが、あの人の噺を初めて聞いたのは、青山の富岳座で、そのときのことは、はっきりおぼえております。

富岳座は牛込の柳枝さんのトリで、あたくしは、新富岳(のち青山三光亭となる)のほうに出ていました。富岳座に、柳童が出ていると聞いて、すぐ近くですから、行ってみようと思って、富岳座の木戸のほうからはいって、客席で聞きました。このときに、横浜の〝ごみ六〟の柳枝さんが、さん枝時代で、『野ざらし』をやったのを聞きました。そのあと、柳童があがったのを見ると、振りのあいた着物を着て、『出来心』を半分ほどやって、『六歌仙』をおどりました。

噺も、なかなか落ち着いていて、うまいなと思いましたが、そのときに、たしか、

「あの子は十四だよ」

と、だれかが言ったことをおぼえています。

「あァ、あたしよりひとつ上だ」

と思ったんですから……。十四歳なら、小学校卒業の年だから、つじつまは合いますね。だから、あの人が牛込の柳枝さんの弟子になったのは、明治四十四年、十三歳のときかもしれないが、正式に寄席へ出るようになったのは、明治四十五年、十四歳のときからではないか……と、そのへんのところは、ご当人に確かめても、どうも、もうろうとしているらしい。だから、これァあたくしの記憶のほうが、たしかなんじゃないかと思うんですが……。

若松亭の講釈も、なかなかさかんでございました。あたくしどもも、たまさかは、木戸銭

を払って、聞きに行ったことがある……いつでしたか、いまの正蔵さんとふたりで、若松亭へ行ったことがあります。このときは、ビールかなんかをちょいと引っかけて、いい心持ちに酔って、はいったんですね。それで、聞いているうちに寝ちゃったんで……眼をさましたときに、高座を見ると、猫遊軒伯知《みょうゆうけんはくち》先生が読んでいる。

伯知というかたは、落語の席のほうへも、ちょいちょい出演されたので、おたがいに顔は見知っています。

(噺家の若いやつが、講釈の席へ聞きにきて、寄席でぐうぐう寝ているとは実に言語道断、不埒《ふらち》至極なことである……)と、思われてもしかたがない。

芸人同士の礼儀というものは、昔は、そりゃァやかましかったもんですから、はッと思ったら、もう頭が上げられない……しかたがないから、そのまま寝たふりをしていて、いよいよ切れ場になって、ハネたから、顔を見られないように、そうッと向きを変えて、こそこそと出てきましたが、実に、このときは、きまりの悪い思いをいたしました。

それから、これは先代の神田山陽という人に聞いた話でございます。

あの人が、まだ伯英といった時分に、この若松亭の昼席に出演をしていたときのことで……三代目の神田伯山という先生が、昼場のトリでございます。と、二代目伯山の弟子で、三代目伯山とは兄弟弟子にあたる人、もう相当の年輩になっている、芸はあまりうまくないが、まじめな男で、当時売り出しの伯山に、まァゆすり弟子というようなかっこうで、このときも若松亭を勤めていた。これが、まじめとはいっても、そのころの芸人のことですから、横浜の廓《くるわ》、真金町《まがねちょう》というところへ行って、ごくお安いところで遊んだ。これがために、疳瘡《かんそう》というやまいにかかりまして、男根《なんこん》のあたまがビードロのように、腫《は》れあがってしまった。これァ非常に痛いんだそうで、舞台もろくに勤めることができずに、楽屋の隅のほうへ寝て、

「うゥ……ん、うゥ……ん」

と、うなっている。そこへ伯山がはいってきて、

「どうしたんだ」

「実は、あの人が安ものを買ったむくいで、えてものが大変に腫れあがって苦しんでおります。あたくしも、ちょいと見たんですが、どうも……あれじゃァ痛いでしょう」

と、伯英がいうと、

「うゥん、そうか……かわいそうだから、おれがみてやろう」

と、寝ているところへ、伯山が来て、

「おい、どうした」

「あ、これァどうも、先生……」

もとは兄弟弟子でも、いまは、ずっと使われている身ですから、先生という……根がまじめな男だけに、ひどく恐縮して、

「どうも、面目次第もございません、平《ひら》におゆるしを願います」

「いや、病気だからしかたがないが、どんなぐあいだ」

「とにかく、腫れて、どうにも痛いんで、困ります」

「どれ、どんなになってるか、おれに見せろ」

「いえいえ、かような尾籠《びろう》なものを、先生にごらんに入れては……」

「なにもそんなに遠慮することはない。いいから見せな」

「さようおっしゃいますなら、失礼をして、ごらんに入れますが……こんなに腫れあがりました」

出したものを、伯山がじィッと見て、

「こんなに腫れあがっちゃァ痛《いて》えだろうな」

「へえ、どうにも、痛くってたまりません」

「ふゥ……ん」

といって、暫時あきれて見ていたが、なにを思ったか、いきなり手を出して、人差指の爪のさきで、その腫れあがったやつを、ぱちン……と、はじいたからたまらない、

「わァ……ッ」

てんで、奴《やっこ》さん、とびあがった。

そのまま伯山は、自分の部屋のほうへ行っちまったが、はじかれたほうが怒ったそうです。

「人が痛いといって、こんなになっているのに、なんぼなんでも、爪ではじくてえのはひどい。そういう無慈悲きわまる先生には、とてもついてはいられないから、今日かぎり、わたしは東京へ帰る」

といって、荷物をまとめはじめた。伯英が、まァまァ……と、留めたが、なかなかおさまらない。

「いや、たとえ餓死なすとも、この地にとどまるわけにはまいらん」

講釈師だけに、いうことァ大げさですよ。

これを伯山先生に告げたところが、さすがに困った顔で、

「いや、弱ったなァ……別に悪気があったわけじゃァねえが、あんまりひどく腫れているから、見ているうちに、つい、これをはじいたらどうなるかと思って、やったんだ」

って……はじいてみたって、どうもなるわけがない。伯山てえ人は、そういういたずらなところがあった。

「どうも困ったなァ、おめえからなんとかうまくあやまってくれ」

ってんで、五円とかの金を伯英に渡したんで、

「まァひとつ、先生も悪かったとあやまっているから、これでがまんしてくれ」

といって、なだめて詫びを入れたてんですが、どうも、悪いいたずらをするもんで……。

若松亭というと、この噺を思い出します。

そのほかに、有名なものでは、万竹亭とか、富竹亭なんという席があったということで、右近さん所蔵のビラなぞを見せてもらったこともありますが、これらは、あたくしどものころには、もうなくなっていたのか、出演したこともございませんし、どのへんにあったのか

も、まったく存じません。

あと横浜では、端席《はせき》といいまして、十日間は打てないが、三日とか、五日ぐらい打つところは、いくらもありました。戸部とか藤棚、それから本牧の北方町《きたがたちょう》というところ、磯子、そういったところに席があって、出たことをおぼえております。これらは、新富へ出ているときに、そういう席をかけもちで勤めることが多かったわけで……申しあげたように、十日間はとても打てない、しかし、五日ぐらいは打てたんですから、大したもんでございます。

それから、神奈川には、青木亭《あおきてい》という、これは割に有名な席でございました。もとは〝節席《ふしせき》〟といいまして、浪曲の席だったらしい。新富に行っていた時分には、ここはあまり行きませんでした。大正の震災以後に、よく行きました。

いま、京浜急行の神奈川という駅があります。あれをおりて、左へはいる通りがあります。あれを百メートル行くかいかないかの右ッかわにありましたんです。青木橋の近くにあるから青木亭といったのかと思いますが、そんなに大きい席ではない。しかし、なかなかお客さまは来たところで、昭和の十年ごろまであったのか、どうか、はっきりしませんけども、それまでは、ちょいちょい行ったことがあります。

これは戦後になりますが、惜しいと思いますのは、いまの横浜駅の西口、相鉄文化会館の地下にあった相鉄演芸場で……あの相鉄の社長さんが大変に落語がお好きで、死んだ志ん生と懇意だったんです。それで、寄席をはじめようというので、昭和三十四年だかに、出来た。あすこは、足の便もよし、人のたくさん出るところで、お客さまもよく来ましたし、よかったんですが、その社長さんが亡くなってみると、そろばん勘定で、映画館のほうがもうかるからというようなことで、三十六年か七年かには、なくなってしまいました。

西口高島屋のホールで、月一回、落語会をやったことがありますが、これも、六、七回でつぶれてしまった。

いま、東口のほうのスカイビルのなかのホールで、スカイ寄席というのをやっておりますけれども、これは、毎週一回、木曜日にやることになっているんで、やはり毎日の興行ではない。

昨年〔昭和五十一（一九七六）年〕の十月から、関内の教育文化センターというところで、月一回、横浜落語会というのをやることになりまして、どうやらお客さまも来てくださるようになりました。

横浜というところは、あたくしにとっては、大変になつかしいところでございますんで、せめて今度できた横浜落語会は、永続きをしてほしいと思って、あたくしも、一生けんめい勤めているような次第でございます。

横須賀・小田原・川崎

横須賀には、高倉亭《たかくらてい》という、これはばくち打ちの親分が持っていた席がありました。場所がねェ、どのへんでしたか、横須賀線に乗って行って、横須賀駅でおりて、行くんですけども、どうもはっきりおぼえないんですね。

行けばもちろん泊まりがけで、なんでも十日間ぐらいは打ちました。震災前にも行きましたが、震災後に、あたくしが真打で行ったときのことを、よくおぼえております。吉沢国太郎の万橘《まんきッ》つァんが〝ひざがわり〟で、ほかには、亡くなった品川の師匠の弟子で、大阪へ行っていた橘家圓坊《えんぼう》という人とか、公園から圓太郎になった、本名を鈴木定太郎、これもあたくしの兄弟弟子になる……いずれにしても、真打のあたくしより年の上のひとばっかりの一座で行きました。あたくしが圓窓のころのことでございます。

とにかく、お客はあんまり来ないし、それにその〝雑用《ぞうよう》〟のまずかったてえことをば、はっきり記憶しておりますね。

「なんだか、金魚を煮たようなもんだねェ」

なんて、あんまりお見かけしたことのない魚が出てくるんですよ。味もなんにもない……

だけども、先代《おやじ》からもいわれてまして、決してまずいってことは、あたくしァいえないン。真打が、これァまずいとかなんとかいえば、

「それァ自分《てめえ》が銭を払ってみんなに食わせなくちゃァならねえんだぞ」

ってことを、先代《おやじ》からよくいわれているから、めったなことはいえない。だまァッてたべてる。と、みんなもあんまりおまんまァ食わないんで、へへへ。

とにかくあんまりまずくって食えないから、よしちゃって、そば屋へ行って、そばでも食おうと思って、出かけると、二、三人、あとィぞろぞろとついてくる、ね？　いっしょに食やァどうしてもこっちが銭《ぜに》をはらわなくちゃならない。それでも、どうしても腹がへるから、そばぐらいは食わなくちゃァいられないんで。

弱ったなァと思って、それからいろいろ考えましてね、雑用屋《ぞうようや》さんが来たときに、

「あのゥ湯どうふは持ってきてくれませんか」

「はァ……湯どうふですか」

「えゝ。ほかのおかずはなんにもいらないから、湯どうふ……これァお金をはらいますから……」

「いや、みなさんが湯どうふだけでいいんなら、お金のほうは、よろしいんですが、みなさん、それでいいんですか？」

「えゝえゝ、ようござんす」

って……それから、みんなに、

「今夜は、湯どうふにしてもらいましたよ」

ってったら、

「はァはァ、それァ結構ですな。どうも、あんな金魚の煮たような魚じゃァ、とても食えない」

その晩、大きな鍋でもって、湯どうふを持って来ましたよ。そうしたら、とうふなら、どこィ行ったたって、そう違うもんじゃァない……たちまちお鉢がからっぽになっちゃった。

そんなことがあったのをおぼえておりますが……それからいくばくもなく横須賀へ行くってえ話も、あんまり聞かなくなりました。席はなくなったわけじゃァなかったんでしょうけども、落語の一座ではあまり行かなくなったわけでございます。

小田原では、昇龍亭《しょうりゅうてい》といいまして、幸町《さいわいちょう》というところにあった席がございます。

小田原の駅をおりて、まっすぐに行きますと、ぽンと突き当たって道が右のほうへ曲がる、それをずうッと行けば、箱根の湯本のほうへ行くわけで。その、ぽンと突き当たったとこから、左のほうへ、家数で二、三軒行った右ッかわ、ですから海寄りのほうに、この昇龍亭という席がありました。

なんか、妙な構造のうちでしてね、木戸口のほうは、前の道からふつうにはいるんですけども、楽屋へはいるのに何か縁の下のようなところからはいる……縁の下ったたって、その、おッそろしく高くて、三メートルもありましたね。それで、梯子がかかってまして、地面のほうからあがってって、その床《ゆか》のところ、なんかあげぶたみたいなふたが上からしてある、そこを下からとんとんとたたくと、あけてくれるんですよ。

その縁の下のがらッとしたところに、乞食《こじき》がひとりいましてね、乞食にゃァちがいないんですけども、ごくおとなしい人で、なにかものをくれなんてえことはいわないし、声も出さない。だまァッて、隅のほうに、じゃまにならないように寝ている。どういう人なんだか知れませんが、もちろん汚ないなりをしている。でも、まわりは、いつもちゃァんと掃除をして……そこィ住みついちゃってるようなわけなんで。

あたくしども、これを「仙人、仙人」といっていました。それで、昇龍亭のあるじってえのが、浪曲かなんかの人で、そこィ聟養子にはいった、まだ若い人でしたが、

「どうして、あんなのをそのまま置いとくんです」

って聞いたらば、

「うゥん……どうも、なかなか出て行かないしねェ、それにまァあすこにいてもらえば、用心がいいから」

と、こういう。それァなるほど、用心はいいかも知れないけども……。この席も、お客は来ませんでしたね。

あれは、あたくしが圓好時代ですね、ここで三日間でしたか、独演会をやったことがあります。この時は、渡辺国太郎の一柳斎柳一がいっしょに行ってくれて、曲芸《きょく》と、お得意だった記憶術をやってくれましたよ。ところがこれが、ほかになにか請《う》け合った仕事があって、

二日間だけやって、三日目は帰っちゃった。

だから三日目は、もう文字どおり独演会……自分じゃァうまいつもりでやったけども、圓好時分ですからね、へへ、うまいわけはない。お客もそう大して来ませんでしたよ。

それから、先代《おやじ》とあたくしの二人会をやったこともありました。これァ先代《おやじ》がもう圓生になってからですね。だからあたくしが圓蔵で……そうして、亡くなりました、弟の圓晃、これが前座で行ったわけなんです。もう前座ではないんですけども、別にだれか前座を連れて行けば、これァ金をはらわなくちゃァいけない。踊りを踊る関係で、下座をひとり連れて……だから、他人に給金をはらうってえのは、その下座だけということになる。先代《おやじ》とあたくしと二席ずつやって、やはり三日間ほどやりました。

先代《おやじ》が『文七元結』とか、『お若伊之助』とかいうものを、みっちりとやるんですが、もうそのころの先代《おやじ》は、円熟して、結構なもんで……ところが、客は来ないんですねェ。なんでも夏だったと思いますが、歩金《ぶきん》から、雑用だのなんだのを〝天切り〟で引いて、あとお囃子に給金をはらうてえと、一文も残らない。まァ帰りの電車賃だけはなんとかして帰ってきましたけれども、つまりまァ無代勤《ただづと》めみたいなもんでさァ、実にあわれなることでねェ、どうも。

これが、そうですね、昭和のはじめのほうでしょう、なにしろ不景気なころで、いかになさけない商売であったかという……まァ小田原も、そのころに行ったっきりで、あとは行きません。昇龍亭も、もうその当時、そんな具合で、いけませんでしたから、後はどうなりましたかねェ。

それから川崎、これは戦後のことでございます。川崎演芸場という、川崎の駅を海がわへおりて、すぐ左ッかわのビル、川崎ビルといいましたか、そこの三階にありました。

これは、昭和二十七年ごろから、三十八、九年ごろまでですから、かなり永くやったわけなんで……はじめのうちは、お客さまもよく来たんですよ。ひとしきりは、初席はあたくしのトリだった。

持主は会社だったんでしょうけども、支配人がなかなか熱心なかただし、川崎なら、東京からかけもちをしたって楽だし、お客は割によくはいるしするから、よかったんですがねェ。なぜいけなくなったかってえと、ひとつには、入りぐちがパチンコ屋なんですね。そのパチンコのあいだを通り抜けていくと、正面に木戸があるという……やっぱりその、並んでパチパチ、ガチャンガチャン……てやってるあいだを通って行くってことは、あまり気分のいいことではない。エレベーターで、ずっとあがれるんですから、あれ、もっと奥のほうにパチンコ屋があって、木戸のほうがこっちにあるてえと、また違ったんでしょうけどもねェ。

そこィもってきて、のちになると、すぐ上の階を、ローラースケート場に貸したんです。いずれ、そろばんづくでなにしたんでしょうが、そうするてえと、あれ、がらがらがらがらがら……って、音がするでしょう。まるでもう、のべつに頭のうえで、雷が鳴っているようなもんで、マイクでもって、いくら大きな声を出しても聞こえないという……。それじゃァお客だってしょうがないから、だんだん減ってしまって、それで、寄席のほうがなくなる。

そして、しまいには、そのローラースケートも永続きしないで、よしてしまった。だから、共だおれみたいなもんです。

あれさえなけりゃァ、川崎というものは、もっとやれたんですけどもねェ、ただただ、金、金ということでものをあんまり知らずに、やったんで、共だおれでだめになってしまった。残念なことでございます。

東海道

箱根をこえて、東海道と申しますと、まず、静岡、浜松ですね。あいだの沼津てえところは、昔からぱッとしない、落語で沼津へ行って、よかったってえ話は聞いたことがありません。あたくしも二度か三度は行ってるんでしょうけども、あまり記憶がないくらい……席の名前もねェ、沼津演芸館……だったか、もうすっかり忘れてしまいました。

静岡へ行きますと、これァ七軒町《しちけんちょう》というところに、入道館というものがありました。これも、もとはなんとか別の名前だったんでしょうけれども、神田美土代町の入道館と同じように、浪花節の桃中軒雲右衛門のものになってから、入道館となった。あたくしどもが知ってからは、経営者は、もう雲右衛門ではなく、伏見亀太郎という人がやっておりました。でも、名前だけは、ずっとのちまで入道館のままでいたわけで。

通りからちょっと、巾の広い路地をはいったところにありました。ですから、大通りの雑音がはいらないという、席にとっては大変にいいことで……もちろん畳敷きで、桟敷はありませんでしたね。こぢんまりとした……それでも、人形町の末広なんかよりは、少ゥし大きい。あれよりも客席に奥行きがありました。

客数は……ふだんでもまァ百二、三十人くらいははいる。それから物日《ものび》だとか、看板（顔ぶれ）によっては、もっといいわけで……。

震災のすこし前までは、寄席は十五日興行ですから、静岡で七日打ったら浜松で八日打つというような、そういう振り合いで行くことが多かったんです。で、のちに十日興行になりましたが、そのころは静岡へも、十日間の交替で行きましたよ。えらいもんですねェ、東京とおんなしように十日間、あすこで興行できたんですから。

ここでは、やはりいろんな思い出があります。

これは、『寄席楽屋帳』のときにお話ししましたが、うちの師匠の橘家圓蔵と、新内の富士松加賀太夫、この二枚看板で、静岡・浜松へ行ったことがございます。あたくしがまだ小圓蔵、先代《おやじ》は圓窓で、もうばりばり売り出しておりました。

このときに、のちに古今亭志《し》ん上《じょう》という名前になりましたが、本名を丸吉竹次郎といいまして、はじめは圓右師匠のところの弟子で、右左喜《うさぎ》といった、この人が、静岡の入道館でこげ、ついいちゃっている……こげ、つくってえのは、旅でご難《なん》にあって、動きがとれなくなっているることなんで……それで、うちの師匠の一座に入れてもらいたいってんですけれども、こっちァもう、ちゃんと座組みがきまっていますから、そんな、途中からいいかげんなものを差し加えるってえわけにゃァいかない。

うちの師匠と加賀太夫さんとで相談をして、

「それじゃァ東京へ帰る汽車賃をあげよう。だけども、おまいも芸人なんだから、ただで金をもらうってえのもなんだろうから、あたしたちの前で、なんでもいいから芸をおやり。その芸に対して、お金をあげるから」

といったら、右左喜が、しばらく考えて、

「じゃァ清元をやります」

ってんで、おかねさんという下座の人に三味線をひいてもらって、あたくしたちがみんな聞いてる前で、汗だくになって、『北州《ほくしゅう》』かなんかを、ひとくさりやりました。汗もかくわけなんで……もう五月も末だってえのに、着るものがないからどてらを着ている。あとでみんな、大笑いでございましたけれども……。

この右左喜って人は、若いころは、噺のすじもよかったんですが、酒をのむとだらしがない、身上《みじょう》が悪いということもあって、とうとう芽が出ないままに終ってしまいました。

うちの師匠は、静岡、浜松にはよく行ったもんで、あたくしもいっしょによく連れて行かれました。大正十年の九月に、圓蔵一座で行ったときのことが、ある雑誌に出ておりましたんで、ちょいとごらんに入れます。

静岡から

『夕立勘五郎』『清水次郎長』等で好評の神田伯山師のあとへ、橘家圓蔵師が、萬橘、一馬、圓好、燕花、小圓治、蔵造、小金馬、橘弥を連れて、唯一の色物席、入道舘へ、九月一日から五日間、『妾馬』『無学者』『宮戸川』『巌流島』『遠山政談』をやって、人気を呼んだ。

『妾馬』の八五郎の酒の場や、『宮戸川』の将棋をさすあたり、また『遠山政談』の下女等は、大変おもしろく聞かれた。

萬橘は相変わらず、一馬いつものとおりのおどり『綱上』で評判よく、いちばん期待された圓好は、みんなが待っていただけあって、過般、小圓蔵時代に参ったときより、非常な好評であった。

いま静岡では、若い連中は、三語楼、小勝等の来同《ママ》を望んでいる。八月の林家正蔵の評判は平凡だった。たぶん、小さん師のあとであったからでしょう。（静岡弥次郎）

〔雑誌『寄席』第14号（大正10年9月）〕

この一座の顔ぶれのなかで、萬橘は、本名吉沢国太郎、三代目の萬橘でございます。一馬《かずま》は、花山文《かざぶん》という人のせがれで、剣舞をやりました。圓好があたくし。

燕花というのは、本名を松本金太郎といって、あたくしが義太夫で出たころは、春風亭柏枝といっておりました。その後、鹿野武左衛門という名前になったりしましたが、この時分は、たしか三代目の小さん師のとこに行って、それで燕花という名前をもらっていたんだろうと思います。

小圓治というのは、この前亡くなった芳村幸太郎の小圓朝さんが二つ目のころ小圓治といったんですが、この時分は、もう圓之助になっていますから、その次の小圓治で、本名を笠原喜代造といいました。はじめは二代目小圓朝さんの弟子で、のちに、先代《おやじ》の弟子になって、圓太といっておりました。おッそろしくひげのこい男で、しかもきたならしいんで、ひげのなかにばいいきんでもいそうだというわけで、あだ名を〝ひげばいきん〟という……いつだったか小田原へ行ったときに、先代《おやじ》が、

「どうも、おめえのひげは汚ねえから……」

ってんで、顔ごと砂ッなかへ押しつけて、ごしごしこすった。そうしたら、当人びっくりして、

「あんな乱暴な師匠のとこには、とてもいられない」

って、四代目の小さんのところへ行って、柳家小蝶《こちょう》となって、晩年、前座をしておりました。

蔵造《くらぞう》というのは、橘家蔵之助という人の弟子です。蔵之助は、品川の師匠のところに一年ほどいて、大阪へ行った噺家で、むこうでは大変に人気が出て、大看板になりました。蔵造

は、その弟子で、二つ目で終りました。

小金馬、これは、亡くなった金語楼さんが、この当時は金三《きんざ》ですが、金三の前は小金馬だった、その次の小金馬です。本名は忘れましたが、碓井の金馬の甥にあたる人で、なかなか芸だちはよく、二つ目になったんですが、陰気で、ぱッとせず、いつの間にか消えてしまいました。

橘弥、これは、本名を中村勘三、あだ名を〝お茶小僧〟といいまして、生涯、前座で終った人です。

この記事によりますと、圓好のあたくしが、大変に評判がいいんですがね、へへ……このときに、どんな噺をしたのかなんてえことは、もう忘れてしまって、思い出せません。

それから、これは震災後……もう昭和になってからだと思いますが、なにしろ、寄席は不景気で、お客がちっとも来ない、そのさなかに、先代《おやじ》の一座で、この入道館へ行きました。このときはねェ、ちゃんと噺を一席やるのは先代《おやじ》だけで、あとは、みんなでもって、いろんなことをやりましたよ。

なにしろ、あたくしなんぞァ一晩《ひとばん》に七度《ななたび》くらい舞台へあがるんです。いちばんはじめが『東西八景』ってんで、これァ一座の者がみんな、ゆかたで、ずウッと並んで、『かっぽれ』の総おどり……いちばんはじめだから、前座があがるかなァと思ってると、いきなり総おどりですから、お客ァびっくりしますよ。

そのあとは、喜劇をやったり、軽業《かるわざ》をやったり……軽業ったって本当にサーカスみたいなことをやるわけじゃァない、ネタのあるやつなんです。まず、上乗《うわの》りの太夫になるのが、あたくしです。舞台のまゝなかに太い竹を立てて、一馬と萬橘が押さえている、そいつを、あたくしが昇っていく……そのころは、あたくしも身が軽かったんですね、これァ本当にのぼっていくわけなんで。

ずゥッと上のほうまでのぼっていくと、舞台の前のほうの上は、壁が、あのゥらんまのように、上から何尺か下がっていますから、そのかげへかくれてしまう。と、そこに、天井からブランコのようなものを吊っといて、あたくしァそこへ腰をかけてしまう……そうすると、客席のほうからは見えない。

一馬が、竹の棒の上にあたくしが乗っているつもりで、棒を肩へかつぐ、そうして、以下、軽業のふりをするわけなんです。萬橘《まんきッ》つァんが、

「つぎなる芸当は、邯鄲《かんたん》は夢のまくら……」

というと、あたくしが天井で

「はアッ」

と、掛声だけは、かける。と、口上で、

「あのとおりでござい」

ってんで、上のほうを指す、という……ま、いろいろあって、芸当がおしまいってえことになると、このときは、本名を菊島春三郎といって、若蔵から圓好になりましたが、戦争ちゅうに廃業をして、東京都庁の広報課かなんかの役人になった、この男が、さきに上へあが

って、もうひとつのブランコのようなものに乗っかってる。これは、お客のほうは知らないわけなんで……。で、上乗りの太夫が降《お》りてくるってときに、こいつがさきにおりてくる……ですから、お客は、

「あれあれ……さっきあがったやつとちがうじゃァねえか」

なんていってるところへ、次にあたくしがおりて行くという……と、足をすべらして、ころぶんですね。そうして、「いたい、いたい」ってえと、ほかの連中が、「どこがいたい」ってんで、わァわァさわぐ。

「太夫さん、どこがいたいんだい？」

ってえと、

「軽業《かるわざ》(体)じゅうがいたい」

ってのが、サゲになるという……人をくったもんですけども、萬橘《まんきッ》つァんの口上も、なかなかうまかったし、わりにお客に受けましたよ。

これァ浅草の橘舘なんぞでもやったことがありますが、申しあげたように、高座の上のほうへ、うまくかくれなくちゃァならないから、席のつくりによりまして、どこでもやれるわけじゃァございません。こんな、余興の芸があったってえことも、だんだんわからなくなっちゃうでしょうねェ。

まァ、そんなものをやったりして、先代《おやじ》が、ちゃんと一席やったあと、大切りが『東洋テレル夫人』という、これまた、人をくったものをやりました。

これァその、当時、歌うたいかなにかで、テレル夫人という外人なんですが、なんでもものすごくふとった大女の人が来たことがある。そのもじりなんです。先代《おやじ》の圓生がこのテレル夫人になる。ふとってますからねェ、洋装で女のかっこうになって出る。それで、あたくしが、やはり洋服を着て出て、歌をうたうんで、ふふ、そうすると先代《おやじ》がそのかっこうでダンスをするという……まことにふしぎなるもので……。

なにか多少かけあいがありまして、とど、先代《おやじ》が

「あたしはてれる」

ってえのがサゲなんです。つまり、きまりの悪いことをば、てれるといいますね、それをテレル夫人にかけているわけで。

おもての看板には、肩に「東洋」として「テレル夫人来たる」と書いてある。だから近所でも、

「テレル夫人ってどういうものが来るんだろう」

って、うわさをしていたけれども、ちっともそれらしいものが来ないってんで……来ないわけですよ、うちの先代《おやじ》がやるんですから。

それで見に行ったら、先代《おやじ》が出てきたんで、

「なァんだ、圓生がやるんだ」

って、お客ァ大笑い。

ところが、これを人形町の末広でやったことがある。そうしたら、お客のなかでおこった

やつがいるんです。

「おれァ本物のテレル夫人が出るんだと思ってきたのに、これァ詐欺だ」

と言って、かんかんにおこってどなってきた……詐欺ってえことァない、それがために、肩書きに〝東洋〟とつけてあるんですから……いやどうも、静岡のほうがよっぽど粋《いき》だってんでね、笑ったことがありました。

入道館のそばに桜湯という、お湯ゥ屋がありましたが、これァ東京でもちょっとないような、大きなお湯ゥ屋でございましたね。りっぱな庭がありまして、池があり、その向こうに座敷があって、なにかちょっとした会合のときには、その座敷を貸すというような……そして庭の池には大きな鯉が泳いでいようという。

なんでも、そこのおじいさんが、鮎をとる名人だってんですね。それで、明治陛下が静岡地方へおいでになったときに、つかまえた鮎を生簀《いけす》にして、ごらんに入れたことがあるというわけなんです。すると、明治陛下が、じィつと見てらしたが、ぱッと、網ンなかへ、お手を突っこんで、鮎をおつかみになったんだそうです。そのときの網が、そのお湯ゥ屋の壁ンところへ飾ってある……ちゃんとこの、穴があいてまして、明治天皇さまが、ここをお破りになったんだってんで……それァもう大変なもんで。

ですから、そのうちの池にも鮎が泳いでいたことがある。ところが、鯉と鮎といっしょに入れとくと、鯉がみんなきずだらけになるんですね。鮎ってえ魚は、自分の領分を非常に大事にするんだそうで、そこへ鯉がはいってくると、びゅゥ……と攻撃をかける、横ッ腹へ……だから鯉はきずだらけンなって逃げるという……。

それで、その次に行ったときに見たらば、鮎がずゥっと縄へ突ッとおされて、ぶるさがってるんで……へへ、あんまり鯉をいじめるってんで、干物《ひもの》になってましたよ。

入道館は、戦争ちゅうも、ぽつりぽつり行っておりましたが、戦災で焼けて、とうとう静岡には席はなくなりました。戦後は、雷中《らいちゅう》神社というところの社務所で、落語会をやったこともありました。その後、県民会館で、隔月くらいに、落語会を行なっておりましたが、これも主催者が亡くなりまして、中絶しております。


それから、あの近所では、焼津《やいづ》なんてえところも行ったことがあります。

これは、新富演芸場のところで申しあげた〝五大力《ごだいりき》〟の連中で、静岡を打って、それから焼津の焼津座《やいづざ》という、まァ小さな芝居ぐらいはできるという小屋がありました。そこへ行ったわけで。

最近になって、一日、焼津へ行ったことがありますが、以前から思いますと、もう、ずいぶんりっぱな町になりましたな。しかし、当時は、どんな興行が行きましても、あすこでは、二日しきゃ打てない。というのは、そんなに広い町じゃァなし、お客さまが来ないんです。

ところが、この〝五大力〟で行ったときは、ちょいと変わっているからでしょう、二日ともお客が来た。

それで、席亭のほうでも、

「もう一ン日、日《ち》のべをしてくれませんか」

という……そのときは、たしか静岡を七日打ったんでしたかねェ、そうして焼津で二日、すると、当時はもう、東京の寄席は十日興行になってますから、あと一日空いているわけで、日のべしようと思えばできるんです。

「じゃァやりましょう」

ってんで、承知をしたが、どんな興行でも二日しきゃできないってえところで、ただやったって、三日目は客がくるかどうかわからない。なにか変わったことをしなくっちゃァいけないから、昼のあいだ〝町まわり〟をしようってんで、それから〝底ぬけ屋台《やたい》〟をこしらえて、そろいのゆかたを着て、町ンなかを歩いた。

屋台ンなかへ太鼓を入れて、こいつをたたいて、三味線をひいて、にぎやかな四つかどンところへくると、みんなで『やァとこせ』かなんかをおどるんですよ。そうしたらば、二階から紙でおひねりにして、一円か二円でしょう、金をくるんだやつを、ぽンとほうって、

「おゥ、あと『かっぽれ』やれェ」

なんてんで……。こっちァ、

「なにをいやンでえ、法界屋じゃァねえや」

って、大道でおどったたって、ものもらいでおどったんじゃァない、寄席へ来てもらいたいからやったんだって、おこってみたけども、あとで、

「法界屋とまちがえられてもしょうがねえや」

って大笑いをした……そんなこともありました。

浜松では、勝鬨亭《かちどきてい》でございます。

これは、入道舘よりはすこし小さい。それで、表どおりにあったたんでしたかなァ……町の名前もねェ、古いことで、もうろうとして、いま思い出せませんけれども、席主《せきしゅ》は、馬淵《まぶち》さんといいましてね、亡くなった志ん生、あの人がかけだしのころ、あすこいらへこげついて、この馬淵さんには、ずいぶん世話になったらしいんです。ですから、その時分は、そういう、地方のお席亭でも、なかなか情《じょう》がありましたよ。あたくしが知ってからも、その馬淵さんがご主人で、ずうッとやっていらしたんです。その娘さんてえかたが、いまでもご健在だというように聞いておりますが。

ここへも、ちょいちょい行きましたけれども、思い出しますのはねェ、あすこへ四、五、六月ってえころに行くと、きまって鰹《かつお》のさしみが出てくるんです。はじめは大変によろこぶんですよ。

「あ、鰹だッ」

ってんで……ところが、一日おきぐらいならまだいいんだが、もう毎日、鰹のさしみばっかり……へへ、いくらなんでもねェ、あきてきますよ。

「あァまた鰹だ……」

ってんで……。それァね、その時期だと、これが一番安くて、手がかからなくって、いいんですね。浜松でも、それから静岡でも、雑用《ぞうよう》はみんな席のほうでやってましたから。

それで、いまの人にはわからないと思いますのは、その鰹のさしみが出てくるでしょ？お皿を見ますとね、うじょうじょ、うじょうじょ……こう、蛆《うじ》みたいなものが動《うご》いてるんです。

「あ、うじがいる」

ってえと、

「これァうじじゃァない、さしだ」

と、こういう。

「さしって、なんだろう……？」

つまり、この、魚の筋《すじ》ですね、あれが出てきて動くんだってんです。ほんとうにとりたての新しい鰹だから、さしが出る。古いんだったら、これがないっていうんですけどもね、新しいからかなんだかしらないが、あの、小さな白いものが、うようよしているってえと、あんまりいい気持ちはしませんよ。

そういうふうに、雑用《ぞうよう》もみんな席でやる。そうして、芸人は楽屋へ寝泊まりをするわけで……。静岡の入道舘のほうには、ちょいと離れの二階のようなものもありましたが、馬淵さんのところは、そんなものはないから、みんな楽屋泊まり。

それでも、圓蔵・加賀太夫で行ったときなんかは、ほかへちゃんと別宿《べつやど》をとってましたけども、それァもうよほどの大物でなければ、そんなことはしません。第一、引きあいませんよ、その当時、そんなに高木戸銭《たかきど》は取れませんからね。それがまァ、圓蔵・加賀太夫の二枚看板で、特別興行だってえことになれば、木戸銭が高くなっても、お客ははいりますから、それは引きあうわけなんです。

次に名古屋へ行きますと、あの、大須《おおず》の観音さまのそばに、文長座という席がありました。大須といいましても、いまの大須演芸場とは違います。

やはり『寄席』という雑誌に、この文長座のことが出ておりましたので、お目にかけましょう。

これを書いた水江京之助という人は、どういう人か存じませんが、なかなか辛らつなことを書いています。

中京の寄席

花柳演芸の中心ともいわれる中京…名古屋…に、寄席として存在を認められているのは、わずかに、大須の文長座一軒である。

この席は、もと助六の持ち席であったが、昨年の春、助六が東京に移住してから、いまは、岡本という者が座元で、二階とも定員六百をおさめることができる。木戸十四銭、下足一銭、ふとん二銭、茶五銭、火鉢五銭。出方《でかた》はいずれも二十代の女で、東京のように粋《いき》な兄《あに》ィを見ることはできない。

とくいになれば祝儀がいる。それも出しぎたない名古屋人《じん》のこととて、せいぜい三十銭どまり。特権として、楽屋口から通行出はいりすることができる。

客の種類は、種々雑多であるが、女客がわりあいにすくなく、職工、土方等の下流階級が大部分を占め、中流の会社員これに次ぎ、総じて下卑《げび》た噺をよろこぶ。したがって、噺家のほうでも、俗受け専門の下《しも》がかった噺が多く、しんみりとした人情噺などは、くすりにしたくも聞かれない。

定席《じょうせき》のことであるから、落語家の顔ぶれも、高座へあがる順序も、四六時ちゅうきまりきっていて、目移りのしないことおびただしい。左に、その顔ぶれと芸の種別、得意にする落語等を、高座にあがる順序に列挙してみると、

△岡本八重子　小ばなし音曲　(十三歳の少女)
△春雨家双遊　落　語　(大阪式。『庵寺つぶし』)
△三遊亭金朝　落　語　(『狸』『蒟蒻問答』『壇の浦』『千早ふる』)
△岡本美家吉(三味線)
△岡本小美家　音曲(源氏節)　(美家吉は婆ァ。小美家は十七、八のべっぴん。源氏節あとに音曲(キンライライ博多等)を演ず。)
△立花家歌仙　落語音曲踊　(『たらちね』『弥次郎』『くせ』)

△桂　文福　　　　　　　落語音曲（大阪式。『伊勢音頭』『三人旅』）
　岡本美家吉（三味線）
△岡本美根之助（三味線）　新　内（美根之助は二十二、三のべっぴん。新内の
　岡本小美家　　　　　　　　　　あとに小唄それから小美家の踊をつく。）
△三遊亭美都　　　　　　落語音曲（大阪式。『野崎詣で』『唐茄子屋』）
△三遊亭朝之助　　　　　落語音曲踊（『七段目』『かけとり』『野ざらし』『あくびの指南』）
△春雨家雷蔵　　　　　　落　語（『そこつ長屋』『五人まわし』『居残り』）

これだけが、あとにもさきにも名古屋じゅうの寄席芸人で、美根之助《みねのすけ》、小美家《こみや》の美貌が、七分の客をひいているとは、心細いかぎりだ。

右のうち、源氏節は『小栗判官』『日高川』『累』などをくりかえし、原始時代の音曲を思わせ、歌仙の音曲は、まずい都々逸と大津絵、おどりは『紀伊の国』と『かっぽれ』『綱上《つなじょう》』の三つしか知らないらしい。

文福《ぶんぷく》は、大阪式に、前に台をおいて、そうぞうしいこと限りなく、このほか『五目講談』を得意にし、音曲としては、『春雨』と大津絵しか聞いたことがない。

新内は、『明烏』と『蘭蝶』『並木』の三つに限られ、これがすむと、小美家の博多、五目浄瑠璃、新びんのほつれ。美根吉《ママ》の野崎。それから小美家が立ちあがって、おどりになるが、やるものはきまっていて、『梅にも春』『おいとこ節』『桑名の殿さん』『深

川』『かっぽれ』『潮来』『奴さん』等のうち、三つぐらいをおどる。幕をひくのは、岡本の連中のときに限る。

朝之助がやっと噺家らしく、生粋の江戸ッ子の声色をやる。その声色が、はなはだ頂戴できないもので、高麗屋〈幸四郎〉、紀伊国屋《きのくにや》(宗十郎)、成駒屋(雁《ママ》治郎)、高島屋〈左団次〉、橘家〈羽左衛門〉だけをやるが、左団次や羽左が聞いたら、たしかに泣き出すしろものだ。

さすが真だけあって、雷蔵の落語だけは本物。

いずれも、かけもちをしないから、落語は十分やり、羽織《だるま》を気にするようなのはひとりもいず、すじだけはていねいにはこんでゆく。

客の註文も、落語家が得意とするものだけを望むので、すこしも新しいのが出てこない。たまに『子わかれ』『碁どろ』『らくだ』等という註文が出ても、「へえ、明晩きっとやります」などと逃げて、さらに明晩やったことがない。

〔雑誌『寄席』第5号(大正10年5月)〕

この文長座へは、先代《おやじ》が圓生、あたくしが圓蔵で、行ったことがございます。それで、おもしろいなァと思いましたのはね、お客が木戸銭を値切るんですね。文長座ってえのは、路地ンなかの、まァ造りはごく普通の寄席でございましたが、その木戸口と、路地をはさんで向かい合わせに、宿屋じゃァないけども、まァ、その席へ出る芸人を寝泊まりさせる部屋がある。で、そこの二階から、あたくしが、向こうの木戸口のほうをなんとなく見てえたら、宵《よい》のうちに客がやってきて、なんか言ってる。聞いてますと、

「うゥん……三人でなんぼや」

って、まァ大阪ことばではないが、あの地方のことばで……。木戸銭は五十銭とちゃんと書いてあるんですけども、

「三人やから、一円二十銭に……」

「これァねエ、あなた、東京から来たいい芸人なんだから、一円二十銭じゃァそれァだめです」

ってんで……一人五十銭の入場料を、三人だから一円二十銭にまけてくれって、かけあってるんです。あたしァもう、びっくりした。

ですからねエ、名古屋ってえところは、いまはどうだか知れませんが、以前は……この記事にも〝出しぎたない名古屋人〟てえことが書いてあるくらいで、なんでも値切ったんでしょう。

あのゥ戦争前に、関東猫八というのが、大阪から先代《おやじ》をたよって、東京へ来たことがあります。色の白い、きれいな男で、関東八千代という女と組んで漫才をやる、そのあとで、やはりものまねをやりました。猫八という名前ですが、江戸家猫八とはまったく別ものです。この人のかみさんが、名古屋者なんですね。それで、うちの家内が、いっしょに買物に行ったことがある。そうしたら、家内が、あとで、

「なんでも、はいるところで、みんな値切るんで、あたしァもうきまりが悪くて……あの人といっしょに行くのはいやだよ」

なんて言ってましたが、名古屋の人は、なんでも一応は値切ってみる。もしもまけたら、それだけ得《とく》だし、まけなくてもともとだというわけなんでしょうけども……しかしねェ、寄席へ来て、宵のくちから木戸銭を値切るってえのは、おそらく、あたくしなんぞァ思いもつかないことで、名古屋ってえのはおもしろいところだなァと思ったことがございます。

ほかに、名古屋では、いまの記事にも出ていました、桂文福《ぶんぷく》という噺家が持っていた文福《ぶんぷく》という席とか、七宝館《しちほうかん》という……これは、映画館だったのをなおしたのかなにか、そんな席があったってえことを聞いたことがありますが、どうも、あたくしは出演したことがないので、よく存じません。

寄席ではありませんが、末広座という、千五百人か二千人はいる劇場へ出演をしたことがありました。これは、前に雑誌の記事をお目にかけた、静岡の入道館の興行に続いて行ったわけなんです。やはり、記事がありますので、お目にかけます。

名古屋より

七年ぶりで、橘家圓蔵の一行が、末広座に出演した。その二日目は、折あしく風雨で、客足は二のつぎ、六分の入り。

小金馬の『五人まわし』から聞く。蔵造の『無筆』は、無事。小圓次《ママ》の『浮世風呂』は、受けてはいたが、やゝいやみになり、燕花の『子はかすがい』、しんみりとした老巧ぶりを見せていた。圓好が『四の字ぎらい』を出して、あの若さに似合わず、達者にやってのけたが、調子の低いのが微瑕。立ちあがってからの『深川』は受けていた。

中入り後の萬橘が、本場で相変わらずの『桑名の殿さん』をくり返したのは損で、江戸前の都々逸が、中京芸者をうならせていた。

圓蔵が『五百羅漢』をやり出したころ、雨がはげしくなって、とんと聞こえず、なかばにしてやめになったのは、惜しかった。

このほか、剣舞の一馬が、『城山』の熱誠ぶりよりも、『綱上』『与三』『槍さび』『蝙蝠』『わしが国さ』で、大受け。蔵造の『安来節』が、大かっさいであった。〈下略〉（名古屋にて京之助）

〔雑誌『寄席』第14号（大正10年9月）〕

このときは、五日間の〝売り〟興行でした。前売券を出しまして、申しあげたように大きな劇場が、五日間売り切れという……大そうな人気なんですが、〝売り〟興行ですから、われわれのほうの給金は、一日いくらと、きまったものだけ。

あたくしの前に、燕花という人があがるんですけども、この人の声量は、実に大したもので、二千人という大きな小屋で、びんびんとひびき渡る……いや、このときはおどろきましたねェ。

この記事にもありますが、二日目、師匠のあがるすこし前から、大雨になりまして、まわりがトタン屋根なんで、その音がうるさくて、噺がきこえない。客席のうしろのほうで、

「聞こえねえぞ」

と、どなった者がある。すると、師匠が、

「聞こえなければ、よします」

といって、おりてきたんです。そうしたら、お客が怒るかと思ったら、

「さすがに圓蔵は大家《たいか》だ。「聞こえなければ、よします」といって、やめてしまった。えらいもんだ」

といって、その翌日から、また大入りになりました……まことに、名古屋というところは、おもしろいところですね。

上　方

上方《かみがた》と申しますと、大阪、京都、神戸とございますが、この三カ所には、それぞれの土地の噺家というのがおりまして、神戸なら神戸よりほかは行かないとか、京都なら京都だけ、というような、そこへ根をはっている芸人というのがあったんです。

なかでもっともさかんなのは、もちろん大阪でございます。しかし、あたくしは、どういうものか、戦争前には行ったことがない……というのは、出演をしたことがないんで……。あたくしが大阪の寄席で出演をいたしましたのは、満洲から帰ってきましたあくる年ですから、昭和二十三年、あの戒橋松竹《えびすばししょうちく》という、やはり戦争後にできた席ですね、あすこへ出たのがはじめてでございます。

したがって、その以前、戦争前のことは、あまりよく存じません。ただ、あのゥ法善寺横丁ですか、あすこにあった紅梅亭、これはのちに吉本の手に移って花月となりましたが、その前は原田さんというかたが席主で、まず大阪で第一等の寄席だったんだそうですね。とにかく大阪では、この紅梅亭に出られるようでなければ、一流の噺家ではないという……そういうことは聞いております。

それから、神戸というところも、えびす座とか、千代の座というような寄席があったそうですが、やはりあたくしは、戦争前は行ったこともないわけなんで。

京都だけは、行ったことがございます。

これは、冨貴《ふうき》という、新京極《しんきょうごく》にありました席で、大きな席ではありませんけれども、ちょっと桟敷もありましたし、こぢんまりとして、いい席でございました。

新京極には、笑福亭《しょうふくてい》という寄席もあったわけなんで、冨貴の斜向《はす》かいかなんかにあったんですが、あたくしどもは出たことがない。行けば、冨貴のほうだったんですね。

冨貴という席は、大阪の紅梅亭をやっていた原田さんの弟が、席亭でやっておられました。ですから、出る芸人やなんかも共通をしていて、冨貴から紅梅へ行ったり、また、むこうからこっちへ来る人もあるというような、なにがありました。

あたくしがまだ若いころ……小圓蔵時分、師匠の圓蔵といっしょに行ったときも、十日間でしたか、興行して、それで師匠は大阪のほうへ行っちゃった。あとへとりのこされたのが……とりのこされたといっても、三代目の圓馬になった橋本卯三郎、この人がトリで、あたくしのほかには、剣舞の源一馬《みなもとかずま》、いまの小仙の前の鏡味小仙、それから、うちの師匠の弟子だった橘家蔵之助、あと、圓馬さんの弟子で式亭三馬になった人、そういう顔ぶれの一座で、打ったことがありました。

蔵之助というのは、前にもちょっとお話が出ましたが、本名を木全《きまた》由太郎といいまして、あたくしがまだ豆仮名太夫のころ、品川の師匠の門人になりました。酒屋に奉公していたことがあるのかなにか、〝酒屋〟〝酒屋〟といわれていましたが、出身地が名古屋だそうで、妙なナマリがありましたね。

前座のころから、雲右衛門のまねがうまくて、楽屋でうちの師匠が、

「おい、雲右衛門をやれよ」

なんといって、よくやらせていましたよ。そのうちに、

「おもしろいから、おまい、それを高座でやってみろ」

ってなことで、舞台でもやるようになりました。一年くらい、前座でいるうちに、東京をとび出して、旅まわりをして、四、五年後に大阪へ行った。むこうでは、はじめ「内蔵之助《くらのすけ》」という名前でやったが、それでは立派すぎるといわれて、「蔵之助」とし、生涯、蔵之助ひとつ名前でとおしました。

大阪へ行ってからは、『かべ金《きん》』という噺で人気をとり、鼻の下にひげを生やして、噺のあとで雲右衛門のまねをやるという……ま、大看板になりました。晩年は、食堂などをやっていましたが、戦後、あたくしが戎橋松竹に出演したときに、逢って、小づかいをあげたりしたこともあります。もうその時分は、席へは出ておりません。子どもさんが会社勤めをしている。自分は、白い頬ひげを生やして、刀剣の鑑定なんぞをやっていました。鑑定などできるのかと思って、当人に聞いてみたら、なんにもわからないが、ひげがあって、さも目が

ききそうに見えるってんで、若い骨董商にたのまれると、行って小づかいかせぎをするという……どうも、人をくった、噺家らしいところのある人でしたが、昭和二十六、七年ごろ、亡くなったということで。

式亭三馬というのは、もとはだれの弟子か知りませんが、古い人らしく、橋本の圓馬さんの門にはいっていましたけれども、圓馬さんよりも年は上だったんじゃァないかと思います。明治四十四年の名簿を見たら「宇田川勝太郎こと朝寝坊夢八」というのがありました。これが、式亭三馬になった人だと思うんです。あたくしが京都でいっしょになったときは、まだ夢八だったような気もします。三馬になって、そのあとどうなったかは、よく知りません。多分、ずっと京都で終ったんでしょう。

蔵之助は、品川の弟子だったんで、東京の噺家と称して、この三馬も東京の出なんです。だから、このときの興行は、〝江戸ッ子会〟という名称をつけましてね。中入り前に圓馬さんが一席やって、中入り後のかぶりつきにだれかがあがったあと、〝ひざがわり〟が丸一の小仙、それで圓馬さんがもう一席やる。そうして、大切りに一馬と小仙とあたくしが、三人で『かっぽれ』をおどると、こういうわけです。

ところが、上方では、本来、あの中入りというものは、ないんですね。もちろん、休憩は、あるわけなんで、そのあいだに、手あらいに行ったりなんかする……けれども、

「お茶はようがすか」

「エェお菓子はようがすか」

って、売りにくる、あの中売りってえやつは、江戸……東京に限ったもんらしいんですね。関西では昔っから、これがない……いまでもやっておりません。売店のようなものは……昔も、あったのかどうか、それはよくおぼえておりませんが、とにかく中売りというものはなかった。

東京のほうは、かならず中売りというものがあって、これも、申しあげておきますが、いまは、あれは女の人が売りにくるもんだと思っているかたがありますけれども、以前は、中売りといえば、これァみんな男だったわけなんです。それが女になったってえのは、これは大阪からきたんですね。

大阪のほうでは、中売りはないが、お茶子というものがいまして、これはみんな女でございます。そうして、客席の案内をいたします。それから楽屋の用をするお茶子もある。もちろん前座……上方でいう〝へたり〟ですね、それはいるけれども、師匠がたの羽織をたたんだり、お茶を出したりする、そういう世話は、楽屋に付きのお茶子ってものがいて、それが全部やるわけなんで……そういうようなところが、東京と大阪では、まったく違います。

東京では、師匠がたの世話から、鳴物から、高座のかたづけから、なにからなにまで、前座が全部をやらなきゃァならない。だから東京の前座ってものは大変です。

もっとも、むこうの前座は、鳴物がいそがしい。というのが、上方の噺は、〝はめもの〟といって、おはやしのはいる噺がどっさりありますし、〝うけ〟のおはやしといいまして、小ばなしひとつにしても、サゲをいうと、すぐに、へちゃんちゃかちゃんちゃん、ちゃんちゃかちゃんちゃん……

てんで、三味線をひいて、鳴物がはいる。

「おやおやおや、きょうはこれっきりでおしまいにするのかなァ……早いなァ」

と思うてえと、おはやしが終ると、また続けて、噺をする。ですから、小ばなしのひとつひとつ、全部そのたんびに、これはサゲでございます……ってところに、〝うけ〟の三味線がはいるわけですね。そういうわけで、上方の前座さんは、そっちのほうがいそがしいんです。

で、まァ申しあげたように〝江戸ッ子会〟なんだから、

「ひとつ、中売りをやろうじゃないか」

って、だれかがいいだしたんです。

「そいつァいいから、やりましょう」

ってんで、〝江戸ッ子会〟というそろいの法被《はっぴ》……といっても、急場のことだし、染めるったって間にあわないから、〝あたりこみ〟ってえやつ……つまり、布《きれ》のうえへ絵具《えのぐ》をずうッと、刷毛《はけ》でもって、すりこむようななにですね。江戸紫だからってんで、紫色でやりまして、中入りになると、みんなでそいつを着こんで、

「エエお茶ァようがすかな」

ってんで、客席へはいっていった。

お客がみんなびっくりしましてね、そんな、中売りなんてえものは知らないんですから、

「……？　なんだろう……」

って、ぞろぞろ出てきたのを見るてえと、みんな芸人なんで、

「あ、だれそれや……」

ってなもんで……。

「なんや？」

「へ、お茶はいかがです」

「あァ、お茶かァ？　……ほな、おくれ」

というようなことで、お菓子なんかも売って、大分売れたんです。

ところが、暑いさなかでしたからねェ、その法被《はっぴ》が〝あたりこみ〟だもんだから、絵具がすっかりとけちゃったんですね。ぬいで、はだかになったら、みんなその、紫色がすっかり肌へくっついちゃった。そうしたら、圓馬さんが、

「なんだい、これァ……紫団《むらさきだん》だねェ」

って……紫団という名前がついたという……そんなおかしなことがありました。

申しあげた、お席亭の原田さんてえのが、なかなかの極道者《ごくどうもん》で、みんなを引っぱって、祇園《ぎおん》あたりへのみに行ったりなんかァしたことがありましたが、おもしろいことに、お茶屋へあがってのむでしょ？　てえと、

「さァさァ飲みなはれ」

ってんで、お酒は、もう、どんどん持ってくる。それで、お肴《さかな》が、なにか出てくるだろう

と思うと、なァんにも出てこない。小さいお皿へ、えんどう豆……塩豆ってえやつ、それっきりなんです。そいつをぼりぼりッとかじって……お酒だけはじゃんじゃん出てくる。これ、おもしろくないでしょ？　やっぱりねェ、なんか食いたいってんですよ。腹はへってきちゃうし……。

腹がへった、腹がへったってえと、その原田さんが、

「ほな、うどんでも食おか」

って、おもてへ出てね、うどん屋へ行って食う。そのお茶屋でとれないことァないんですよ、うどんだろうが、そばだろうが。だけども、それでは口銭《こうせん》を取られて、高くつくからってんで……だからねェ、むこうの人は、遊んでても、やっぱりちゃんとそろばんをとっている。江戸ッ子ならば、遊びに行ったんだから、口銭をとられて、むこうがもうけようが、どうせ遊びなんだから、その気分になって、金も使うんですが、そこが、上方《かみがた》の人は違うんですね。おもしろいもんで……。

九　州

九州では、博多の川丈座《かわじょうざ》という、これは、地方の寄席としたら、大変に有名なもんで……東中洲《ひがしなかず》という、博多の繁華街でございますが、そこにありました。

客席が、全部ではないが、あのゥ芝居小屋のような、枡席《ますせき》になっておりまして、割合に大きい、七、八百人は楽にはいるというような、なかなかりっぱな席でございましたが、芝居小屋ではないわけで、〝立ちもの〟はやらない、〝すわりもの〟といいますか、つまり寄席興行を専門にやっていたもので。

ご主人が、長尾長太夫《ながおちょうだいう》という、いかにも昔の興行師の太夫元らしい、ゆかしい名前で……もっとも、あたくしが行ったころは、もうそのかたのせがれさんの長尾磯次郎さんというかたが、ほとんどやっておられました。

この川丈座というのが、おもてから見ると、三軒になっていて、まゝなかが川丈座、それから、向かって右が旅館でございまして、左のほうがお湯ゥ屋……銭湯《せんとう》ですね。それでこの三軒が、なかのほうではつながっている。といっても、もちろん、寄席へはいった人が、どんどんお湯ゥ屋のほうへ行くとか、そういうことはできません。

芸人は、前《まえ》の人(前座・二つ目など)は、ほかの席と同じように楽屋へ泊まりますけれども、師匠とあたくしは、その旅館のほうへ泊まりました。楽屋から、ある道を通っていけば、旅館の部屋のほうへ行けるわけなんです。

それから、お湯ゥへはいるときは、二階でしたか三階でしたか、梯子段をおりて、ずうッといくと、その宿のほうから、お湯ゥ屋へ行ける……ですから旅館のお湯てえものはないんですね、みんなその銭湯のほうへはいりに行くわけなんで……。寄席の楽屋からも、おもてをまわらずに、中の通路を行けば、お湯ゥ屋のほうへ行ける、で、またもとの通路を通ってもどる……と、お湯銭は払わないわけです、おもてを通らないから。つまり、宿の客と芸人は、勝手次第にお湯へはいれるしかけになっているという……これァちょっと変わっておりましたねェ。

あたくしがここへ行ったのは、十七のときでございました。ですから、大正五年のことで。品川の師匠の一座で、あたくしは小圓蔵、それから、ひざがわりが、のちに春風《はるかぜ》やなぎとなりました、もと船乗りだったという音曲師、これが当時、橘家圓若《えんじゃく》といっておりました。それから田中六太郎の花圓蔵に、そのころ歌奴だった、この前の円歌。前座が〝お茶小僧〟の橘弥という、そんなところでしたかな。先代《おやじ》は、ちょうどアメリカへ行っていたときで、おりませんでした。橘家圓蔵の一枚看板でございます。

そのときに、びっくりしたのは、木戸銭の高いことで……全国でも、あんなに入場料の高いところは知らないというくらい……一円二十銭ぐらいとった。そのころ、東京の寄席は、五十銭もとってなかったでしょう。芝居だって、そうはとれなかったんですから、びっくりしましたねェ、どうも、高いところだなァと思って……。ところが、お客のほうは、もうそれで慣れていると見えて、そんな高い木戸銭《きど》でも、寄席というものは、そういうもんだと思っているんでしょう、どんどん来るわけなんです。それでまたびっくり……とにかく、大変なもんでした。

このときは、博多の前に、岡山と別府へ寄りました。

岡山では、寄席ではなく、大福座という劇場で、興行いたしました。ここでは、あたくしが色男然《いろおとこぜん》として、失敗をしたことがありますんで、その、色ざんげを申しあげます。ちょうどこのときは、米騒動というものがあったときで、これが勃発をいたしまして、岡山市中はえらいさわぎで、とても興行どころじゃァない。とうとう五日間というものは、そこへ釘づけになってしまった。五日たって、やっとこさと、やや落ちついてきて、どうやら興行もできるような状態になったというわけで。

当時、あたくしは、小圓蔵で、二つ目の身分ですから、あたりまえならば、そんないい宿屋へなんぞ泊まれるわけはない。ほかのお弟子はみんな、楽屋へ泊まるというのが普通でございます。あたくしァ師匠にかわいがられてましたから、師匠が、

「おれの用をさせるから……」

ってんで、あたくしだけ、師匠といっしょに、一流の宿へ泊めてもらった。

その当時のことですから、まだまだ旧式なんですねエ、その宿屋の風呂が、五右衛門風呂てえやつなんで……宿へ着いて、その風呂へはいる。と、そのときに年ごろ十八、九の若い娘がいて、いっしょにはいるわけじゃァないが、ま、いろいろ世話をしてくれる。こっちァ十七ですけども、ませていますから、ちょいと冗談をいったりして……。

このとき、師匠のほうは、例の横浜関内《かんない》の芸者のお千代さんというのと、いっしょに来てまして、この人と泊まっている……したがって、あたくしァ師匠とは別の部屋に、ひとりで寝るわけなんです。

晩めしがすんで、自分の部屋へ来るってえと、床《とこ》を敷いて、蚊帳を吊ってくれているのが、さっき湯殿で会った娘なんです。それから、また冗談をいったりなんかして、

「あとで、あたしンとこィ来ない？」

と、こういったところが、

「なんです？」

「まァなんでも、用があるから、あとで、おそくなってから来ておくれよ」

で、師匠といっしょに、あたくしも、お猪口《ちょこ》に二、三ばいお酒をいただいたもんで、それだけでも、あたくしァ大変に酔って、寝てしまった。

すると、夜なかに、

「もしもし……」

ってんで、ゆり起こされた。びっくりして、暗いなかでだれだろうと思って見ると、さっ

きの娘なんです。

それから、こっちァ目がさめて、

「なんです？」

「さっき、おそくなってから来てくれとおっしゃいましたが、なんのご用です」

と、こういうんですねェ。これァまァ、なんのご用ッたって、夜がふけて、若い男と女がふたりッきりでいりゃァ、たいていもう、きまったご用なんで……そこで、よろしく、まァいたしたわけで……えゝ。

「あしたの晩もおいでよ」

ってえと、これが毎晩、かならず来るんですねェ。

とうとう、そこに一週間ほど逗留をして、いよいよ別府へ発《た》つということになりました。〝夜発《よだ》ち〟といって、興行をしまうと、同時にすッと発たなくちゃァいけないから、こっちァ昼間っから荷ごしらえなんぞをしている……と、足音をしのばせて、その娘が、すゥッとはいってきました。あたくしのそばへ来て、

「今夜、あんた、お発《た》ちでおますか」

と、こういう。ま、上方弁《かみがたべん》ですねェ。で、こっちァもう、まず、天下の色男というような顔で、

（さぞかし名残り惜しいんだろう、かわいそうに……）

と、腹ンなかで思っていると、女が、

「なァあんた」

「なんだい？」

ってえと、

「あんた、わたいをなぶりはって……」

「いや、別になぶったわけじゃァない……」

といったら、

「……せめて、あんた、紙代《かみだい》だけなとおくンなはれ」

と、こういう。つまり、ただではいけない、たとえいくらでも、金を置いていけという

……これを聞いたときにはどうも、色男だいなしで、ぎゃふんときましたねェ。

いうことばが、「紙代だけなとおくンなはれ」ってんですが、なるほど、上方《かみがた》の人らしいなァと思いましたね。それからまァ、しょうがないから、そのときなけなしの二円かなんか、

「これでかんべんしておくれ」

ってんで、置いて来ましたけども……へへ、とんだ若気のあやまちで……。

その次に、別府てえところへ行きました。

ここでは、〝いろは〟という席で、興行をやりました、たしか、ここも一週間ぐらいいたんです。てえと、別府ってところは、温泉町ですから、町ンなかに大きなお湯ゥ屋みたいのがありまして、見ると、番台もなんにもないんですね。おもてを通りかかって、なかへはい

って、湯銭もなにも払わずに、ツッと着物を脱《ぬ》いで、はいれるわけなんで……だから、

「なんだい、これァ乞食でもだれでもはいれるんだね」

ってんで、みんなそこへはいりに行ったんです。と、あすこのお湯には、いろいろありまして、これは何に効《き》く、このお湯はこの病《やまい》にいいという……。

それで、田中六太郎の花圓蔵が、そこへ行ってはいったのはいいが、この人は、申しあげたように、大変にすけべえな、女の好きな人で、しじゅう女郎買《じょうろか》いに行って、悪い病《やまい》を引き受けてきたりなんかしている、それが、梅毒やなんかの、悪いものをふき出すお湯ゥへはいったんですね。

つまり、そのお湯へはいると、一時、毒がみんな、ぱアッとおもてへ出るわけで……それが出きったところで、今度は仕上げのお湯ゥというのにはいる。そうすると、それですっかり治ると、まァそういうわけなんですが、その出るだけのお湯ゥのほうにはいって、興行が終ったから、治すほうのお湯ゥへは、はいらずに、そこを発っちゃった。

それで、博多へ着いたころには、ほうぼうへおできができてくるし、なんだか舌が爛《ただ》れてきて、しゃべるのに、ろれつがまわらなくなってきちまった。お湯銭はいらないし、いい風呂だ、いい風呂だってんで、むやみにはいったもんだから、もう、吹き出るだけ出ちゃったんでしょう……それで、それを治すお湯ゥへはいれないから、当人も、

「とんでもないことをした」

ってんで、弱ってましたね。

師匠とあたくしァ別宿へ泊まって、宿屋のお湯へはいってましたから、どうってことはなかったが、ほかにも、そのお湯ゥへはいって、あとで吹き出ものがして、困ってる人がいましたよ。

そのあと、博多を打ちあげてから、今度は、長崎へ行きました。

長崎は、榎座《えのきざ》という、なんでも大きな小屋でした。長崎なんてえところで、失礼ながら、噺がわかるかなァと思ったら、実によくわかるんですね。聞きましたらば、昔は、東京でさんざっぱら道楽をした流れものが、あっちへ行くってんです。だから落語なんぞは、よくわかるのは当たりまえなんだってえんで……これには、びっくりしました。大変にお客も来ましたし、

「ここの客ァ東京よりよくわかるねェ」

なんて、そういっておどろいたことをおぼえております。

そこから帰りがけに、また博多へ寄って、川丈座を一週間ぐらい打ったんでしたかね。それで、そのときッきりですね、博多は。あと、圓好、圓窓になって以後は、席はもちろんあったんでしょうが、もう行ったことはございませんでした。

北　陸

北陸と申しましても、あたくしの知っておりますのは、金沢だけで、富山とか新潟あたりにも、東京の芸人が行って出る寄席もあったそうですが、それァ知らないわけなんで。

金沢というと、一九席《いっくせき》でございます。

これは、大阪の女義太夫の竹本一九《いっく》という人が持っておりました席で、まァここへ興行にきて、そこでなにかいろいろあって、もとからあった席を手に入れたんでしょう。そうして、別の名前だったのを、改めて、自分の芸名をつけて、一九席としたんだろうと思います。

金沢でいちばんの繁華街で香林坊《こうりんぼう》というところがあります、そのそばにありました。やはり二階寄席《せき》で、階下《した》が楽屋と席主の住居になっている。のちにいくらも離れていないところへ越しました。こんどは大通りのほうへ出て、総二階のりっぱな普請をいたしました。しかし、新しくなってから、以前ほど客がはいらなくなってしまったらしい。

あたくしは、小圓蔵時代に、古いほうの席へ、師匠とも行き、先代《おやじ》とも行き、そうして、圓好になってから、新しくなった席のほうへ行きましたが、これが、師匠の亡くなる前の年の正月でございましたね。

このときは、先代《おやじ》の圓窓の一座で、〝書き出し〟が琵琶《びわ》の安在《あんざい》良太郎、〝中軸《なかじく》〟が尺八の加藤渓水《けいすい》という看板で、大正十年の一月元旦から十日間ぐらい勤めて、そのあと、上州から桐生、栃木と打って、北海道のほうへ行ったんです。

あたくしどもが行きましたころには、その竹本一九という人は、もう亡くなっておりまして、そのご亭主である人、たしか、八代《やしろ》竹次郎といったと思います、その人がお席亭で、やってておりました。

この一九のあるじは、大変にその、自分も芸が好きで、そろばんづくではない、いってみれば、ま、旦那気分のある、おもしろいお席亭でしたねェ。

自分で笛なんぞを吹くんです。能管《のうかん》は吹けないが、竹笛を吹く。それで、二番《にばん》太鼓を入れるなんてえときに、このあるじが来て、笛を吹くんですけども、本当は能管でもって入れなくちゃアいけないのに、竹笛で入れるから、太鼓をたたいてるほうが、これであがりだなってえのが、ちっともわからないんですよ。

「もう、さっきから三度もあげてるんだから、いいかげんにあげなくちゃァいけない」

ってえけども……笛のほうで、いくら三度あげてるったって、竹笛で、ただ、ぴィぴィ、ぴィぴィ、いってるだけだから、太鼓を打ってるやつには、ちっともあがってるように聞こえないんで……これァおかしかったですねェ。

なかなかお客の来る席でございましたが、いくらわんさとお客が来ても、出演する芸人の芸が自分の気に入らないと、楽屋へもあんまり顔を出さないんですね、このあるじが。そのかわり、自分で聞いて、いいなァと感心すると、もう、お客は来なくったってなんだって、大変なよろこびかたなんで……そういうところが、いまどきのお席亭とは違う。

いまはねェ、芸はどんなにひどいもんでも、もうかりさえすりゃァ、頭ァ下げて、

「あァ結構だ、結構だ」

っていう。いくら芸がよくっても、お客が来なきゃァ、いやァな顔をする……そういう席亭が多い。

そこへいくと、この一九席にしても、ただ金をもうけるというだけではなく、自分が好きだから、この寄席をやっている、という……昔は、そういうお席亭が、かなりあったもんなんで。

この席で、二代目の三木助さんと、三代目の圓馬さんが、合同で出演をしたってえことがあります。

はじめに、三木助さんが、十日間、独演会をやった。そのすぐあとへ圓馬さんが来て、今度は、三木助・圓馬合同でやったわけなんで。そのちょっとあとに、あたくしどもが行った。その時に、楽屋の帳面を見たんです、あたくしが。

厚い帳面でねェ、見ると、「三木助独演会」としてあって、毎晩四席ずつでしたか、やった噺が十日間みんなついている。それを見たところが、十日間の噺が、実にその、ちゃんとしたものをやっているんですねェ。ちゃんとしたものってえのは、つまり、いちばんはじめにあがったときは、『初天神《はつてんじん》』とか、『たらちめ』といったような前座噺をやって、その次に

は、ちゃんと〝二つ目〟の噺をして、三席目には〝真打噺〟をやる。そこで休憩があって、休憩後〝くいつき〟には桂残月《ざんげつ》という人があがる。

これは、しげちゃん、しげちゃんといいまして、あたくしなんぞ友だちですが、新講談という……テーブルもなんにもなしに、立ったまんまで、宮さまの噺だとかなんとか、新しい内容の講談をやった。

その次に、また三木助さんがあがって、今度は、トリの噺をみっちりやって、あと立ちあがって、おどりをおどる……これも、七つか八つおどってましたねェ。

このときは、ずいぶんお客さまが来たそうです。

そのすぐあとが、三木助・圓馬合同で、これは二人が二席ずつやって、キリにふたりで『槍さび』をおどったりなんかしている……それも、帳面に書いてあるわけで。

　仁木弾正《にっきだんじょう》、ねずみ　圓　馬
　男之助《おとこのすけ》　　　　　　三木助

なんて書いてある。つまり、ふたアりで相談をして、
「『床下《ゆかした》』をねェ、『槍さび』でおどろうじゃァねえか」
ってなことで、やったんでしょう。

このふたアりは、前々から仲もいいし、両方とも芝居はうまいもんでした。中洲《なかず》の真《ま》砂座《さござ》で『塩原多助』の通しを、鹿芝居でやったことがあります。塩原多助を圓馬さんがやり、円次郎を三木助さん。鹿芝居で通しってえのは、おそらくはありませんよ。だ

けども、このときは、シンのふたりがうまいから通しでやっても、やれたんです。このときに、おかめをやったのが三遊亭新朝という人、これも芝居のうまい人で、女形《おんながた》がよかったもんで。道連れ小平を、若手で、これから売り出そうという、中島市太郎の右女助がやりました。

中幕が『五条橋』で、圓馬の弁慶に、三木助の牛若丸。竹本の地でやりましたが、これなんぞはもう、ちょいとした、本職のようなもので、結構なもんでした。

一九席で、合同でやったときは、そのころ小圓馬だったいまの圓馬さん(四代目・森田彦太郎)もいたんだそうです。それで、ききましたらね、

「あんまり客は来ませんでした」

って、そういってましたよ。

三木助独演会のほうが、お客がうんと来た。圓馬と二人会になったら、われわれ考えても、さだめし、そのほうがお客は来るだろうと思いますけども、あまり来なかったって……。ただひとり喜んでたのは、お席亭だったてんです。前へまわって……ってえのは、客席へまわって、

「あァいい……あァいい」

って、よろこんでるんですとさ。それで、雑用《ぞうよう》のほうも、席でやってますから、毎日々々ごちそうをして、大変にアシを出したってえんですけども、もう、そうなると欲も得もないんですね……お客ァ来なくったっていい、自分《てめえ》がいい心持ちになっちゃって……そういうと

ころが、まことにどうも、旦那気分で、おもしろい。

今年(昭和五十二(一九七七)年)の五月に、金沢の県立能楽文化会館というところで、「圓生人情噺の会」というのがありまして、行ってまいりました。その企画をしたのが、「一九会」という名前のグループで、一九席にゆかりの品や、年表などの展示もあり、大変なつかしく見せてもらいました。

今度この本で、一九席のことも書きますというお話をしましたら、あちらでもよろこんでくださって、一九会の中心になって、熱心にやっておられる岡部三郎さんという、これは、国立金沢病院で産婦人科医長をしていらっしゃる医学博士の先生なんですが、このかたから、一九席年表と、当時の地元新聞の記事のコピーを送っていただきました。

それによりますと、この席は、もとは新富座といっていたんだそうで、それが、どうして竹本一九という人のものになったかというと、次のようないきさつがあったんで。

新富座主となった竹本一九は、前回開演の際、当地の某《ぼう》ひいき客の細君《さいくん》が病気と聞き、富山乗り込みを延期して、もっぱらその看護に従事したというのが、ひいき客の気に入ったとかで、そのうしろだてをもって、ここまで運んだのだといえり。

〔『北国新聞』明治37年10月13日〕

年表を見ると、大正八年二月一日から九日まで、三遊亭圓窓、源一馬、橘家小圓蔵の一座がかって、この時の新聞記事には、次のように出ております。

○顔ぞろいの圓窓一座

東京落語界の若手大家として名ある三遊亭圓窓一座は、いよいよ明一日より、下新町《しもしんちょう》一九席にて、開演のはずなるが、圓窓は、一昨年欧米各地を漫遊せる斯界《しかい》のハイカラにして、源一馬は、剣舞舞踊の名手として知られ、ほかに圓窓の秘蔵弟子たる小圓窓《ママ》〈圓生註・小圓蔵の誤まりで、あたくしのことです〉あり。女義《にょぎ》界《かい》花形の未龍《みりゅう》、また初《はつ》お目見得として出演する由なれば、近ごろ顔ぞろいの大一座というべく、久しぶりの落語音曲とて、大人気ならん。

〔『北国新聞』大正8年1月31日〕

このときに、先代《おやじ》も、あたくしも、はじめて金沢の一九席を勤めたわけでございます。

そして、同じ年の九月二十一日から二十六日まで、品川の師匠の一座で、あたくしは、二度目の一九席を勤めておりますが、これがその、三木助・圓馬の合同があった直後なんです。大正八年七月一日から九日まで、桂三木助独演会、同じく七月十五日から二十日まで、三木助・圓馬合同となっておりまして、次のような、新聞記事もございます。

○三遊亭圓馬来たる

東京演芸会社専属三代目三遊亭圓馬は、七代目朝寝坊むらくとして、当地方おなじみの達人なるが、今度久々にて来沢《らいたく》し、来たる十五日より、下新町《しもしんちょう》一九席に出演すべく、過日来、独演会にて大人気を占めたる桂三木助も、特に補助として合同出演することとなれる由。

むらくは、ある事情のもとに、はし《ママ》本川柳《もとせんりゅう》と名乗りいたるが、昨年、当代の名人なりし二代目圓馬の切《せつ》なるすすめにより、その高名を襲えるものにて、先代圓馬には、その実弟にして、斯界《しかい》の大立者《おおたてもの》たる橘《たちばな》の圓《まどか》あるにもかかわらず、圓馬の名を、より以上に大ならしむるは、むらくの川柳よりほかなしとて、その生前、三代目を襲名させしものにて、第一に東京有楽座、第二には大阪紅梅亭にて、さかんなる披露興行をなせしが、今回、地方としては第一の襲名披露興行として、当地へ乗り込むわけなりという。

〔『北国新聞』大正8年7月12日〕

翌大正九年に、この一九席は売り渡して、新しく、尾張町というところへ、新築をいたします。ですから、あたくしが、大正十年の正月に、先代《おやじ》の一座で行ったときは、この新しいほうの一九席へ出演をしたわけなんですね。

このときは、なかなかの大一座でございました。

前座が、橘家才蔵という、あだ名を〝ズンマ〟といって、のちに高尾山の行者《ぎょうじゃ》になった男。二番目にあがるのが、三遊亭窓之助。これは、あたくしのたね違いの弟で、のちに鯉楽から圓晃になって、若死にをいたしました。

三つ目が、橘家米蔵。びっこの米蔵といって、右の足が悪い。〝セコ足《あし》〟というあだ名で、歩いているときはびっこをひくわけではないが、右足が曲がらないために、すわるときには、右足を投げ出してすわらなけりゃァならないんで……高座では、前へ釈台を置いて、すわるときに、すうッとうまくごまかしてすわるから、お客のほうからは、足を投げ出してるのはわからないいんです。そうして、音曲をやるほかに、なにか妙な小道具を釈台の下から出しながら、お題話のようなことをやりました。女が殺されるというところで、下から小さな鉄亜鈴を取り出して、「あれェ(亜鈴)」ッてなことをいうという、ごくくだらないものなんで。

そのあとが、三遊亭窓朝。あだ名が〝きつねうま〟という、先代《おやじ》の弟子でございます。

次が音曲で千代子。これは、のちの百生のおかみさん。

その次に、当時、桃多楼團語《ももたろうだんご》といっておりました、のちの百生(小河真之助)。

尺八の加藤渓水《けいすい》。この人は、名古屋の人で、尺八で俗曲を吹きました。もちろん本曲も吹けるんで、いつでしたか『鶴の巣ごもり』やなんか吹いたのを聞いたこともあります。結構な尺八で、しかし、寄席じゃァ『鶴の巣ごもり』なんぞは、あんまりよろこばれないから、俗曲を吹いたり、尺八でラッパのまねなんぞもやりましてね。なかなか客を呼んだ人でございます。大変に字のうまい人で、あたくしァこの人に、

「圓好さん、いまにえらくなると困るから、いまのうちにお稽古をして、もうすこゥし見っともなくない字を書くようになさいよ」

なんていわれて、それから、お習字をしなくちゃァいけないと思ったもんで。

そのあとが、圓好のあたくしで中入り。

中入り後は、安在良太郎《あんざいりょうたろう》という、ひげを生やした、りっぱな男前の平家琵琶《へいけびわ》の先生。なんでも、平安流琵琶の家元といっておりました。

次に、三遊亭金三《きんざ》。これは、のちの柳家金語楼、あの人でございます。

真打が、先代《おやじ》の三遊亭圓窓。

そうして、大切《おおぎ》りに、圓好・金三でおどりをおどって打ち出すという、地方興行としたら、大一座でございます。

申しあげたように、三枚看板で、トリが先代《おやじ》の圓窓、〝書き出し〟が安在良太郎、〝中軸〟が渓水、この三人が上段で、下段の書き出しが金三、留《と》めが圓好、あとは、その間に並べて書いてあるというのが、そのときのビラでございます。

これを持って歩いた興行師が、吉田一郎という人で、〝パルチザン〟というあだ名がある、一種の壮士くずれといったような男なんです。当時、大ていの興行師なら、こっちから席へ行って、いろいろかけあうもんなんですが、この男は、りゅうとしたセビロを着て、その土地の一流の旅館へ泊まって、むこうを呼びつける。広告のビラなんてえものも、当時としては金をかけて、色ずりで三種類ぐらい作るというような、まァなかなかはったり屋なんで。

この一座で、このあと高崎、前橋、栃木、桐生とまわって、ここでパルチザンの興行はおしまいになった。そこで加藤渓水だけが抜けて、名古屋へ帰り、ほかの顔ぶれはそのまま、別の興行師の手で北海道へ行った、と、こういう次第でした。

あたくしは、このときが、一九席を勤めた最後だと思っておりましたんです。そうしたら、今度知らせていただいたところでは、このあと、もう一度、師匠といっしょに行ってるんですね。

それは、大正十年九月十三日から十七日まで、橘家圓蔵一座で、次のような新聞記事がございます。

○圓蔵一座

一昨日から一九席に出演した東京落語の橘家圓蔵一座を聞く。

◇初日の圓好から――若い者には、旅の疲れもなにもあったものか、達者にしゃべって、功者におどる。好個の花形。

◇おなじみの一馬は、例の剣舞と舞踊の両刀使い、相変らず達者なもので、受けさせる。

◇ヘラ《マ》ヘラ《マ》の萬橘は、話を手短く切りあげて、得意ののどをころがす。カレ切った芸に、些のアクがない。聞いていて、スーとする。

◇圓蔵は、さかんに金歯を光らせながら、聴者をぐんぐん引きつけて行くところに、いわれぬうまみがある。慾には、八五郎に酔《えい》のまわるところまで聞きたかった。
◇大切りは、圓好と一馬の合舞とあって、にぎやかに打ち出し、なにせ、久しぶりの大一座とて、雨にもかかわらず、初日からの大入りは素晴《すば》らし。
〔『北国新聞』大正10年9月15日〕

この記事のなかに、ヘラヘラの萬橘とありますが、これは、とんでもない間違いで、ヘラヘラで売り出した萬橘というのは、初代でございまして、本名を岸田長右衛門といい、明治十年代に、ステテコの圓遊、ラッパの圓太郎、釜掘りの談志と並んで、寄席の四天王といわれた売れっ子で、明治二十七年に亡くなっているんですから、まるで時代が違います。

その後、四代目の花山文から萬橘をついだ〝ちょうちんや〟の萬橘という人がいて、その次の三代目萬橘、本名を吉沢国太郎というのが、この記事に出てくる萬橘なんで……どうも、新聞記者なんてえものは、ときどきこういう間違いを書くんで、困ります。

いずれにしても、この時が、あたくしが一九席を勤めた最後というわけでございます。

一九席年表では、この後に、先代《おやじ》が大正十五年二月に出演をしておりますが、あたくしは行っておりません。と、いうのが、これを見て思い出したんですが、このときは、あたくしもいっしょに行くことになっていたんです。その前年の大正十四年一月、先代《おやじ》が五代目圓生をつぎ、あたくしが六代目圓蔵となっておりますから、このときは、圓生・圓蔵の二枚看板で行くつもりで、ビラやなんかも、もうすっかり、こしらえていたんです。

そうしたら、あたくしがチブスにかかっちゃったんですね。正月の元旦に、初席を勤めておりてきたら、大変な高熱で、それっきり病院へ行っちゃった……ですから、しょうがなくて、先代《おやじ》だけ行ったんです。このとき、先代《おやじ》といっしょに行ったのは、一柳斎柳一と、吉沢国太郎の萬橋、昭和三十六年に亡くなった、このあいだの桂三木助が、当時は春風亭小柳、それに常磐津の文字妻・さん子、そんな人たちでした。

あたくしは、入院をして、なおったからってんで一ぺん退院をしたが、どうも予後がよくなくて、また再入院をいたしまして、三月なかばか末ごろに、やっと本当に退院して、宇田川町へ戻ってきたというわけで、この大正十五年のときは、とうとう金沢へは行けませんでした。

こののち、一九席も、昭和五年六月三十日をもって、閉場となり、そのあとは、一九食堂というカフェになったそうでございます。

いまでは、この席に出演したことのある芸人も、残りすくなくなり、地元でも、一九席をご存じのかたが、だんだんすくなくなってまいりましたが、「一九会」のかたがたが調べてくださったおかげで、あたくしも、いろいろなことがわかりました。ありがたくお礼を申しあげて、金沢の項を終ることにいたします。

上　州

上州というところは、あたくしの師匠の橘家圓蔵というものが、非常に、人気がありまして、毎年かならず一度か二度は、高崎、前橋というようなところを打つ。そうしてまた、お客さまがいっぱいはいりました。ですから、あたくしも、子どものころから、師匠に連れられて、よく上州へは行ったもんでございます。

高崎には、睦花《むつはな》という席がありました。これは、もと〝みさご〟というお料理屋さん……といっても、仕出しですね、お弁当やなんかをやる、それが本業で、のちに、その睦花という席もやるようになった。

ですから、あの、駅弁なんかもやってました。高崎って駅は、なかなか大きな駅ですから、駅弁も、よく売れたもんなんでしょう。それで、あたくしの子どものころ、たけのこ弁当ってものを考えて、売り出した。たけのこ飯《めし》かなんかでね、楽屋へも持ってきまして、

「今度、これをひとつ売り出したいんで、食べてみてくれ」

ってんで、いただいたことがありました。

そのころ、杵屋勘左衛門という人がいました。盲人で、長唄をちょいとやって、あとは浮世節と申しますが、ま、いろいろな俗曲ですね。それをやる。のちには、自分の子で、十一、二の男の子でしたが、これにバイオリンをひかせて、三味線と合奏するというようなこともやりましたが、この当時は、まだ、ひとりで勤めていました。よく唄ってたのが、

〽春はうれしや、ふたりそろって新婚旅行
　汽車は上等《じょうと》でさしむかい……

そこで、ぽンと節が切れて、あとは、売りごえになる、

「おすしに弁当ォ……お茶ァ、お茶ァ……」

なんてんで、

〽旦那買いましょうか、正宗《まさむね》を
　いや、高《たけ》えから、よせ、よせ……

という、唄なんです。

と、お席亭が、たけのこ弁当をはじめたから、これをその、噺のなかや、唄のなかへ入れてくれという、つまり、いまでいやァ宣伝ですね、それをやってくれないかってえわけなんで……そうすると、この勘左衛門が、

「あァよろしうがす」

ってんで、うけあって、売りごえンところを、

「たけのこめしィ……たけのこめしィ……」

とやったところまではよかったんですが、そのあと、

〽旦那買いましょか、たけのこめしを、

いや、高《たけ》えから、よせ、よせ……

って、そういやがってねェ、それじゃァ宣伝にもなんにもならない。もちろん、当人は、そこで文句を変えるつもりでいたんですけども、口ぐせになってるから、つい、

〽いや、高えから、よせ、よせ……

とやっちゃったんですね。宣伝どころじゃァない、悪口言ってるんで……あとで大笑いをしたことがありましたよ。

睦花の席がありましたのは、高崎の柳川町《やながわちょう》というところですが、これァその、まわりがすゥっと、だるま屋さんなんです。だるま屋ってえのは、東京あたりでは〝銘酒屋《めいしゅや》〟ともいいまして、おもてむきは、飲食店……妓《おんな》を置いて、酒をのませるってんですが、それだけではない、そのほかに売るものがあるから、お客が集まってくるわけで……上州では、廓というものは許さなかったが、この〝だるま屋〟というものは許した。つまり、いえば花柳界のまンなかに、この睦花という寄席があったんです。

あたくしなんぞ、子どものときに、みんなが、「上州へ行くと、だるまがいる、だるまがいる」ってえますから、あたくしァあの絵に描いたような、ああいうだるまが出てくるんだと思って楽しみにして行ってみたら、いっこうに見えないんで、

「だるまさんがいないじゃないか」

って、そういって、みんなに笑われたことをおぼえております。

寄席の前から隣りから、これがみんな、ずゥっとだるま屋さんで……弱ったことでねェ。うちの先代《おやじ》と、亡くなった金語楼のおやじの金勝《きんしょう》と、このふたァりで遊びに行って、へべれけに酔っぱらっちゃって、もう舞台がはじまるってえのに、帰ってこない。

それから、あたくしが迎えに行って、

「だめだよ、帰ってこなくちゃァ……」

ってんで、やっとのことで先代《おやじ》を引っぱって帰ってきた。楽屋へ置いて、金勝も連れてこなくっちゃァいけないから、またむこうへ行って、連れて帰ってくると、先代《おやじ》がいない。もとへ戻って、また飲んでる……、

「だめだよ……」

ってんで、手を引っぱってくると、今度ァ金勝がいない。ひとり迎えに行ってると、もうひとりがまたむこうへ帰っちゃう……鼬《イタチ》ごっこでねェ、どうも弱っちゃうったって……そんな馬鹿げたこともありました。

睦花は、平屋寄席《ひらやせき》でございましてね、楽屋から見ると、二間《けん》ぐらいの空地をへだって、すぐ隣りに、だるま屋の座敷がある。で、申しあげたように、旅興行ってえと、みんな、寄席へ寝泊まりをするわけなんですが、師匠だけは別宿で、そのころ境屋《さかいや》といって、高崎の本陣であった、その宿屋へ泊まる。この宿は、あたりまえなら芸人なんかは泊めないんですけども、うちの師匠は特別に泊めたもんなんで……大きな座敷に泊まっている。それで、あたく

しァ師匠の用をするんで、そっちへ行って、いろいろしていると、そこの番頭さんなんぞも、もうよく知ってますから、師匠のところへ話に来ていて、

「おまいさんもねェ、かまわないから、こっちィ来てお寝なさいよ」

なんて言ってくれる。師匠の座敷のとなりの部屋があいてるから、そこへふとんをしいてもらって、こっちァまだ子どもですから、平気な顔をして泊まって、それで宿銭《やどせん》は払わない……へへ、ひどい客があるもんで。

食事は、もっぱら席のほうで作ってくれる雑用《ぞうよう》ですます。これァその、本業が〝みさご〟という仕出し屋ですから、そこは、商売がらで、お料理……ってえほどのもんじゃァない、まァお惣菜《そうざい》でございますが、なかなかうまいものを食わしてくれました。

だから、朝は、宿屋を出て、席のほうへ行って、飯をくう。と、師匠も、ときにはこっちへ来て、みんなが食べてるのを見て、

「うまそうだなァ……」

なんてんでね、

「おれァこっちで食うから、だれか境屋のほうへ行って食ってくれ。おれァ宿屋のめしァあきちゃった」

って……そういうこともありました。

それで、いつでしたか、朝、あたくしが、宿から出て席へ行ったら、もう十時半ごろになってるのに、みんなまだ、ごろごろ寝ている。芸人は寝坊ですけども、夏のことだし、こっ

ちァ腹もへってるし、

「これァ冗談じゃァない、どうしたのッ」

って、大きな声をしたら、

「ふえエッ……」

ってんで、みんな寝ぼけッつらァして起き出してきた。その時は、音曲の萬橘とか、さきごろ亡くなった小圓朝が圓之助……そのほか何人かいたけども、全員そろって寝坊してえるから、

「一体どうしたの？」

「いやァどうも、わけがあってねェ……今朝、夜明け近くなってから寝たんだ」

と、こういう。

「どうしたの？　モートロ？」

〝モートロ〟ってえのは、われわれのほうの符牒で、ばくちのことなんですが、どうも、ばくちで夜ふかしするような連中でもない。

「いやいや、そんなこっちゃァない。とにかく、むこうへ行って見てごらん」

てえますから、楽屋へ行って見ると、丸窓みたいなのがあって、そこに障子がはいっている、そいつィこのぶつぶつ、ぶつぶつ、大変に穴があいてるんですねェ。

「どうしたの、これ」

「いや、実は、そこから隣りのだるま屋をのぞいていて、みんな寝坊をしたんだ」

「冗談じゃァないよ。いい年をして、だるま屋をのぞいたって、しょうがないじゃないか」

「いや、それがさ、おもしろい話があるんだよ」

ってんで、そもそもの始まりから、いちぶしじゅうを聞きました。

隣りのだるま屋で、〝引け〟といいまして、女郎屋とおんなしで、見世のしまる時刻というものがある。ま、たいてい、午前二時でございます。その〝引け〟ちょっと前に、隣りへ来たのが、田舎の人で、かすりの着物にへこ帯を締めて、鳥打ち帽子をかぶって、なんか大きな包みをかかえた、おそろしく大きな男なんだそうで……。

これがその、見世へ来て、女郎屋でいえば牛太郎《ぎゅうたろう》・兼《けん》〝おばさん〟にあたるおばあさんと、掛け合いをしている……つまり、いくら出せば遊ばせるという交渉をするわけなんですが、なかなかまとまらないんだそうで……これを、始めっから萬橘《まんきッ》つァんが聞いていた。

かたっぽうは、いくらいくらでなけりゃァだめだというし、もう一方は、高いからまけろ、という。まァやっとこさ、もうすぐ〝引け〟になって、商売もしまうんだから、それじゃァというわけで、まけたんでしょう、客になって、あがる。はいった部屋が、ちょうど、楽屋のまむこうになるってんですね。

夏の暑いさなかで、いまのように冷房があるわけじゃァないし、ぴたッと閉め切った日にゃァたまらないから、すだれをかけてある。中は電気がついていて、床がのべてあるその様子が、こっちからは、一目瞭然すっかり見えるんで……。こっちは、丸窓に障子がはいっていて、まっくらにしてあるから、むこうじゃァちっとも気がつかない。

で、萬橋《まんきッ》つァんが、みんなに、

「おい、いまね、こういうやつが、むこうの座敷へあがったよ」

ってんで、招集をかけたんで、丸窓ンとこィ集まって、しゃがんでるやつもあれば、うしろからのびあがって見るやつもあるという具合で、障子へ無数に穴をあけて、のぞいて見てたんだそうで……。

男は、鳥打帽を枕もとンところへ掛けて、ゆかたに着かえて、横になる。そこィ婦人がはいってきたんで、

「おい、始まるよ、始まるよ」

ってんで見てえた。

すると、妓《おんな》のほうが、まず、きっかけをつけた。まァ足をのせるとかなんとかしたんでしょうが、どうしたことか、その男が、知らん顔で、寝たふりをしてえたんですね。妓のほうへ、これががちんときたらしい。ちゃんと、こっちのいうとおりのお金であがったんならば、客あつかいもするが、もう、値切りに値切ってあがっておいて、こっちがきっかけをつけたのに、知らんふりをしてる……えゝもう勝手にしやがれッてなことなんでしょう。

妓は、くるッとむこうを向いて、寝ちゃったってんですね。

やっこさんのほうは、もちろん、寝てえるわけはない。そもそも、なんのためにそこへあがったのかってえことは、もう、いわなくったってわかってることで……さア、どうするかなァってんで、見ていると、やっこさん、なんとかしようッてんで、うしろから、いろいろ

こう、やるんですけども、妓のほうは、さらに知らん顔をしている。向こうをむいたっきり……それで、ゆかたをずゥっとまくって、うしろから……ってんで、行くと、すッと、あおむけになって寝る。上へのっかって、なにしようとすると、手ではねのけといて、ぐるッと横を向いちまう……どうしてもいけない。

当人は、もう一生けんめいだけども、第三者として見てえたら、これァ実におもしろいというんで、もう、下座のおばさんからなにから、みんなが集まって、どうなるだろうって、こっちァ固唾《かたず》をのんで、のぞいていたんだそうです。

と、どうやっても、妓のほうが応じないんで、しまいには、男も憤然として、ぱッと立ちあがったってんですね。みんなで突っつきあって、

「おい、おこったおこった……帰るらしいよ」

っていってると、ぱっとゆかたを脱いで、かすりの着物に手ばやく着かえて、へこ帯を締めて、鳥打帽子をとって、さっとかぶった。

妓は、前もしどけなくして、寝たふりをしている。

そうすると、やっこさん、大きな包みをかかえて、暫時、じィッとそれを見ていたが、やがて思い直したとみえて、鳥打帽子をまた折れ釘へ掛けた。

「野郎、また思いなおしたよ……」

大きな声を出しゃァむこうへ聞こえるから、みんな笑うわけにはいかず、がまんして、腹ァおさえながら見ていると、男は、またいろいろやってみるが、むこうがどうしても応

じない。

結局、また、起きて、着物を着かえて、鳥打帽子をかぶって、荷物を持って、今度は見世のほうへ行って、それじゃァ約束が違う、かなんかでもって、大変長いこともめていた。そのうちに、四時も過ぎて、夜があけたってんですね。

「ばかばかしいから、寝ようじゃねえか」

って、それから寝たんで、きょうは、みんな寝坊をした、という……実にどうも、くだらない話があったもんでございます。

この睦花には、せがれがいましてね、あたくしよりも、三つか四つ年上で、けんちゃん、けんちゃんとそういって、子どもの時分、いっしょに遊んだことがあります。小さい時から、いたずらで、乱暴でしょうがなかった。

のちに、やくざの親分みたいになりまして、興行やなんかもやったりして、〝みさご〟のけんちゃんといって、なかなかいい顔になった。それで、あたくしも、けんちゃんに頼まれちゃァ、よく行きましたよ。やっぱり、むこうでも、なつかしいんですね、ちょいとでも子どものときに、いっしょに遊んだことがあるから。

「来とくれよゥ、たのむからよゥ」

なんていやがってね。

「いくらいくらにまけておくれよ」

なんて……しょうがねえんですよ。それでも、むこうへ行くと、みんな、

「親分、親分……」

て、そういって、

「けんちゃん、おまいも親分なんだね」

ってったら、

「よせよゥ、そんなこと、あんまり大きな声でいうなよ」

なんてね、へへ……。

あたくしが、圓生になってからも、よく行ってました。戦争後も、行ったことがありますね。もう、そのころは、昔の席はありませんでしたけども……。

いまでは、けんちゃんも、とっくに亡くなりましたが、まァそんなふうで、いろいろな思い出もあり、この睦花というと、まことになつかしく思う席でございます。

前橋にあったのは、梅の井という席です。これは、のちに「いろは」という席名にもなりましたが。いま、そのあとが、なんとかいうお料理屋さんになっています。あたくしの家内のおふくろというのが、前橋の出なんで、あすこには、親戚があるんですが、この前、その親戚の人といっしょに、ごちそうになったら、

「ここは、もと、梅の井のあったとこなんですよ」

って話を聞きました。もう地形はすっかり変わっているし、まったくわかりませんでしたね。

『寄席育ち』の口絵写真に、「高崎巡業(明治四十二年頃)」としてある写真があります。寄席の木戸口の前で写したもんですが、あれが、前橋の梅の井なんです。このときは、橘之助、圓蔵、それに中軸が、立花家左近……のちの三代目圓馬……という看板で、高崎、前橋とまわったもんでございます。これもやはり、半月を二カ所でやる……つまり、片っぽうで八日うてば、もう一方は七日というような具合で。

あの写真を見ますと、町まわりをやったわけなんですね。前座が大太鼓を打って、一座のものが俥を連らねて町のなかをまわるという、これァもう、地方へ行けば、たいていやったもんで。このときもみんな、そろいのゆかたで、あたしに印絆纏《しるしばんてん》を、まァ子どもだからって、いたずらに着せたんでしょうね。

よく見ると、「大入に付き三日間日のべ」と書いてある。だから、このときは成績がよかったんでしょう。そんなに大きな席じゃァございません、うんとはいって、三百人《さんぞく》ぐらいですかね。睦花のほうも、およそ似たようなもんでしたでしょう。わるいときで、一百四、五十《そく》というような……ま、大体は、うちの師匠は、上州では非常に人気がありましたから、いつも、お客は多いほうでございましたが。

梅の井が、のち、「いろは」になったのは、やはり、持主が変わったんだろうと思います。「いろは」になってからは、あたくしはあまり行っておりません、たしか震災後に、一ぺん行ったことがあるかないか……もとの梅の井のほうが、あたくしには、なつかしい名前でございます。

そのほか、あのあたりでは、桐生とか、宇都宮なんてえところも、行ったことがあります。桐生は、能楽舘《のうらくかん》といいました。ここは、あたくしが、まだ義太夫語ってる時分に行きましたが、考えると、あれァこけら落としのときに行ったんですねェ。なんでも、舞台の下に、瓶《かめ》が三つくらい、埋《い》けてあるってんで……ですから、とんと踏みますてえと、ぽォ…んと、音がする。

「これァ普通の舞台とは違います。能舞台とおンなしで……」

なんて、大変に能書をいって、自慢してましたよ。あたしァ子どもで、脇にいて、それを聞いたのを、はっきりおぼえています。まァ、名前も能楽舘てえくらいですから、それが売りものなんで……。

その後も、行ったことはありますが、足利《あしかが》って、かのつくところは、蚊が多いなんてえますけども、あんまり蚊が多いんで、びっくりした……うっかりしてると、舞台でも蚊にくわれるんですよ。なにしろ、三味線ひいてる人が、こう、撥《ばち》を動かしていても、蚊が手へたかって、くわれるってんですから。

宇都宮には、宮桝亭という……これは、二荒《ふたら》神社という有名なお社《やしろ》があります。あの石段をおりた、ちょうどその下のところにあった席でございますが、ここも、たまさかは行きましたですね。

伊勢崎というところは、あたくしァいっぺんも行ったことがありません。

栃木は、栃木座という劇場で、ここは二、三度行っておりますが、とくに申しあげるほどの思い出もございません。

東北・北海道

東北では、仙台、青森、弘前、秋田なんというところへ、わりによく行ったことがございます。盛岡なんてえところも、噺の好きなかたがいて、よくわかるところですが、どういうもんか、以前は、あんまり行きませんでした。

しかし、東北で寄席らしいところといえば、仙台の、東一番町という、繁華街でございますが、そこにあった席で、東一館《といちかん》という……落語のような〝すわりもの〟なら、まずここへ行く。それから、これは寄席ではなく、劇場でございますが、仙台駅のそばにあった、仙台座という大きな小屋、ここへは、よく行きました。

北海道へ渡りますと、まず函館で、たしか、えびす館といった、ここは、小樽、札幌といったところへ行くと、たいてい、その行き帰りに寄ったもんで。

小樽にありましたのが、小樽演芸場。八木さんというかたが、あるじでした。

以前は、あの、小樽というところは、大変にさかんなところで、当時、札幌よりは、むしろ小樽のほうが活気があったんですね。片々《かたかた》は官庁街といったようなところ、もう一方は、港町で、しじゅう船の出入りがあって、なにかその、景気がいい……たしか、小樽には、株式の取引所もあったんじゃァありませんか？

そういうわけで、花柳界もさかんであり、おもしろいお客さんもいました。それで、たいこもちがずいぶんおりました。それがほとんど、東京からの落ち武者というような……噺家のくずればかりが、あすこでたいこもちをやっていたもんで。

花の家蝶八という……この人なんぞは、やはりもとは噺家で、小樽へ行って、永いあいだ、ずっとたいこもちをしていました。それで、あすこへ行く噺家は、みんな、この蝶八つァんのところへは、かならず顔出しをしなくちゃならないことになっていました。そうすると、むこうでも、むかし噺家だったからってんで、なにかとその、いろいろ世話もしてくれるわけなんです。まァその当時のことですから、のぼりをこしらいてくれるとか、自分のお客に、

「ひとつ、聞きに行ってやってください」

なんてって頼んで、お客をつれて来てくれる……そういったようなことで、いずれ、あすこへ行くてえと、みんなお世話になったんですね。

噺家だったころに、だれの弟子だったのか、なんてえ名前か、それァよく知らないんですが、ちょいと薄《うす》あばたのある、痩せぎすな人で、あたくしが子どもの時分から、むこうにいましてね、そうですね、あたくしが圓蔵になってからもいましたかしら……なかなか親切な人でしたよ。

それから、五代目の左楽さんが、芝楽といっていましたが、その次の芝楽になった人……本名が伊藤栄三郎でしたかね、明治四十四年ごろ、柳家小團治から柳亭芝楽になった、この人も、そのあと、小樽へ行って、たいこもちをやっていました。

これァ、五代目の左楽さんの前名をもらうくらいだから、若手としては、なかなかよかったんです。ちょいッといい男で、おどりをおどりましてね、それでまた、芝居が好きなんですよ。あたくしがまだ子どもの時分真《ま》砂座《さござ》で噺家芝居があったときに、それへ出て、大変にお銭《あし》を使ったんですね。

すると、続いてまた、今度は市村座で噺家芝居をやろうというときに、当人、これにも出たいんです。二代目の談洲楼燕枝という人が『伊勢《いせ》音頭《おんど》恋寝刃《こいのねたば》』の貢《みつぎ》をやる。それで、二見ヶ浦の場でもって、出てくる奴《やっこ》……林平《りんぺい》といいましたかね、いい役なんで……これを、

「おまい、どうだい」

「へえ、結構です」

ってんで、引きうけて、やったんです。これでまた借金をして、とうとう東京にいられないんで、北海道へ逃げちゃった。ほかのもんでしくじったんじゃァない、鹿芝居で借金だらけッなって、どうにもしょうがなくって、逃げちゃったという……変わったやつがいたもんですが……。

この人は、小樽でたいこもちをしていたときは、もちろん、なんとかいうほかの名前でしたが、そうですね、いつごろまでいましたかねェ……小樽で終ったんだと思います。

それから、一時翁家さん馬になった、本名を菅谷《すがや》徳之助という人、これもやっぱり、小樽でたいこもちをしていた。あれは、青木鏡太郎の助六の古い弟子で、明治四十四年の柳連の名簿には、「菅谷徳之助こと柳亭一楽」と出ておりますが、そのあと、歌六になりました。演芸株式会社時代……大正七、八年ごろでしたかに、あたくしァはじめて逢い、いっしょに席へ出演をしたこともあります。音曲をやりまして、一時はよかったんです。それで、どういうなにがあったのか、よくは知りませんが、この前の、山路梅吉の文治さんが、さん馬から八代目桂文治になった、そのあとのさん馬をもらったわけなんです。

そののちに、なんか、いけなくなって、北海道へ行って、しばらァく、あすこでたいこもちをして、それで戦後になってから、東京へ帰ってきたわけなんで……。いっときは、浅草末広亭という席の番頭みたいなことをしていました。

浅草末広亭のことは、前に申しあげるのを忘れましたんで、ここでちょっとお話をしておきます。

浅草田原町から国際通りへはいりまして、国際劇場よりも、すこし手前に、合羽橋《かっぱばし》のほうからくる通りが、国際通りとぶつかる角があります、この角と、田原町の角とのちょうどまンなかあたり、田原町から行って左がわにあった席でございます。向かいがわが、以前、松竹座のあったところなんで……と申しましても、松竹座もなくなってしまいましたけれども。

これは、新宿末広亭のあるじである北村銀太郎さんがやりました席で、聞きましたら、開業をしたのが昭和二十八年六月下席、桂小文治のトリだったという……二階寄席《せき》でございまして、階下《した》は、ストリップをやっていましたね。その向かって右の脇に、テケツ(切符売場)があって、梯子段をあがり、客席のうしろを通って楽屋へはいるようになっている。いまの圓楽が、弟子にしてくれと頼みに来たのは、あたくしが、ここへ出演していたときでした。

客の入りは、そう悪いほうではなかったが、北村さんは、大分つぎこんで、損をしたらしい。あたくしどもも、なんとか、ここをものにしようと思って、一生けんめい勤めましたが、地主と、建物の持主とのあらそいで、ごたごたして、いろいろ奔走をしたが、話がまとまらず、二年足らずで廃業をしてしまいました。昭和三十年三月下席が最後だったそうです。

菅谷徳之助は、ここで番頭のようなことをしていたわけで、なかなか、駄ぼらふきで、おもしろい男でしたが、一、二年前に亡くなりました。

まだほかに、圓とくともいい、圓ぴょうともいったってえんですが、その人が、小樽にいたことがある。どういう字を書いたんだか、よく知らないんですけども、圓徳、圓瓢と書いたんでしょうかね、とにかく、噺はうまかったそうです。それにおどりもちょいとおどれるという……が、いかんせん、人間が悪かったらしい。

圓徳とかいうのは、東京での名前で、小樽にいたときは、また別の名前だったんでしょうけれども、一時、圓窓を名乗って歩いたんですね。そのあとへ、うちの先代《おやじ》が圓窓になってはじめて行った。そうしたら、借金取りが来て、しょうがないんです。

「エェひとつ、この前の金を返してもらいたい」

「冗談いっちゃァいけない、なんでおれが借金を払わなくっちゃァならねえんだ」

「でも、圓窓さんには、お金を貸してある……」

「圓窓はおれだよ」

ってったら、先代《おやじ》の顔を見て、

「はァ……あなたじゃァない、違います」

って、そういうんですよ、ね？　だから、至るところ、ほうぼう借金だらけにして、逃げて歩いてたんでしょう。

まァそういうのが、みんな小樽あたりィ流れこんで、たいこもちをしていたというわけでございます。

あと、札幌では、九条狸小路《くじょうたぬきこうじ》てえところだったと思います、札幌舘とかいって、まァいろんな興行をやったんでしょうが、われわれが行けば、そこへかかることになっていたわけで。これも『寄席』という雑誌の記事で、大正十年二月に、先代《おやじ》一座で、この札幌舘へ出演していることがわかりました。

札幌から

いずこも活動写真流行で、色物は何がかかってもあまり好結果は得られないが、当地は、ふしぎに、落語が乗ると、相当の効果をあげているようです。

もっとも、落語の定席は一軒もありませんが、札幌舘というのにしじゅうかかります。まず一月には、若圓右が、四《ママ》代目芝楽を襲名してはじめての来札をきっかけに、二月は、圓窓が、せがれ圓好、小金馬改め金三と、四月は、睦派の林家正蔵、五月は、東西会の柳家蝠丸。

最近の六月には、六日から五日間、小南の高足・桂小文治が、朝之助といっていた小圓次《ママ》改め小半《ママ》治、奇術の弄天などの連中で、札幌舘に開演しました。

小文治をのぞく前座のあまり貧弱なのは失望しましたが、現代的落語を標榜した小文治は、若手でもあるし将来有望な人のようで、また、すこしきざではあるが、おどりはこの人一流の達者で、十分おもしろく見せてくれました。（札幌桃太郎）

〔雑誌『寄席』第10号（大正10年7月）〕

このなかで、若圓右改め四代目芝楽とあるのは、本名豊永豊太郎、のち五代目圓橘となった人です。

睦派の林家正蔵というのは、六代目、今西久吉。東西会の柳家蝠丸とは、いまの伸治のおやじ。小文治は、この前亡くなった小文治さん（本名・稲田祐次郎）です。

朝之助といっていた小圓次（治）《ママ》とあるのが、静岡の入道舘のところで申しあげた、笠原喜代造のことですが、「……改め小半治」とあるのは、なにかの間違いでしょう。

二月の先代《おやじ》一座というのが、金沢から上州をまわって、それから北海道へ行った……一九席のところでお話をした、あのときの一座なんですね。桐生までが、申しあげた〝パルチザン〟というあだ名の興行師でございまして、北海道は、また別の興行師なんです。ふつうなら、桐生から北海道なんという、そんな変な道順の旅はないわけなんですけれども、このときは、そういうことになっちゃったわけで、いまでもおぼえていますが、桐生から秋田経由で札幌まで、四十一時間三十分かかった。

なにしろ、雪の多い年で、途中吹雪のために汽車がおくれる。こっちァ連絡船の時間があるんで、気が気じゃァないんですねェ。前の駅から電話を入れてくれて、船が待っているから、急いで来てくれろという……青森へ着いたが、延着だもんですから、赤帽なんぞいないんで、みんな自分で荷物をかついで、雪ンなかをかけ出して、桟橋へ行きました。あのころの連絡船はねェ、まだハシケで行くんだったと思います。

本船へやっと乗ったら、前に乗ってる人たちが、みんな長々と寝ころがっていて、あとから乗ったあたくしたちは、坐るところもないんですよ。このときは、十人の一座で、先代《おやじ》、琵琶《びわ》の安在良太郎、あたくし、金三（のちの金語楼）、桃多楼團語（のちの百生）、そのおかみさん、それに〝きつねうま〟の窓朝、この七人が二等、〝びっこ〟の米蔵、あたくしの弟の窓之助、〝ズンマ〟の才蔵の三人が三等という、当時としたら、十人のうち七人が二等ってえのは、ずいぶんぜいたくな旅でございます。

ところが、連絡船は二等席でも、そういうありさまだから、ボーイを呼んで、これじゃァわれわれは坐るとこもない、と苦情をいったんですけども、

「あたしどもは、お客さんに起きてくれってことはいえませんから、あなたがたで、どうぞ起こしてください」

ってんですね。

それから、先代《おやじ》とあたくしと、ふたりで食堂へ行って、酒をのんで、船室へ帰ってくると、先代《おやじ》が、もうそのころ二十三貫(約八十六キロ)ぐらいありました、そいつがそこへひっくる返《かい》って、

「ぐわァ……ッ」

って、いびきをかいたんで、まわりの人がびっくりして、とびおきた。そこを、

「ほら、あいた」

ってんで、みんなでやっと坐ったわけなんですがね、あとで聞いたら、そのとき、先代《おやじ》が、函館市長の頭を蹴とばしたってえんで……それは、安住良太郎が、あれは市長だってことを知っていたんです。

函館へ着いたときは、大変な吹雪で、もう二、三尺(約一メートル)先が見えない。やっとの

ことで桟橋へ着いて、また汽車へ乗る……変なはなしですが、列車のお便所へはいるてえと、便器の下のほうから、雪がぱァ…ッと吹きあげる……とても落ち着いて用なんぞ足しちゃァいられないくらいで。

このときは、北海道でも何十年ぶりとかいう大雪だったんですね。札幌へ着いたときも、まだ吹雪の最中。そのために電線が切れるというさわぎで、初日は興行中止なんです。

「こんな吹雪では、この土地の者も外へ出ませんから、今夜はひとつ、戸外《おもて》へは出ないようにしてください」

って、いわれたのに、〝きつねうま〟の窓朝と、〝びっこ〟の米蔵が、そのなかを女郎買《じょうろか》いに行った。

「出るなっていわれてるのに出て行きゃァがって、帰ってくるまでに、凍《こご》え死んじまうぞ」

っていってると、案の定、その晩いくらおそくなっても帰ってこない。みんなで気をもんでいたら、あくる朝、帰って来ましたよ。話を聞いたら、女郎屋《じょうろや》へあがってまわし部屋で、酒のいきおいで寝たところが、夜中に小便《しょんべん》に行きたくなったってんですね。それでちょいと戸を開けようとしたら、ぴゅゥ…ッてんで、ものすごい勢いで、雪が吹きこんでくるから、とても出られない。あたりを見ると、火鉢に鉄びんが、かかってるんで、そのなかへ用を足して、もとのとおりかけといたら、そこィ女が来て、その鉄びんから湯を注《つ》ごうとした、

「おいおいッ、それァだめなんだよ」

ってんで、あわててやめさせたんだってえ話で、大笑いをしました。

このときに、あたくしァはじめてスキーってものをやりました。

金語楼の金三といっしょに、札幌農学校の学生さんと、のんだんです。で、学生が一席やってくれないかってんだけれども、金三もあたくしも、のんで酔ってるから、渋っていたら、〝ズンマ〟の才蔵が、

「じゃァひとつ、あたスがやりやしょう」

ってんで、やりました。あたしと金三とふたりで、その前で寝ちゃったんですね。そうしたら、

「仲間がやってるのに、前で寝るのはひどい」

ってんで、才蔵がおこった。

そんなことで、学生さんと仲よくなって、いっしょにスキーをやらないかって、すすめられたんです。やらないかといったって、服もなんにもない、といったら、みんな貸してあげるからってんで、詰めえりの学生服を借りましてね、丸山公園でスキーをやりました。東京へ帰ってきてから、みんなに話をしたら、仲間ではまだ、だれもスキーってものを知りませんでしたよ。

このときは、一月三十一日に北海道へ着いて、札幌、小樽、函館と、二月いっぱい廻って、帰ってきました。

おしまいに、これは、あたくしが昭和三十九年十二月に、『読売』の夕刊の随想欄に、「金」というテーマで、四回ほど連載をしたことがございますが、そのなかで、このときの

北海道興行の思い出を、書いたものがありますので、ここへ再録をいたしまして、地方の席のお話を終ることにいたします。

江戸っ子は無代《ただ》

三遊亭　圓生

私の父の先代圓生は、

「金がほしければ、芸人をよして、ほかの営業をしろ。芸人が金をほしがるようじゃア、ろくな芸はできねえぞ」

と、よくいいましたが、人間、欲を離れることは至難なわざと思います。

私どもは、よくビラとか、のれんなどを頼まれることがありますが、まだ若いころ、楽屋へはいると、

「すみませんが、のれんをひとつお願いします」

「はい」

「二円いただきます」

「はい。どこへやるんですか」

「どこそこです」

「はいはい」

と、金を払って、その晩、うちへ帰ると、おやじが、

「さっき、どうしてどこへやるかと聞いたんだ」

「だって、どこへやるのかなと思ったから、聞いたんです」

「それじゃァなにか、やる先《さき》によって、おめえは金を払わねえつもりか」

「そんなことはありません。どんなところでも、つきあいなら出しますよ」

「それじゃァなぜだまって払わねえ。おめえひとりに頼むんじゃァねえ。むこうは大勢へ何度も同じことを言うのは、めんどうくせえもんだ。「いくら？　はい」と、金を出せば、もらうほうもいい心持ちだから、どうせやるもんなら、むこうがよろこぶように出してやれ。あんな金の出しかたをするようじゃァ、いい芸人になれねえぞ」

と、いわれました。なるほど、どうせやるものなら、すうッと出したほうがいい。人にものをただやるにさえ、へたがあり、せっかくのものをやるにも、相手がよろこばないようなやりかたをする人がある。昔から、生きた金を使うというが、なかなか、それはむずかしいことです。

おやじは、本当の江戸っ子気質《かたぎ》で、金に対して淡泊なところがありました。

大正十二年ごろ〈と、書きましたが、これは大正十年が正しいわけでございます〉二月に、北海道へ行きましたが、雪の多い年で、屋根まで雪にうずもれているというありさまで。

札幌へ乗り込んだとき
「この一座のいちばんえらいかたにお目にかかりたい」

と、三人連れで、おとずれた人がある。

おやじが会ってみると、どこそこの郵便局員で、なにかの祝いの会をもよおすについて、

「先生に、ぜひ一席演じていただきたいが、礼金はいかほどでしょうか」

「それァいくらといわれると、こっちも芸人の格式というものがありますから、いかほどくださらなければ行けませんと申しあげますが、これだけしか金がないから、これで来てくれとか、場合によっては、無代《ただ》で来てくれといわれりゃア、あっしも江戸っ子だ。ただでも行ってあげるよ」

「では、そのただのほうでお願いします」

といわれて、もう、

「うん」

というより、しかたがない。雪のなかを二時間ソリへ乗せられて、一席やって、ただ。

〔『読売新聞』夕刊、昭和39年12月9日〕

（付録資料　一）

東京　寄席案内

〔雑誌『寄席』第2号（大正10年3月）〕

麹町区

青柳（元園町）
市場（三番町）
福槌（宮下町）
一ノ亭（新網町）
高砂（森元町）
広尾亭（新広尾町）
恵智十（南佐久間町）
琴平（琴平町）
東桜（愛宕下町）
白金演芸館（白金志田町）
白金大正館（白金台町）

四谷区

若柳（塩町）
喜よし
京山亭（簞笥町）
四谷演芸館（舟町）

赤坂区

富岳座
新富岳座（青山）
鶴梅（新町）
七福（金杉二丁目）
祇園（伊皿子町）
桃桜（愛宕下町）

麻布区

第二金沢（三河台町）
麻布演芸館（笄町）

芝区

川桝（宇田川町）
七大黒（三田四国町）

牛込区

牛込亭（通寺町）
神楽坂演芸場
柳水（肴町）

春葉（市ヶ谷）
大和（山吹町）
神楽坂芸妓演舞場

小石川区

鈴本（江戸川桜木町）
小石川（西丸町）
三小松（掃除町）
江戸川演芸舘（小日向水道町）
紅梅（白山下）

本郷区

若竹（東竹町）
鈴本（西片町）
動坂（動坂町）
新小松（春木町）

神田区

立花（通新石町）
入道舘（美土代町）
白梅（連雀町）
九段演芸舘（九段下）
川竹（表神保町）
小柳（小柳町）
三市場（三崎町）

日本橋区

立花（米沢町）
鈴本（人形町）
菊松（北島町）
末広（人形町）
二州（薬研堀）
寿（北島町）
亀扇亭（蠣殻町）
宮松（茅場町）

京橋区

金沢（京橋際）
朝田（八丁堀仲町）
恵宝（南伝馬町）
住吉（八丁堀仲町）
聞楽（岡崎町）
築島（月島西仲通）

下谷区

寿（金杉上町）
鈴本（上野三橋）
とんぼ軒（竹町）
寿（竹町）

浅草区

並木（並木町）
万盛舘（公園）

東橋亭（花川戸）
金車（公園）
パテー館（公園）
初音館（公園）
岩瀬（田町）
二六（田中町）

本所区

鈴本（石原町）
押上（押上町）
若宮（若宮町）
新小柳（花町）
花岩（緑町四）
広瀬（相生町）
永花（花町）
業平（中郷八軒町）
太平館（太平町一丁目）
上万（松代町）

深川区

桜館（黒江町）
常盤（高橋）
浪花館（富川町）
広得（猿江裏町）
東（東大工町）
若柳（八名川町）
永花（東元町）
三燕（西町）
洲崎（西平井町）

荏原郡

宝来（南品川）
新魁（南品川二日五日市）
品川館（北品川）
大崎館（五反田）
相生（大崎白金猿町）
大井館（大井町）
大山（羽田猟師町）
福寿（大森町）
太子館（世田ヶ谷）
新大崎館（下大崎）

豊多摩郡

末広（新宿）
淀橋（柏木）
渋谷亭（下渋谷）
新豊栄（千駄ヶ谷）
二山（青山北町七）
新壱（角筈）
大久保（大久保）
戸塚演芸館（戸塚町）

北豊島郡其他

豊島（巣鴨宮仲）

新末広(池袋)
中央(巣鴨)
大松(王子)
若友(下坂《ママ》橋)
高田(高田町)
高砂(下坂《ママ》橋)
王子演芸館
柳亭(南千住地方橋場)
千住亭(千住)
小松(千住)
五ノ橋館(大島町)
長楽館(亀戸)
大栄館(亀戸)
入喜(向島須崎)
隅田館(隅田村)
小松川倶楽部(西小松川)
寿(小松川)
大崎(三河島)
玉の井(寺島村)
亀有亭(亀有)

八王子

栃木(南新町)
有声館(三崎町)

（付録資料　二）

大正十五年十一月現在

東京演芸場組合員名簿

○印は組合加入者

神田区

（組合員）	（席　名）	（所在地）	（席主及主任氏名）	（電　話）
○	喜らく	神田区表猿楽町二五	荘　武一	神田　二八一三番　二九一三番
○	立花亭	同　区通新石町一三	大森竹治郎	同　五〇五番
○	民衆座	同　区美土代町三ノ一	荒井庄三郎	同　二三八番
	三市場	同　区三崎町三ノ二〇	土師市太郎	
	富松館	同　区富松町一二	山崎伊三郎	浪花　七四五三番
	花　月	同　区表神保町七	林　正之助	神田　四〇一五番
○	浪曲研究座	同　区同　町一	河合徳三郎	同　五三番
○	小柳亭	同　区小柳町二一	田村清吉	同　二四一五番

日本橋区

末広亭　日本橋区新和泉町一　石原幸吉　浪花四九〇番
○両国座　同　区吉川町　同　三九〇七番
喜扇亭　同　区蠣殻町二ノ一五　伊藤次良吉
寿亭　同　区北島町二ノ三三　梅田花吉
菊松亭　同　区北島町二ノ二九　北条キク
○鈴本亭　同　区蠣殻町二ノ四　樫田緑郎　浪花一八九二番
日本橋演芸場　同　区通二丁目九　早川庄太郎

京橋区

○新富演芸場　京橋区新富町二ノ一　竹田源治郎　京橋一二八九番
○築島演芸館　同　区西仲通三丁目　大橋清太郎
八丁堀演芸場　同　区幸町二　早川庄太郎
住吉亭　同　区八丁堀仲町　大宮美清
○聞楽亭　同　区岡崎町一ノ二　五十嵐亀一郎
○東朝座　同　区銀座一ノ一三　京橋三五一五番

浅草区

○東橋亭　浅草区花川戸町　水野好美　浅草一〇二一番
○金車亭　同　区浅草公園第六号三ノ四五　戸張鉄太郎　同　二六一六番
江戸館　浅草公園　同　三三三〇番
橘館　同　同　一五九八番
宝来館　同
○岩瀬亭　同　区田町一ノ六　神山ゑい

下谷区

○鈴本亭　下谷区元黒門町三四　鈴木幸一郎　下谷　五五三五番
○正和亭　同　区竹町二八　川瀬庄太郎
六三亭　同　区竹町

本所区

○広瀬演芸館　本所区相生町四ノ一七　中谷豊彦
○林徳亭　同　区林町三ノ五二　田中亀吉
○若宮亭　同　区若宮町　並木保之助

○長登倶楽部　本所区松倉町二ノ一一四　小山常太郎
太平亭　同　区平平町
○新小柳亭　同　区花町二　田村せい
復興館　同　区石島
隅田館　同　区隅田
花岩亭　同　区緑町
入喜亭　同　区向島

深川区

○常盤亭　深川区常盤町二ノ二　久松巖　本所五六〇番
○桜館　同　区墨江町　桜井音次　同　一八四二番
洲崎亭　同　区西平井町
○広徳亭　同　区猿江裏町一四六　岡田得二
三燕亭　同　区西町
新東亭　同　区東町
東陽館　同　区霊岸町
石島亭　同　区石島町
浪花演芸場　同　区富川町

○永花亭	同　区東元町一	永田幸作	
○衆楽館	同　区猿江裏町一四三	山中文三	

芝区

○七大黒	芝区三田四国町	鈴木清吉	高輪　三一一四番
○白金大正館	同区白金台町二	秋葉定吉	同　二七九七番
○恵智十	同区佐久間町一ノ二	田辺トク	青山　六八九一番
相生亭	同区白金袖ヶ崎		
白金演芸館	同区同　志田町	岡崎音松	
三共亭	同区愛宕下町三ノ二	山川伊勢松	
○三光亭	同区宇田川町	村田源次郎（ママ）	高輪　五二四六番
○桃桜演芸場	同区愛宕下町三ノ二	斎藤嘉吉	
七福	同区金杉二丁目一四	安藤栄吉	
○万世館	同区伊皿子町四○		

本郷区

○歌音本	本郷区根津八重垣町二八	本田慶次郎	下谷　五二四七番
○新花演芸場	同　区新花町三九	酒井竹次郎	

○梅本亭	本郷区本郷四丁目七	今泉太蔵	
○浅嘉亭	同　区駒込浅嘉町	中根栄作	小石川五九二六番
○動坂演芸場	同　区駒込動坂町	久保佐三郎	同　六六三九番
○新小松	同　区春木町一ノ三九	斎藤仙太郎	同　六四二八番 呼出し
○三晃演芸場	同　区駒込坂下町二二二	伏間順正	同　二八〇番
○山谷亭	同　区駒込神明町八三	今井四郎	同　五五三四番
○鈴本亭	同　区駒込西片町九	鈴木美恵子	同　一六八八番

麹町区

帝国ホテル演芸場	麹町区内山下町一ノ一	大倉喜七郎	銀座　四〇〇一番

小石川区

○三小松	小石川区掃除町一五	斎藤仙太郎	
○鈴本亭	同　区小日向水道町四〇	小藤己之助	小石川六一一七番
○寿々本	同　区西丸町(駕籠町)	岩本寿栄	同　八一七五番
紅梅亭	同　区白山下		

麻布区

○万盛館　麻布区飯倉四
○福槌亭　同　区宮下町　三上新次郎　青山　三一〇九番
　広尾亭　同　区広尾町
○歌月　同　区笄町九四　脇田善五郎　同　七七三〇番
○東京文楽　同　区六本木町　井上修吾　同　五五七三番
○麻布十番クラブ　同　区新網町二ノ九　永田　猛　同　六七五〇番

赤坂区

　富岳亭　赤坂区青山三丁目
○赤坂演芸場　同　区新町一ノ一四
○三光亭　同　区青山五丁目　村田源治
　二山亭　同　区北七丁目　木村チワ

牛込区

　江戸川会館　牛込区関口町
○牛込亭　同　区通寺町八　吉原かね

○牛込会館	牛込区神楽町三ノ二	加藤鉱之助	牛込 三五一九番
○大和亭	同 区山吹町八一	森田音次郎	同 三一〇六番
神楽坂演芸場	同 区神楽坂町	千葉博巳	同 四四六七番 呼出し
○勝岡演芸場	同 区肴町一三	岡本小美根	

四谷区

若柳亭	四谷区舟町松大《ママ》門	豊島亀太郎	四谷 三四四九番
喜よし	同 区麹町十三丁目二九		同 一八〇四番
新宿演芸館	同 区新宿三丁目		
京山亭	同 区新宿		
末広亭	同 区同		

府下

○金松亭	府下西巣鴨町宮仲二七〇〇	坂本慶次郎	
○生晃館	同 高田雑司ヶ谷水原六四二	木村栄太郎	
○豊島亭	同 西巣鴨宮《ママ》仲一九八九	牧野甚松	
○康申《ママ》演芸場	同 巣鴨町巣鴨四〇二	都 吉之助	小石川四八三四番 呼出し
○武蔵野倶楽部	同 巣鴨四丁目一九	鈴木春吉	同 六四四三番 呼出し

○	新末広亭	同	池袋八二七	吉田弥太郎	同　七九八四番（呼出し）
○	高田亭	同	高田町三〇八	稲田市松	
○	栄久亭	同	雑司ヶ谷水久保一九九	森田ゐは	
○	島崎演芸館	同	三河島町屋三八	大野虎雄	
	大坂亭	同	三河島三三一〇	上林キク	
	雁喜亭	同	三河島蓮田一六二	田中善至郎	
	菊住亭	同	日暮里金杉九七〇	横田盛助	
	桜亭	同	日暮里谷中本二一四	井ノ辺太郎	
○	中村座	同	日暮里谷中本五五五	大竹三代吉	
○	鈴木（ママ）亭	同	上尾久字山谷二〇三九	鈴木ゆみ	浅草　四八九四番
	尾久亭	同	尾久町上尾久一三九六	伊東一郎	
	平和館	同	尾久町上尾久二五四〇	草撃全宜	
○	十条演芸館	同	王子町上十条一四七四	醍醐亀吉	王子　三七七番
	中央亭	同	西巣鴨向原三四八二		
	大松館	同	王子町		
	大和館	同	王子町字王子四七二	太田アサ	
	豊島館	同	王子町字豊島二九七	鈴木トラ	
	板橋演芸場	同	板橋町九〇三	岡田文治	

練馬館　府下下練馬村六〇〇七　宮本安太郎
○松菊演芸場　同　大崎町一七八　岡崎久信
○貴船演芸場　同　品川町大字品川宿一二二五　久保芳蔵　高輪三八七三番
○桜亭　同　大井町字原五三四九　八木ふく
○福喜館　同　平塚村大字戸越九九九四　倉持福弥
○月光館　同　碑衾《ママ》村字碑文谷二六　吉沢政吉
○武蔵野演芸場　同　平塚村小山六九　茂木湖三郎
○新大井館　同　大井町三四一四　渡辺辰次郎　高輪四一五二番
○平塚演芸館　同　平塚村戸越七二七　山本鹿蔵
○寿演芸場　同　平塚村戸越二一二　伊藤定吉
○新大崎館　同　大崎町下大崎三一三　水野勝之助
○義士館　同　平塚村大字上蛇窪五三〇　浅野庄太郎
森山館　同　大井町二二三一　森山伊助
第一大崎館　同　大崎町五〇四　岡崎
○品川座　同　品川町　樋口薫　高輪三九五三番
福寿亭　同　大森町二二六　松尾由太郎
偕楽亭　同　同　町谷中新六八三　鈴木隆
弥生館　同　同　町沢田四八五　田中弥一

	大山亭	同	羽根田村漁師町一六四二	大山タケ	
	蒲田演芸場	同	蒲田大字女塚三八八	須山金太郎	
	羽根田演芸場	同	羽根田町羽根田漁師町二七六	柳田虎吉	
	大宮館	同	世田ヶ谷村大字太子堂三八一	二ノ宮鍬次郎	
	太子演芸場	同	世田《ママ》谷村太子堂二一九	池田竹治郎	
	新豊栄亭	同	千駄ヶ谷町大字千駄ヶ谷五四九	高橋金次郎	
	大久保亭	同	東大久保二九三	中村重蔵	
○	高平館	同	戸塚町字下戸塚四四八	高橋平吉	牛込 二八三五番
	松月	同	戸塚町高田馬場駅前	松原峰吉	同 三五五九番
○	淀橋館	同	淀橋町字柏木一五七	岩崎力太郎	四谷 一一七六番 呼出し
	笹塚クラブ	同	代々幡町幡ヶ谷一〇四一	志村倉吉	
	幡ヶ谷亭	同	同　町同　九〇〇	名取文作	
	本村演芸場	同	同　町		
○	千登演芸場	同	野方町新井五九一	山田与四郎	
○	高松座	同	松並町高円寺九一二	高橋桃太郎	
○	高砂館	同	野方町字沼袋一四三	高橋吉五郎	
○	光風亭	同	淀橋町柏木一九八	森田平次郎	四谷 二八五九番
	中野演芸場	同	中野二三五	上田喜太郎	

渋谷演芸場	府下渋谷町四七二	水野徳三郎	青山六七七七番
新音館	同　渋谷		
宝来館	同　品川		
若柳亭	同　八名川		
吾嬬亭	同　大畑		
藤倉館	同　砂町字亀高一四二	加藤倉太郎	
○大吉亭	同　大島町三ノ一三四	斎藤石松	
○五の橋館	同　同　町三ノ一三四	岡部金蔵	
大島クラブ	同　同　町六ノ五九二	早川藤三郎	
長楽館	同　亀戸町三ノ四六	石山清之助	
大栄館	同　同　町三ノ二五七	小高駒治	
○玉の井館	同　寺島村玉の井町		墨田五四三一番
○小松亭	同　千住町字千住一ノ四二	小久保重蔵	
静亭	同　南千住三の輪新開地二八六	浅居黒次郎	
○三の輪倶楽部	同　南千住三の輪三七五	高山豊三郎	浅草一三八七番
○美登利亭	同　日暮里金杉一八二四	美須鉱	
○千住館	同　千住町字三丁目二二九	大谷三蔵	
柳亭	同　南千住大字地方橋場二二九	坂本カメ	

紅　梅　亭	同　南千住町大字千住南三七	岡本善之丞	
葛飾クラブ	同　南葛飾郡瑞江村字下今井二八五	清水喜代作	
寿　　　亭	同　小松川町字下平井一二四四	鈴木　金吾	
丸　三　亭	同　同　町西小松川四四五七	恩田三五郎	
小松川クラブ	同　同　町西小松川町《ママ》四七七七	関口助太郎	
東　洋　館	同　南綾瀬村字小管《ママ》一一九四	五藤左右衛門	
尚　友　館	同　同　村字小谷野二九二	佐藤　忠雄	
立　石　亭	同　南葛飾郡本田村立石二二四	尾坂高次郎	
金町演芸場	同　同　郡金町一六九二	橋本忠次郎	
浅　川　館	同　南多摩郡浅川村字上梅田一五九四	竹村啓一郎	
○鶴見演芸場	神奈川県鶴見町九〇九	岩宮　平蔵	鶴見　二七八番
○紅　梅　亭	南千住	桜井　清吉	

あとがき

『寄席育ち』『明治の寄席芸人』『寄席楽屋帳』に続いて、圓生書きおろし本（〝語りおろし本〟というべきか）も、第四冊と相なった。

今回のような内容の本の必要性を、最も痛切に感じていたのは、なにをかくそう、編集者の私自身である。

『寄席楽屋帳』のなかでも、浅草の並木、両国の立花家、本郷の若竹などの話が出てくるが、これら、大震災でなくなってしまった席の話を聞くたびに、それがどこにあったのか、どのくらいの大きさで、どんな造りだったのか、全然知らない私にとっては、聞き書きをとるにしても、もうひとつ、おぼつかないところがあった。

おはずかしい話だが、今回改めて師匠の話を聞くまで、私は、本郷の若竹という席は、本郷三丁目から湯島の切り通しのほうへ行く通り……いま春日通りという、あの通りにあったもののように、なんとなく、思い込んでいた。

人形町末広の跡には、石の記念碑が残っているから、まだいい。しかし、神田の立花など、私くらいの年代の者なら、いま須田町のあたりを通って、「あ、ここが立花の跡だ」と、はっきり判るけれども、もっと若い人たちには、見当がつかないに違いない。

戦後になくなった席ですら、そうだから、戦災や震災、あるいはもっと前になくなった席については、いま、師匠に聞いておかなければ、こののち、ますます判らなくなってしまう……そう思ったら、なんとしても、この本を作っておかねばならない、という気持になった。

その思いは、師匠も同じ……というより、こういう記録を後代に残さなければいけない、また、それができるのは、自分のほかにはない、という使命感は、むしろ師匠のほうが、ずっと強く、ここにまたまた、語り手と聞き手の意気ごみはぴったりと合って、当初は二百ページ程度の予定であったものが、喜多川周之《きたがわちかし》さんご苦心の三十三枚の地図を入れて、組み上ったら、三百ページになってしまった。

喜多川さんには、今度の地図で、並々ならぬご苦労をおかけした。

ことばでいえば「二、三本目の路地をはいって、しばらく行った右ッかわ」で十分でも、いざ、図で示すとなれば、そうはいかない。喜多川さん所蔵の、地誌に関する尨大な文献から、私もお手伝いさせて頂いて、判るかぎり、席の地番をはっきりさせて、地図上の位置の正確を期したつもりではあるが、もっと時間をかければ、更に正確度を高められたんだが……という点も、ないではない。

この作業の過程で、改めて、師匠の記憶の確かさに舌を巻いたが、ときには、文献上の記録とくいちがうことがある。そうなると、ことはめんどうで、喜多川さんも、不確かな図面は、決して引こうとはしないかただし、あいだへはいる私自身も、自分で納得できなければ気がすまないほうだから、三ツどもえと相なって、締め切りに間に合うかどうか、版元の青蛙房ご主人は、ただ、はらはらするばかり……。

とにもかくにも、今回売りものの地図三十三葉は、そういう汗とあぶらの結晶であります。お目とめて、ご覧じられますよう、隅から隅まで、ずずずぅいと、おん願い申し上げ奉ります。

なお、ご参考までに、各席の地番調査に参照した文献の主なものを、列記しておく。

明治23年『東京百事便』永井良知編（三三文房）　喜多川周之氏蔵
明治37年『東京明覧』織田純一郎編（集英堂）　仝右
明治40年『東京案内』東京市編（裳華房）　仝右
明治40年『東京明覧』津田利八郎編（博信館）　仝右
大正4年『芸人名簿』文芸協会編（文芸協会）　仝右
大正14年『大東京案内』　仝右
大正15年『東京演芸場組合員名簿』　橘右近氏蔵
昭和6年『ポケット大東京案内』（竹田弘文堂）　伊東清氏蔵
昭和18年『講談落語協会名簿』（講談落語協会）　著者蔵

面倒な地図の制作を引き受けて下さった喜多川さんをはじめ、所蔵資料の借覧をお許し下さった橘右近さん、伊東清さん、わざわざ資料をお寄せ下さった斎藤忠市郎さん、橘右京さん、岡部三郎さん、原稿筆記の労をとって頂いた山鹿智恵子さん、そのほか、ご協力を頂いたかたがたに、ここで厚くお礼を申し上げる。

昭和五十二年九月

山本　進

岩波現代文庫版あとがき

噺家の高座も、今と昔では形や姿がすっかり変わった。現代では、大きな会場で行われるホール落語もあれば飲食店の二階で行われるような小さな落語会もあるが、戦前までは噺家が落語を演ずる場所といえば寄席が当たり前だった。時代は令和になった今も、上野の鈴本演芸場、新宿末広亭、池袋演芸場、浅草演芸ホールは民間の寄席の定席として変わらずその命脈を保ってくれている。

寄席は初代三笑亭可楽が寛政十(一七九八)年に「下谷柳の稲荷社」で行ったものが始まりとされる。これはうまくいかなかったようだが、その後、寄席は各町に一軒はできたようで、安政二(一八五五)年の記録には落語の寄席だけで江戸市中に百七十二軒があったという。だが、この寄席というものは身近でありながらも、意外と詳しいことはわかっていない。古い寄席の話は昔の人には懐かしいだろうが、新しい人にはよくわからないものだ。かくいう私も、かつては「新しい」方の部類だった。私は昭和一桁生まれの横浜育ち、東京の寄席体験は戦後からだったが、人形町の末広や神田の立花といった今ではなくなってしまった寄席に行くことができた。それでも、もっと古い寄席の具体的な場所や建物の造りがわからない、と常々感じていた。特に本郷の若竹という寄席は、大正期の東京では一番客の入った寄席。

その噂は聞いていたが、どこにあったのか正確な場所はよく知らなかった。

この『寄席切絵図』は私が本当に出版したいと思い、圓生師匠や青蛙房に働き掛けて完成させた本だった。圓生師匠は幼少期から明治、大正、昭和の寄席を知る生き字引で、古い寄席について語れる数少ない人物。『明治の寄席芸人』は、後に私も関わった『古今東西落語家事典』(平凡社、一九八九年)の出版により、古い噺家について大いに補完されることになったが、『寄席切絵図』に関しては似たような本はいまだ刊行されていない。本書は圓生師匠にしか著せない、後世に残すべきものだと思っている。

私にとっての寄席の思い出について、少し書いておきたい。

私が所属していた東京大学の日本文化研究会落語部(落語研究会)には、当時、本郷キャンパス近くの鈴本演芸場を無料で利用できる定期券というものがあり、これは私が入部した動機の一つでもあった。だが、その定期券を部員の誰かが持って行ったまま紛失してしまった。そこで鈴本に定期券の再発行を願ったが、方針が変わったとの理由で定期券制度はなくなってしまったという。ただ、学生への割引はしてくれるというので、自分たちで顔写真入りの身分証明書と回数券を作成、入場するたびに証明書を見せて回数券を渡して月一で木戸銭の精算をすると取り決めた。確か七割引ほどしてくれたと記憶している。私は圓生師匠や三代目の桂三木助師匠がトリを勤めていたときは十日間通ったこともあり、「池之端の〝鈴本大学〟に通っている」と笑われたものだった。回数券の精算をしに、鈴本に行くと「回数券？

どこにやったかなあ」と言われ、これを何カ月か繰り返すうちに、結局お金を払わずに済んでしまった。今思えば、とてもおおらかな時代である。

私にとって〝鈴本大学〟は、噺家だけでなく様々な芸人について学ばせてくれた「母校」になっている。

人形町の末広では圓生師匠の独演会が行われていたが、特に思い出深いのが昭和三十二(一九五七)年の暮れに初演された『梅若禮三郎』だ。私の人生の中で一番感銘を受けた高座は何かと問われれば、迷わずこの『梅若禮三郎』を選ぶ。これほど噺の世界に引き込まれ、時間も空間の感覚も失ったような体験はなかった。黒頭巾に袂持ちの提灯を手にした侍姿の禮三郎が、冬の鎌倉河岸で袖乞いをする貞女おかのに金を恵むところ、加役役人の乱暴な口調の取り調べ、両国の長屋の衆による願掛けの水垢離、さい鍋屋で屑屋同士が酒を飲んで商売の話をするところなど……。江戸を知らない私たちでも時代を越え、江戸市中に生活しているような錯覚を覚えたものだ。それが昭和の寄席で、圓生師匠の口調で全てが伝わってくるのである。落語という表現の極致を知ることができた一席だ。この日の末広は満員で畳敷の客席では何度も「お膝送り」がされていた。私はその時、高座に向かって下手寄りの後ろ側に座っていた。客席の後ろは特に混み合っていたはずだが、噺が終わってみたら前の方が混んで後ろが空いていた。師匠の噺は客の心だけでなく、体も引き込んでいた。畳敷だったからこそ見られた寄席の風景だ。

この本に収めた地図を引いてくれたのが喜多川周之《きたがわちかし》さん(一九一一〜一九八六年)。青蛙房の岡本経一社長を通じて、この仕事を依頼したと記憶している。喜多川さんは原稿の絵や文字を石版や亜鉛版に描き写す版下製作者で、画版業が本業だった。関東大震災で崩落した凌雲閣(浅草十二階)の研究で知られ、古地図の収集もしていたようだ。本書のような古い地図を描いてもらうにはもってこいの人だった。『寄席切絵図』を編集したときの苦労は青蛙房版のあとがきに書いておいたが、関東大震災、太平洋戦争と街の様相が変わる中で、圓生師匠の記憶を古い地図に落とし込んでいただいた。

喜多川さんは見るからに気むずかしそうな人だったが、一度神田のマンションにある仕事場に連れていってもらったことがある。金属パイプの棚が組んであって、ものすごい量の資料が置いてあった。もともと背表紙のない本なのか、平積みになっていたために詳しい内容はわからなかったが、江戸時代の古書が多かったように思えた。これらの資料は喜多川さんの死後、遺族によって江戸東京博物館に寄贈された。

十年以上にわたった圓生四部作を支えてくれた女性がいた。山鹿智恵子さんという方で、後には藤枝ちえというペンネームで歴史推理小説を書くなど文筆業をしていた。『圓生全集』のころから手伝ってもらい、師匠の録音の書き起こしや、原稿の清書を担当してもらった。おかげで私は編集・構成に集中することができた。当時は携帯電話もインターネットのメールもない時代。師匠も当然ながら忙しく、私も勤めがあったため、師匠や青蛙房との打ち合わせが日々十分にできていたわけではなかった。その中で山鹿さんには間に入って仕事をしてもらった。彼女がいなければ四部作は完成しなかっただろう。改めて感謝をしたい。

本書が刊行されたのが、圓生師匠が亡くなる二年前。その翌年には例の三遊騒動で師匠はより多忙になり、本書が最後の仕事になってしまった。師匠とは、師匠の出会った古い芸人をまとめた「偲ぶ草」を出そうとしていたが、今では口述の原稿が手元に残るだけとなっている。

このたび、岩波現代文庫として、『寄席育ち』『明治の寄席芸人』『寄席楽屋帳』『寄席切絵図』の圓生四部作を現代に復活させることができた。圓生師匠とともに作り上げた本が、再び日の目をみたことは本当にうれしいことだ。今回、岩波現代文庫版を刊行するに当たって、青蛙房版を精査し、細かい部分に直しを入れさせてもらった。誤りは訂正し、登場する噺家が何代目かということに関してもわかりやすくした。

岩波書店編集部の中嶋裕子さん、九十歳になった私のかわりに編集部との間に入ってくれた、芸能史研究家としての私の唯一の弟子で元早稲田大学落語研究会の縣和彦君に、感謝とお礼を申し上げたい。

令和三年十月

山本　進

解説

寺脇研

六代目三遊亭圓生の著作に、わたしなんかが「解説」を担当するなど……。たしかに落語に関係してはきたが、なにしろ本格的に聴き始めたのは一九七九(昭和五十四)年の秋からであり、その直前に圓生は没していた。高座を実際に見た経験は、たった一度しかないのである。年代的にも圓生とは五十年、聞書きをまとめた山本進氏とは二十年ほどの違いがある上に、芸能文化や社会風俗の歴史に詳しい碩学でもない。

尻込みして当然のこの仕事をお引き受けする勇気を出し得たのは、四部作の最後となる本書が、寄席をテーマにしているからだ。圓生は、その大半が既になくなってしまった明治、大正、昭和の寄席の姿を、愛惜の念を込めて語っている。寄席のことだったら、そこへ通い続けて半世紀となるわたしにも、なにがしか本書に関する読者の興味や理解を深めるお手伝いができるのではないか。

大学入学で一九七一(昭和四十六)年に鹿児島から上京したわたしは、東京で寄席に行くのを楽しみにしていた。中学時代に漱石や子規に親しんだ頃から、彼らが愛した場所である寄席という存在を知っていたし、チャンネル数も少ない田舎のテレビでは偶にしか見ることのできない落語という芸能にも、少なからぬ関心を抱いていたのである。

一八八三(明治十六)年に松山から東京へ出てきた子規は、神田区猿楽町(現在の神保町駅近く)を中心に下宿を転々としながら、神田区錦町の現在の学士会館近くにあった東京大学予備門(後の第一高等学校)で学んだ。通った近所の寄席は、本書の切絵図第7図〔神田〕に載っている白梅亭や立花亭だという。なるほど、これは歩いても行けたろう。

その九十年ほど後に、わたしは新宿区矢来町に下宿することになる。後年、三代目古今亭志ん朝宅の所在地で知られるが、当時は近所に六代目春風亭柳橋が住んでいて、和服姿で歩いているのに遭遇したときには、自分は東京に住んでいるのだ、と改めて実感した。その近所の寄席といえば、切絵図第25図〔新宿〕にある新宿末広亭だ。

大学生活や下宿暮らしにも慣れた頃、地図を頼りに訪ねてみた。初めては誰しもそうだろうが、はためく幟や寄席文字看板に彩られた木戸口の風情に、まず目を奪われる。木戸を潜って入ると、本書に多数紹介される昔の寄席がこうであったろうと想像させる木造の設えで、提灯の飾り、桟敷席、そして風格ある高座……よそにはない空間の雰囲気に、ああ、自分は東京の寄席に来ているんだ、と鮮烈に感じさせられた。これが寄席なのか……。

今ならば簡単にネットで番組を調べることができるのだが、当時は、新宿駅に貼ってあるビラくらいしか情報はなかった。誰が出るのかも全くわからぬまま、とにかく寄席という場所へ行ってみたかった。そこで、圓生の高座と遭遇したのである。トリが五代目三遊亭円楽だった関係で出番が入っていたのだろう。演目が何だったかは、残念ながら覚えていない。

軽い噺ではなかったか。座布団の前に湯呑みを置いて落ち着いた口調で語るのが、テレビで見た高座のイメージ通りだった。

「笑点」メンバーで「星の王子様」を自称して人気絶頂だった円楽は、たしか『夢金』だったと思うのだが古典をみっちり演じて満足させてくれた。これには、この人の落語家である本来の姿と力を見せつけられた思いだった。また、前半に登場した五代目柳家つばめの自作『佐藤栄作の正体』からは、落語という表現の幅の広さを知ることになる。

寄席番組のバラエティーに富んだ自由さは、実に新鮮だった。末広亭は昼夜の入れ替えがないので、弁当持参の上、昼の部の最初から夜の部の終わりまで居続けた日もある。ただ、高校時代から映画雑誌に映画評を投稿していたわたしは映画を観るのにも忙しく、子規と同じペースで入り浸るわけにはいかなかった。大学を卒業して映画評論家になる一方で文部省(当時)に就職すると、寄席からは足が遠のいてしまう。

再び落語に目が向いたのは四年後である。落語好きの友人から落語会に誘われたのがきっかけだ。圓生がレギュラー出演者だった東横落語会をはじめ、本書の「寄席の今昔」で紹介されている三越落語会、紀伊國屋寄席、東京落語会、落語研究会など都心のビル内にあるホール落語を、寸暇を縫って訪れる仕儀となった。そうやって、五代目柳家小さん、十代目金原亭馬生といった定評ある大御所や、志ん朝、七代目立川談志など脂の乗った人気者の高座ばかりを追いかけるうち、ふと、寄席という場所の居心地よさが思い出されてくる。

懐かしい末広亭へ行ってみると、そこにはさまざまな個性の落語家がいた。世代も個性も巧拙も多様な面々が、古典、あるいは新作や漫談を次々と披露していく。二、三時間に凝縮された落語公演に緊張感を持って向き合うホール落語と違い、ゆったりと長い時間をかけて落語や色物諸芸をリラックスして味わう寄席は、また別の時空間なのである。落語という芸に関しても、そこにはそこの新しい発見がある。

というので、上野鈴本演芸場、浅草演芸ホール、池袋演芸場にも「寄席通い」と言えるほど頻繁に出入りし、「寄席の今昔」で圓生が「広い東京でわずかに四軒……」と寂しがったそれらの場を知り尽くすようになっていく。この二年半ほど後から落語を論じる文章を書き始めるのだが、現在に至るまでの四十余年にわたり、寄席という存在がわたしの落語観の基盤となっている。

落語は、人間が演じるものだ。その人間である落語家は、入門して前座になると必ず寄席の楽屋で修業し、二ツ目になる節目の披露高座、そして真打披露興行を寄席で行うことを経て一人前と認められる。稚拙な初高座に始まって、数々の失敗や成功の体験を積む中で形成されたさまざまなキャラクターを有する個々の落語家が、落語という作品を演じていくのである。ほかならぬ圓生自身も、生まれつき人並み優れた能力を持っていたとて、自伝の書名は『寄席育ち』だったではないか。

明治、大正、昭和と、本書に登場するひとつひとつの寄席は、そういう役割を果たし続けてきた。とはいえ、時代とともに衰退の方向にあったのは否めない。「寄席の今昔」では、一九二六(大正十五年)に東京市内(現在の中心部)だけでも九十六軒あった寄席が、一九七〇(昭和四十五)年に切絵図第3図〔人形町〕にある人形町末広が廃業した結果、「わずかに四軒」になってしまったと記される。本書が刊行された一九七七(昭和五十二)年の時点で圓生は、「昔のようなさかんなことは、望むべくもないとしても、せめて、いま残っている寄席だけでもいいから、こののちすこしでも永く続いてもらいたいものだと思います」と述べている。

では、実際のところ「こののち」どうなったのか。

一九七九(昭和五十四)年三月には、千代田区隼町の国立劇場敷地内に国立演芸場が開業した。月に二十日間、昼だけ(そのうち一日は夜も)ではあるものの、定席と呼ばれる通年寄席興行に近い形態で営業している。七日間行われたこけら落とし公演「東西名人揃いぶみ」では、圓生も四日目のトリに登場し、『鹿政談』を演じた。

そして一九八五(昭和六十)年四月には、圓生の後継者である円楽が、寄席「若竹」を江東区東陽に建設する。圓生没後、他の門弟たちが落語協会に復帰する中、円楽一門だけは師匠の設立した落語三遊協会(八〇年解散)を継承し、「大日本落語すみれ会」(八〇〜八五年)を名乗る独自の団体を運営していた。この年、団体名を「円楽党」と改め、その活動の拠点にするための寄席を開業したのである。建設資金は円楽の私費であり、自身で席亭を兼ねている。円楽党のメンバーを中心に、随時独自の番組を作り興行した。「若竹」の名称は、切絵図第17図〔本郷〕にある若竹亭が東京の寄席の中でもとりわけ良い小屋だったことを円楽が強く意識した結果であり、本書との因縁をも感じさせる。

残念ながら八九年に閉鎖となったが、円楽一門は九〇年から「円楽一門会」(〇九年の円楽没後は「五代目円楽一門会」となり、拠点を九〇年開業の「両国永谷ホール」(現在は「お江戸両国亭」)に移して、月に十五日間(夜のみ)の寄席興行を続けている。圓生直系と言えるこの団体は、二〇二一(令和三)年現在、真打三十八名、二ツ目十九名を擁する勢力となっていることを申し添えておきたい。

圓生は、人形町末広の廃業に危機感を募らせ、落語協会会長(六五〜七二年)として寄席の維持にも腐心した。『寄席楽屋帳』の「落語協会会長」には「演芸場難」という項があり、人形町末広廃業の直後に池袋演芸場へも運営の危機が訪れたとある。社長と直談判し、落語協会単独興行という思い切った策を提案して乗り切ったという。その池袋演芸場は、九〇年五月末をもって改築のため休業したものの、九三年九月に新装開業した。その後は、落語芸術協会も再び定席興行に加わっている。

一九九六(平成八)年には上野広小路に「お江戸上野広小路亭」が開業した。現在は落語芸術協会による月に十五日間の定席興行(昼のみ)とともに、八三年に落語協会を脱会した談志が興した「立川流」が月七日間の興行を行っている。この寄席を経営する永谷商事株式会社は、前述の「お江戸両国亭」のほか、九四年には「お江戸日本橋亭」を開業し、こちらでは落語芸術協会と立川流が興行している。

ここで、観客の立場から寄席興行の意味を定義しておけば、それは、いつ行っても落語や色物によって構成された寄席番組に接することができるところというものになろう。だとすれば、現在は『寄席切絵図』刊行時点よりも、月単位で国立演芸場が二十日、「お江戸上野広小路亭」「お江戸両国亭」がそれぞれ十五日、いずれも昼か夜かの片方ではあっても興行が増えている勘定になる。

落語家の数も大幅に増えた。上記の寄席以外にも、昔、白梅亭があった神田連雀町に二ツ目が毎日落語会を開く「神田連雀亭」があるし、新宿の「道楽亭」、神保町の「らくごカフェ」、巣鴨の「スタジオフォー」、上中里の「梶原いろは亭」など、落語会専門の会場も多い。そうした中、長らく減少の一途であった寄席観客数も再び増加に転じつつある。

圓生が現在の活況ぶりを知れば、さぞ喜ぶに違いない。

ただ、二〇二〇(令和二)年からは、圓生も想像できなかった重大な危機が、寄席と落語界とを直撃している。新型コロナウイルス感染症の大流行だ。緊急事態宣言が発令されるのに伴い、寄席は二〇年四月から約二ヶ月、二一年五月には十一日間、行政命令によって営業を停止させられた。東京の大部分が焦土と化した先の戦争の戦時中ですらあり得なかった事態である。

それ以外の時期でも、客席の五割しか稼働できなかったり、主に高齢者である観客が外出を自粛したりで、各寄席の経営は極めて厳しい状態に陥ってしまう。もちろん落語家たちも仕事が次々キャンセルとなって収入減は深刻だったが、こちらには、まがりなりにも文化庁等からの公的支援があったのに対し、寄席にはそれがほとんどなかったのだ。感染が長期化するにつれ、存続そのものが危ぶまれるほどになってきた。

この危機に、「私たちの心の故郷「寄席」がピンチです」と立ち上がったのが、落語家たちだった。落語協会と落語芸術協会が「寄席支援プロジェクト」を結成し、クラウドファンディングを実施したのである。その結果、目標額五千万円の倍以上になる一億三七七万円が集まった。鈴本演芸場、新宿末広亭、浅草演芸ホール、池袋演芸場、お江戸上野広小路亭の寄席定席五軒へ支援金が渡され、各寄席の状況に応じた形で興行運営資金に充てられている。

圓生の五代後にあたる落語協会会長である四代目柳亭市馬も落語芸術協会会長の春風亭昇太も、圓生没後に入門した世代だ。その彼らが、『寄席切絵図』の中に溢れる圓生の寄席への深い思いをしっかりと受け継いでいる。

落語も寄席も、決して滅びたりしない。

（てらわきけん　映画プロデューサー・映画評論家・落語評論家）

●本書は一九七七年十一月、青蛙房より刊行された。
●明らかな誤記と認められるもの以外は、原則として底本のままとした。
●本文中、今日の人権意識に照らして適切とはいいがたい語句・表現がみられるが、描かれた時代や著作の歴史性などに鑑み、そのままとした。

六代目圓生コレクション 寄席切絵図

2021年12月15日　第1刷発行

著　者　三遊亭《さんゆうてい》 圓生《えんしょう》

発行者　坂本政謙

発行所　株式会社 岩波書店
〒101-8002 東京都千代田区一ツ橋 2-5-5

案内 03-5210-4000　営業部 03-5210-4111
https://www.iwanami.co.jp/

印刷・精興社　製本・中永製本

ISBN 978-4-00-602336-2　　Printed in Japan

岩波現代文庫創刊二〇年に際して

二一世紀が始まってからすでに二〇年が経とうとしています。この間のグローバル化の急激な進行は世界のあり方を大きく変えました。世界規模で経済や情報の結びつきが強まるとともに、国境を越えた人の移動は日常の光景となり、今やどこに住んでいても、私たちの暮らしは世界中の様々な出来事と無関係ではいられません。しかし、グローバル化の中で否応なくもたらされる「他者」との出会いや交流は、新たな文化や価値観だけではなく、摩擦や衝突、そしてしばしば憎悪までをも生み出しています。グローバル化にともなう副作用は、その恩恵を遥かにこえていると言わざるを得ません。

今私たちに求められているのは、国内、国外にかかわらず、異なる歴史や経験、文化を持つ「他者」と向き合い、よりよい関係を結び直してゆくための想像力、構想力ではないでしょうか。

新世紀の到来を目前にした二〇〇〇年一月に創刊された岩波現代文庫は、この二〇年を通して、哲学や歴史、経済、自然科学から、小説やエッセイ、ルポルタージュにいたるまで幅広いジャンルの書目を刊行してきました。一〇〇〇点を超える書目には、人類が直面してきた様々な課題と、試行錯誤の営みが刻まれています。読書を通した過去の「他者」との出会いから得られる知識や経験は、私たちがよりよい社会を作り上げてゆくために大きな示唆を与えてくれるはずです。

一冊の本が世界を変える大きな力を持つことを信じ、岩波現代文庫はこれからもさらなるラインナップの充実をめざしてゆきます。

（二〇二〇年一月）

B323
可能性としての戦後以後
加藤典洋

戦後の思想空間の歪みと分裂を批判的に解体し大反響を呼んできた著者の、戦後的思考の更新と新たな構築への意欲を刻んだ評論集。〈解説〉大澤真幸

B324
メメント・モリ
原田宗典

死の淵より舞い戻り、火宅の人たる自身の半生を小説的真実として描き切った渾身の作。懊悩の果てに光り輝く魂の遍歴。

B325
遠い声
―管野須賀子―
瀬戸内寂聴

大逆事件により死刑に処せられた管野須賀子。享年二九歳。死を目前に胸中に去来する、恋と革命に生きた波乱の生涯。渾身の長編伝記小説。〈解説〉栗原 康

B326
一〇一年目の孤独
―希望の場所を求めて―
高橋源一郎

「弱さ」から世界を見る。生きるという営みの中に何が起きているのか。著者初のルポルタージュ。文庫版のための長いあとがき付き。

B327
石の肺
―僕のアスベスト履歴書―
佐伯一麦

電気工時代の体験と職人仲間の肉声を交えアスベスト禍の実態と被害者の苦しみを記録した傑作ノンフィクション。〈解説〉武田砂鉄

岩波現代文庫［文芸］

B328
冬の蕾
―ベアテ・シロタと女性の権利―
樹村みのり

無権利状態にあった日本の女性に、男女平等条項という「蕾」をもたらしたベアテ・シロタの生涯をたどる名作漫画を文庫化。〈解説〉田嶋陽子

B329
青い花
辺見庸

男はただ鉄路を歩く。マスクをつけた人びとが彷徨う世界で「青い花」の幻影を抱え……。災厄の夜に妖しく咲くディストピアの〝愛〟と〝美〟。現代の黙示録。〈解説〉小池昌代

B330
書聖王羲之
―その謎を解く―
魚住和晃

日中の文献を読み解くと同時に、書作品をつぶさに検証。歴史と書法の両面から、知られざる王羲之の実像を解き明かす。

B331
霧の犬
―a dog in the fog―
辺見庸

恐怖党の跋扈する異様な霧の世界を描く表題作ほか、殺人や戦争、歴史と記憶をめぐる終わりの感覚に満ちた中短編四作を収める。終末の風景、滅びの日々。〈解説〉沼野充義

B332
増補 オーウェルのマザー・グース
―歌の力、語りの力―
川端康雄

政治的な含意が強調されるオーウェルの作品群に、伝承童謡や伝統文化、ユーモアの要素を読み解く著者の代表作。関連エッセイ三本を追加した決定版論集。

2021. 12